山东省社会科学规划研究项目资助（11DGLJ0...

山东省自然科学基金面上项目资助（ZR2013GM017）

复杂建设项目的业主方集成管理

Owner Side Integrated Management in Complex Construction Project

庞玉成　著

科学出版社

北　京

内 容 简 介

本书针对建设项目复杂性增大后带来的建设管理问题，根据业主方在建设项目中的定位以及业主方项目管理的特点，将系统科学与系统工程、现代项目管理理论等方法论与复杂建设项目的特殊性相结合，探讨了复杂建设项目中业主方如何发挥主导作用进行集成管理以提高项目管理绩效的问题。全书共 10 章，在构建复杂建设项目业主方集成管理概念模型、实施模型、结构模型的基础上，针对复杂建设项目的业主方全生命周期集成、组织集成、信息集成、要素集成四个方面分别进行研究，构建了复杂建设项目业主方标准化业务流程，构建了基于 Partnering 的业主方对参建方的组织集成模式、基于虚拟组织的业主方知识集成模式和基于协调管理的业主方对其他利益相关方的组织集成模式，构建了包含 PIP 和 PMIS 功能的信息平台 OPMP 框架模型，构建了风险集判断矩阵和项目风险预警体系，对业主方工期、质量、进度三要素集成的决策进行了分析，然后构建了业主方组织项目管理成熟度模型和 Partnering 单合作伙伴及组合合作伙伴选择评价定量方法，最后介绍了滨州医学院烟台附属医院建设项目的集成管理实践情况，并收录了该项目的项目管理规划大纲以供参考。

本书视角独特，系统深入，理论与实践结合紧密，可作为工程建设业主项目管理的实践者、研究者以及就读于高校相关专业的高年级本科生和研究生的参考用书。

图书在版编目（CIP）数据

复杂建设项目的业主方集成管理/庞玉成著. —北京：科学出版社，2016.4
ISBN 978-7-03-048041-5

Ⅰ. ①复… Ⅱ. ①庞… Ⅲ. ①基本建设项目–项目管理 Ⅳ. ①F284

中国版本图书馆 CIP 数据核字（2016）第 077643 号

责任编辑：胡治国　周　园 / 责任校对：张凤琴
责任印制：张　伟 / 封面设计：王玲玲　陈　敬

科 学 出 版 社 出版
北京东黄城根北街 16 号
邮政编码：100717
http://www.sciencep.com

北京凌奇印刷有限责任公司 印刷
科学出版社发行　各地新华书店经销

*

2016 年 4 月第 一 版　开本：720×1000　B5
2016 年 6 月第 二 次印刷　印张：17 3/4
字数：423 000
POD定价：98.00元
（如有印装质量问题，我社负责调换）

序

看到这部《复杂建设项目的业主方集成管理》出版，是我作为一个长期从事工程项目管理研究的学者倍感惊喜的一件事，也是我作为众多一直关注庞玉成博士成长的老师之一，所深感欣慰的一件事。正是出于对工程管理这一学科的热爱，使得我与作者有了师生之缘。而我，也非常荣幸应邀为本书作序，希望与各位读者及同行学者们分享该书观点。

玉成一直是我的得意门生之一。毕业后，他长期从事工程建设的业主方管理实践工作，所负责的多个建设项目都取得了令人瞩目的成就；同时也不断在工程管理领域进行学术探索，并结合身处医学高校的优势，将工程管理与医疗健康事业发展相结合，创建了卫生工程管理研究所。玉成和他的团队，在工程项目管理领域，尤其是医院建设业主方管理领域的研究、推广和社会服务等方面做出了扎实的努力，取得了突出的成绩。

目前，工程项目管理领域的研究大多集中于从承包商方的视角出发，关注的重点是如何把握和控制建设过程的各个环节。而业主方，即建设单位如何来具体实施管理却鲜有学者关注。随着社会经济不断发展，建设项目的复杂度越来越高，相应的业主方管理理论研究却明显滞后于项目管理的实践需求。在该书中，作者将项目的复杂度与规模进行了区分，指出了复杂建设项目的具体特点；同时也对项目参建主体给出了新的业主方与承包商方的分类原则。由于建筑功能性质不同，不同项目本身也都具有独特的属性和特色，像医院这类复杂建设项目的管理实践对业主方团队的知识面和能力要求越来越高。而在实践中，项目建设主体团队的管理能力和知识储备如果滞后于项目管理需要，必然会影响整体项目管理工作的效益，甚至影响项目整体建设进程。本书中，作者大胆选择将"业主方提升建设项目管理绩效的系统方法"作为自己的研究对象，结合自己多年从事项目建设工作中积累的实践经验，运用系统科学与系统工程、现代项目管理理论等方法论，在充分分析复杂建设项目的特殊性的基础上，建立了业主方主导下的复杂建设项目集成管理体系，研究成果理论性与实践性并重，已在多个项目中得到有效应用。本书的研究成果，在工程项目管理中业主方管理这一领域提供了有力的补充，并填补了部分研究盲点。

中国是世界上项目实践最早、管理经验最丰富的少数几个国家之一，但在现代项目管理的应用和发展方面却稍显落后。在中国的项目管理学界，尤其需要玉成这样既具备丰富的实战经验，又具有理论研究能力的年轻学者，他们具有创新精神、开拓意识，并乐于分享他们的研究成果。

衷心祝愿庞玉成博士和他的团队为中国项目管理的研究和推广做出更多的贡献。

全国高等学校工程管理专业指导委员会副主任
天津大学管理与经济学部教授、博士生导师

2016 年 2 月 25 日

摘　　要

　　复杂建设项目往往有投资额大、建设周期长、涉及专业多、技术复杂、新工艺多、不可预见因素多等特点，从而给建设项目管理带来种种新问题，而工程管理主体的管理能力往往滞后于工程复杂性的增长。本书深入探讨复杂建设项目的管理规律，针对业主方在项目中的定位以及业主方项目管理的特点，将系统科学与系统工程、现代项目管理理论等方法论与复杂建设项目的特殊性相结合，进行理论分析和逻辑推理，结合项目实践，建立了业主方主导下的复杂建设项目集成管理体系。

　　全书主要研究工作如下：

　　（1）业主方主导下的复杂建设项目集成管理理论体系整体研究。分析了复杂建设项目的定义和复杂性内涵，分析了复杂建设项目集成管理主导方由业主转变为业主方的实践意义。构建了复杂建设项目业主方集成管理框架模型，包括概念模型、实施模型、结构模型，分别从静态认知角度、动态实施角度、管理操控角度解决了业主方如何主导项目集成管理的问题。

　　（2）复杂建设项目业主方全生命周期集成研究。构建了复杂建设项目全生命周期过程集成模型。结合业务流程再造理论，制定了包含任务、采购、计划和监控四部分的业主方工作流程。构建了全生命周期业主方供应链模型，对每个链节上的主要供应链成员围绕该链节活动的信息流、资金流和物流的流向进行了分析。构建了基于 BP 人工神经网络（BP-ANN）的业主方业务流程重构绩效评价方法。从增强承包商方整体性和增强业主方项目管理能力的角度辨析了常见合同模式，构建了业主方合同模式判断矩阵。

　　（3）复杂建设项目业主方组织集成研究。构建了复杂建设项目组织集成构成要素模型。分别针对项目参建方组织集成、知识集成和其他利益相关方组织集成构建了基于 Partnering 的业主方对参建方的组织集成模式、基于虚拟组织的业主方知识集成模式和基于协调管理的业主方对其他利益相关方的组织集成模式。建立了 Partnering 合作伙伴评价指标体系并确定了指标权重。

（4）复杂建设项目业主方信息集成研究。从时间、目标、要素、主体四个维度分析了业主方信息集成的内涵。分析了CMS、Web2.0、无线通信、云计算和云存储、BIM等技术在业主方信息集成的应用。就PIP、PMIS、信息平台等项目信息集成的载体进行了性质和功能的辨析。在系统分析的基础上构建了涵盖PIP和PMIS功能的信息平台OPMP模型。

（5）复杂建设项目业主方项目管理要素集成研究。从业主方角度构建了风险集成三维模型，分别从时间维、主体维和要素维三个维度对全生命周期风险集成、参建方风险集成和要素管理的风险集成进行了分析，构建了风险集判断矩阵和项目风险预警体系。对复杂建设项目业主方的工期、投资、质量三要素集成进行了分析，辨析了业主方三要素与承包商方三要素的区别，并对业主方要素集成的决策进行了定性分析。

（6）复杂建设项目业主方集成能力提升研究。构建了业主方组织项目管理成熟度模型，建立了基于多层次灰色综合评价法的Partnering合作伙伴选择评价方法和基于遗传算法的Partnering合作伙伴的组合选择评价方法，并分别给出了具体算例。

（7）结合滨州医学院烟台附属医院建设项目的集成管理实践对本书的理论体系进行全面的应用分析。分析了设计-施工过程集成模式、业主方流程标准化，建立了项目监控指标体系。分析了项目组织集成的层次以及项目组织文化建设的作用。进行了项目管理平台OPMP1.0、OPMP2.0的开发并分析了应用效果。进行了项目的业主方风险集成和三要素集成的应用，并进行了业主方组织的项目管理成熟度测评。

附录中收录了作者编写的滨州医学院烟台附属医院建设工程项目管理规划大纲，对建设项目中业主方项目管理的具体管理内容和操作步骤进行了较详细的阐述，可供业主方项目管理实践者参考借鉴。

【关键词】复杂建设项目；业主方；集成管理；流程重构；组织集成；信息平台

目　　录

第1章 绪 论

1.1 研究背景与意义

1.1.1 研究背景

建筑业是我国国民经济的支柱产业之一。2014年,全国国内生产总值(GDP)为636 463亿元,其中建筑业总产值176 713亿元①,占比27.8%,比2013年的160 366亿元增长10.2%。随着我国城镇化步伐的加速,全国范围内大规模的工程建设热潮还将持续相当长的时间。

而随着经济社会的发展和科技水平的提高,很多建设项目的复杂程度越来越高。复杂建设项目的涌现对建设管理水平提出了更高的要求,这些要求不仅体现在工期、质量、投资满足要求目标,还体现在项目的利益相关方对项目的需求都应得到满足。建设项目的利益相关方包括投资方、设计方、施工方、信贷方、供货方、用户方、政府、居民等,其利益诉求各不相同。而能够面对这些利益相关方所有需求的是建设项目业主,只有业主方的项目管理才能承担起实现完整建设项目目标体系的责任。

而建设项目管理的现状却不容乐观,大量的项目存在着工期拖延、投资超预算的现象,而近年来各种建设工程的质量事故层出不穷,则暴露出众多建设项目的质量管理也存在问题。造成这种现象的原因,一方面是业主、承包商等主体的项目管理水平、责任心的问题,另一方面也与建设项目复杂性日益增长,传统建设项目管理方法面对复杂建设项目的力不从心有关。如何从整体上把握复杂建设项目的系统性、动态性,整合建设项目的所有资源,科学、高效地推进项目目标体系的实现,成为工程建设领域亟待解决的普遍问题。

复杂建设项目,如奥运会体育场馆建设项目、世博会场馆建设项目、轨道交通项目、大型石油化工项目、医院建设项目等,这些工程项目往往具有投资额大、建设周期长、涉及专业多、技术复杂、新工艺多、不可预见因素多等特点,从而给建设管理带来种种新问题,如标段划分问题、作业界面交叉问题、责任划分问题等。而工程的复杂性尽管源自于工程对象的物理复杂性,但由于工程本身与建设环境的交融,以及参建主体的增多带来的信息量呈几何级增长,使得工程管理主体的管理能力往往滞后于工程复杂性的增长。

在建设项目中,一般存在着业主(建设单位,俗称甲方)、设计单位、监理单位、施工单位等各种类别的参建主体。不同的参建主体在项目中承担着不同的任务,但是

---

① 资料来源:国家统计局官网.

他们都有一个共同的目的,即为了项目未来的产权人(或使用人)的需求而进行工作。目前业界一个共识是业主方是建设项目生产过程的总集成者,包括人力资源、物质资源和知识的集成,也是建设项目生产过程的总组织者(Sven,2003)。业主方的需求是建设项目的主导需求,业主方的工作是建设项目的主导工作。

然而尽管公认业主方是建设项目的总集成者和总组织者,对业主方如何发挥这一角色,进行建设项目的集成和组织,却较少有学者进行研究。究其原因,一是业主在建设项目中的地位和作用认知不足,二是对业主方概念的认识存在歧义。

对于业主在建设项目中的主导地位和决定性作用,目前往往由于业主的非专业化特征以及代替完成业主职能的专业化公司的兴起而为人所忽视。由于建设项目的交付物面向的是业主而非项目管理公司或监理公司,再加上项目全生命周期内使用需求的多变性、建设项目管理过程的复杂性,项目面对的终极需求永远是以业主的需求为主线。而在项目实施过程中,在招标选择、合同管理及实施过程中的组织实施、监督管理中,业主的管理思想、管理行为往往起到决定性作用。因此业主方的管理职能并不可能因为有了专业化的管理公司而真正退位。

对于建设项目中业主和业主方的概念有何区别,业主、项目管理、监理等参建主体相互之间的关系、责任分配、工作协调机制等,目前也并未形成统一的认识。目前多数文献中"业主方"与"业主"概念往往等同;对于项目管理工作范围内的质量、进度、投资、风险、沟通、范围等管理内容,业主、监理等单位在有无项目管理公司时分别承担什么样的责任,各自应提升何种能力,目前理论和实践层面均较为混乱。业主方的管理问题如不能很好地解决,对复杂建设项目的项目管理则会带来全局性的不利影响。

复杂建设项目的管理问题往往是整体性的问题,而目前学者的注意力往往更多地放在承包商方的具体管理内容上,承包商方的项目管理无论是从时间上还是范围上都只是业主项目管理的一部分,无法从整体上涵盖业主方的项目管理内容。而业主方项目管理的特点是整体性、主导性和广泛性。可以说业主方决策和管理水平直接决定了项目的成败。无论是由专业的项目管理公司进行管理还是业主自行成立管理团队进行管理,其实质均是业主方项目管理,而且业主的选择和决策的职能永远无法被取代。因此,要解决复杂建设项目的集成管理问题,应主要解决业主职责与其能力的脱节问题,研究以业主为决策主体,专业公司为实施主体的业主方集成管理解决方案。目前工程项目管理的研究和发展趋势是根据系统论的观点,实施集成化管理,由于业主方在建设项目中的主导地位,集成管理最适合由业主方来主导实施,因此提出了业主方主导下的复杂建设项目集成管理这一研究主题。

1.1.2 研究意义

工程建设业是我国国民经济的重要支柱产业之一,其产值占国民经济总产值的25%以上。而当前我国正处在城市化建设的高峰期,随着社会主义现代化建设进程的加快,固定资产投资不断加大,工程建设项目的规模越来越大,也越来越复杂。目前有很多大型建设项目均应用了先进管理方法和技术,并取得了良好效果。但仍有数量众多且复杂度并不低的建设项目,其管理水平仍在低层次徘徊,业主方的理论和实践水平不能与项目管理需求相匹配是其中的重要原因。

本书探讨在面对复杂建设项目管理任务时如何通过业主方的核心和主导作用,以专业化的项目集成管理促进项目目标体系更好地实现。本书对于更好地发挥国内日益增多的复杂建设项目的投资效益、提高业主及相关单位的项目管理水平、有效整合复杂建设项目的各方资源发挥最大合力、提高项目信息沟通效率、高水平高质量地进行工程项目建设可以起到非常有效的促进作用,也将会产生广泛的社会效益和经济效益。

1.2 研究目标与方法

1.2.1 研究目标

本书研究的目的是通过对建设项目复杂性特征及业主方项目管理现状的分析,解决目前在复杂建设项目实施过程中较普遍存在的项目业主能力偏低、业主方各主体集成度不高、项目目标偏离、组织冲突频繁、沟通决策迟缓、项目控制能力差等问题,进而推进以业主方为主导的项目集成管理模式在我国工程建设领域的应用并对众多建设项目的管理绩效带来改善和提升。具体研究目标如下:

(1)研究复杂建设项目中业主与业主方的关系,研究业主方主导实施集成管理的框架模型,对认知维度、实施过程、组织关系、逻辑结构等问题进行研究,奠定业主方主导下的复杂建设项目集成管理理论体系基础。

(2)研究复杂建设项目中业主方如何主导进行项目全生命周期的集成,解决复杂建设项目全生命周期各阶段工作脱节,不能与业主需求相一致的问题,并解决业主方全生命周期业务流程的规范化问题。

(3)研究复杂建设项目中业主方如何主导进行项目的组织集成,解决项目参建方利益、目标冲突问题,解决业主方知识管理问题,解决利益相关方对项目的影响问题。

(4)研究复杂建设项目中业主方如何主导进行信息集成管理,解决信息沟通低效、失真等问题,使信息集成成为实施集成管理的基础。

(5)研究复杂建设项目中业主方如何对各项目管理要素进行集成。

(6)研究复杂建设项目中业主方能力如何提升,研究复杂建设项目业主方组织成熟度如何评价及提高问题,研究业主方对承包商方的选择问题。

(7)结合具体的复杂建设项目业主方管理实践,对研究成果进行实践应用和理论修正。

总之,本书以项目集成管理理论为基础,研究复杂建设项目的业主方作为主导方,如何整合资源和要素，对项目建设实施全过程集成化的管理，从全生命周期集成、组织集成、要素集成等方面建立复杂建设项目集成管理体系，从而提高建设项目管理的效率和效益。

1.2.2 研究方法

本书在研究进行过程中综合采用多种研究方法：

（1）理论与实践相结合的方法。管理理论的生命力在于它的实践性，本书将理论研究和实践验证并举，紧紧依托于作者曾经负责的大型复杂建设项目的工程实践，使理论性与实用性紧密结合。

（2）定性研究和定量分析结合。借助于工程实践及已有文献，本书将定性研究与定量研究紧密结合，对业主方如何主导集成管理实施进行了深入探讨，在逻辑推理得出相关结论的同时，采用定量分析工具，对不同的评价、选择问题构建适合的数学方法，如人工神经网络、属性层次模型、多层次灰色综合评价法、遗传算法等，并结合项目具体数据进行计算分析，以对研究结论进行理论支持。

（3）系统分析的方法。本书从系统科学的角度出发，从复杂建设项目全生命期集成的观点出发，系统分析业主方集成管理的思想、组织、方法与手段，系统构建具有可执行性、可复制性和可推广性的管理体系，并对该体系的内容进行系统化的探讨。

（4）跨学科的研究方法。项目管理本身就是一门综合性学科，在研究中将根据需要灵活运用各种学科的方法和知识，如供应链理论、流程再造理论、IDEF0 方法等，对研究内容进行深入的综合研究。

1.3 研究内容与路线

1.3.1 研究内容

本书在调查和分析国内外研究状况的基础上，深入探讨复杂建设项目的特点及规律，将系统科学与系统工程、现代项目管理理论等方法论相结合，用理论指导实践，用实践修正理论，以建立较完整的复杂建设项目业主方集成管理理论体系。

具体包括如下内容：

（1）理论基础研究。对复杂建设项目的定义、建设项目复杂度与规模的关系、建设项目复杂性特征、业主方与承包商方的划分依据等进行分析，论证集成管理主导方由业主转变为业主方的实践意义，并进行国内外研究综述，总结研究现状与不足。

（2）复杂建设项目业主方集成管理体系整体理论基础研究。作为本书研究的理论基础，分析业主方在时间、目标、要素、主体等维度中的作用以及其内在联系，构建复杂建设项目业主方集成管理体系的概念模型、实施模型、结构模型，以解决业主方主导下的项目集成管理的静态认知问题、动态实施问题和管理操控问题。

（3）业主方主导下的复杂建设项目全生命周期集成研究。研究如何通过业主方整合复杂建设项目全生命周期的流程与主体，使得复杂建设项目的各个环节紧密衔接、前后协调一致，构建业主方业务的标准化流程，将运作的规范化特点与项目的一次性特点集成起来，从而使复杂建设项目的业主方管理工作摆脱烦琐、无序的状态。

（4）业主方主导下的复杂建设项目组织集成研究。研究目前复杂建设项目组织的现状及存在的主要问题，分析复杂建设项目中的利益相关者的需求，发挥业主方在项目管理中的主导优势，研究如何整合组织界面，构建 Partnering 模式；研究复杂建设项目的知识管理问题，探讨如何构建复杂建设项目虚拟组织；研究复杂建设项目的利益相关者的组织集成问题等。

（5）业主方主导下的复杂建设项目信息集成研究。研究基于现代信息技术的业主方信息集成，分析选择信息集成的载体，对业主方项目管理平台（owners project management platform，OPMP）进行系统分析和框架模型构建。

（6）复杂建设项目的业主方要素集成研究。从业主方角度对全生命周期风险集成、参建方风险集成和要素管理的风险集成进行分析，构建以风险相关方和生命周期各个阶段为轴构建风险集判断矩阵和项目风险预警体系。对复杂建设项目业主方的工期、投资、质量三要素集成进行决策分析。

（7）研究复杂建设项目业主方集成能力如何提升。研究业主方组织项目管理成熟度模型；研究业主方对承包商方的选择问题，建立数学模型进行定量分析，解决业主方对 Partnering 合作伙伴评价选择问题以及对 Partnering 合作伙伴的组合选择问题。

（8）案例研究。结合具体复杂建设项目的业主方集成管理实践对本书构建的理论体系进行全面的应用及效果分析。

1.3.2 研究路线

本书所构建的业主方主导下的复杂建设项目集成管理体系主要内容构成，即本书的研究路线如图 1.1 所示。

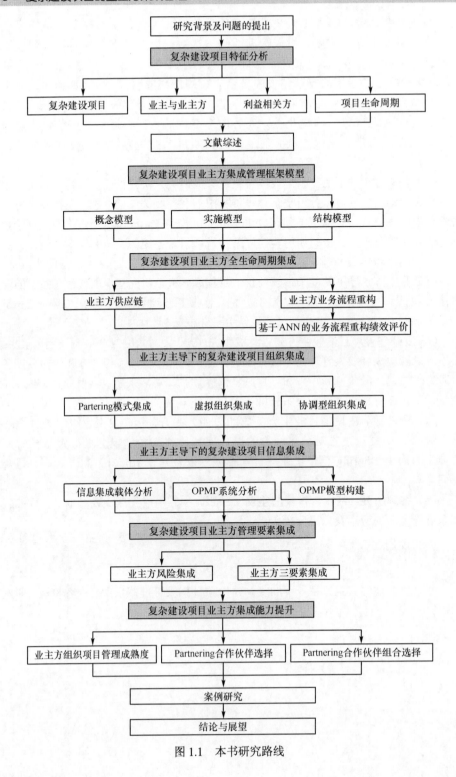

图 1.1　本书研究路线

第 2 章　复杂建设项目分析及研究综述

2.1　复杂建设项目分析

2.1.1　复杂建设项目定义

关于建设项目，目前文献中常见的前缀修饰词是大型建设项目，或复杂建设项目，或大型复杂建设项目。那么大型建设项目和复杂建设项目究竟是何关系？二者是否等同？是否大型建设项目一定是复杂建设项目？抑或复杂建设项目一定是大型建设项目？

关于建设项目大中小型的划分，目前并没有公认的标准。早在 1978 年，当时的国家计委、国家建委、财政部曾联合发文《关于基本建设项目和大中型划分标准的规定》（计[1978]234 号），文中规定了工业建设项目和非工业建设项目的大中型划分标准，其中工业建设项目均以产能区分；非工业建设项目中，主要以投资额划分。2006 年国家统计局设管司又出台《基建项目大中型划分标准》对划分标准进行了调整。但这些文件中的建设项目大中小型标准的出台主要是国家管理部门用来确定固定资产投资审批权限而设立的，随着市场经济体制的确立，时至今日，已无实际意义。

另外，住房与城乡建设部 2007 年颁发的《工程设计资质标准》中的规定，一般建筑工程项目，凡公共建筑的单体建筑面积大于 2 万 m^2，建筑高度超过 50 m，或住宅建筑单体高度超过 20 层，或住宅小区总建筑面积超过 30 万 m^2，即属于大型建设项目。此标准主要是用来确定工程设计企业的资质等级，与人们通常理解的大型建设项目概念也存在较大偏差。

美国联邦高速公路管理局给出了一个特大型建设项目的定义：投资大于 5 亿美元，或者投资巨大，对环境、社会及资金有重大影响，拥有高度公众关注度或政治利益的建设项目。张江河（2011）认为，特大型建设项目是指投资额 10 亿元人民币以上，复杂性和风险程度很高，工期较长，参与人员众多，对所在地区乃至国家的经济、技术、环境及居民生活有重大及广泛影响的建设项目。陈勇强（2004）则给出了超大型建设项目的标准：投资额巨大（土木工程超过 20 亿元人民币，设备含量较高的工程超过 50 亿元人民币），建设期从立项到完工超过 4 年，参与方超过 50 家，项目实施地域广阔，不可预见因素多，风险大，一体化要求程度高等。

上述关于大型（特大型、超大型）建设项目的定义，大多试图从投资额或工期等方面给出一个定量的划分标准。事实上，随着时代的发展，物价水平、材料设备价格、劳动力成本等变化很大，使用投资额来界定大型建设项目显然是不恰当的；而工期则受资金、项目环境等诸多因素影响，也很难给出大型建设项目最短工期的具体的时间。

大型建设项目是一个模糊概念，并不存在一个量化的指标范围来精确地对大型建设项目进行界定。

表 2.1 列出了我国近年来公认的一些重点建设项目，从项目规模和社会影响力上来看，这些建设项目毫无疑问属于大型建设项目，或是特大型建设项目或超大型建设项目。

表 2.1 我国部分大型建设项目

建设项目名称	项目特点	项目总投资（亿元人民币）
京沪高速铁路	世界最长高铁项目	2209
北京南站	亚洲最大火车站	63
杭州湾跨海大桥	世界最长跨海大桥	160
苏通长江大桥	世界最长斜拉桥	78.9
首都机场 T3 航站楼	世界最大单体建筑	250
上海临港新城	世界最大填海造地项目	1500
上海中心大厦	中国第一高楼	70
秦岭终南山隧道	我国最长公路隧道	25

注：资料来源：中国大型建设项目一览表[EB/OL]. http://hi.baidu.com/gotuis/item/e7c1c3cd5e55f763f7c95dc2.

从表 2.1 所列的建设项目特点来分析，不难总结出大型建设项目通常所包含的几个特征：项目总投资额大，项目建设周期长，技术要求高，参与单位多，不可见因素多，项目风险大，社会影响力大等。以上特征，未必每个大型建设项目都同时全部具备，但其最基本的特征至少可以总结为两点：即项目总投资额大，建设周期长。

而复杂建设项目，主要是指建设项目的复杂性而言。Sven（2003）认为，一般的建设工程项目都是复杂系统。从认识论的角度当然可以这样来看，但是从具体工程项目管理的角度，这样的观点并不利于对建设项目进行合理的区分：如果所有建设项目都是复杂建设项目，那么这个定语的增加就没有任何意义了。比如同样是房屋建筑工程，某高校一幢普通多层教学楼建设项目，从建筑面积、涉及专业、工期、质量要求等角度来看，一般的有资质的施工单位都可以作为承包商按照常规管理手段将其顺利完成；而另一幢建筑则是一幢类似于上海环球金融中心的超高层五星级写字楼，从投资规模、涉及专业、工期、技术难度等方面都远远超过前者，将二者都按照复杂系统来同等看待和管理显然是不合适的。

再比如作者曾参与过的天津经济技术开发区新交通洞庭路试验线建设项目，该项目采用新型单轨胶轮电车技术，全长 7.86km，分为线路工程、轨道工程、车辆段和综合基地土建工程、车辆段和综合基地钢结构工程、机电工程、箱式变电所工程等十几个标段。尽管新交通项目投资仅有 1.9 亿元，总工期仅有 10 个月，如果按照通常理解，从投资和工期上来看，并不算大型建设项目，但该项目技术含量高，涉及专业较多，接口管理复杂，技术研发难度大，同时还担负着产业化推广的任务，是公认的复杂建设项目。而一个建筑面积 40 万平方米的住宅小区，全部由各自独立的高层建筑构成，业主方将其划分为多个标段分别由不同施工单位进行建设，尽管投资和工期都超过了前者，但其复杂程度要低得多。

　　对于与复杂建设项目所对应的简单建设项目，往往以层次关系为主，项目分解后横向关联相对较少，工程设计一般变更较少，不存在太多的平行分包专业，也很少有不确定的技术因素，项目目标一般可预测、易实现。项目的整体问题可以通过对各局部问题的解决来"叠加"解决。对项目目标，一般以质量、进度、投资、安全等直接目标为主；项目建设管理，一般以既有的经验为主；项目关键技术，一般以成熟技术为主。而反观复杂项目，从可行性论证到工程设计到施工，自始至终面临着不同学科领域的知识，包含着大量结构化和非结构化问题，这些问题的解决，单靠经验无法完成，单靠数据、信息和数学模型也很难解决。这些问题，需要整合社会、经济、科技、工程、管理、文化等领域，需要整合自然科学、社会科学、软科学等学科，需要综合数据、信息、知识、经验等层次，需要综合定性与定量等方法，需要整合项目内外的专家、学者的智慧、知识，需要整合项目所有利益相关者的意见来进行全方位、系统地解决。

　　综上所述，可见大型建设项目和复杂建设项目尽管在很多时候通用，建设项目的规模和复杂度往往也成正比，但二者并不是完全等同的。也正因为此，本书在界定研究对象时摒弃了建设项目规模的前置条件，只使用了"复杂建设项目"这一名称。关于复杂建设项目，由于"复杂"与"简单"之间是一个模糊界限，并不具备明确边界。本书试给出描述性定义如下：所谓复杂建设项目，是指处于变化的社会和自然环境下的，具有多重目标约束的，有较多参建单位的，受多种因素影响有一定的不确定性的，在时间、空间上具有明显的复杂系统特征的建设项目。

　　对复杂建设项目和简单建设项目进行一定的区分有其现实意义：在管理实践中，对于简单建设项目，没有必要采用复杂项目的管理模式去设置组织结构，安排过多的管理人员，增加过多的管理成本，否则，会降低整个项目的管理效率和效益；而对于复杂建设项目，也不能用简单建设项目的管理模式去管理，否则会造成职责不清、管理混乱，应当重视其项目复杂性带来的管理难度，采取与项目复杂性相对应的管理手段和方法，从而使得项目目标更好地实现。

　　从项目管理的角度，对复杂建设项目和简单建设项目的管理也存在一定差别（何自华，2010），如表 2.2 所示。下文将针对建设项目复杂性内涵做进一步探讨。

表 2.2　简单建设项目管理和复杂建设项目管理的区别

简单建设项目管理	复杂建设项目管理
项目管理要素组合单一，组织之间目标差异小	项目管理要素组合复杂，组织之间目标差异大
简单建设项目实施可分为设计、招标、施工几个阶段进行，项目风险在实施过程中可识别性和可控性强，项目不确定性小	复杂建设项目实施各个阶段相互交叉，各项工作之间界面复杂，项目风险难以全面识别，项目不确定性大
项目各个参与组织相对独立，可分别按照自身方式实施项目管理	项目各个参与组织需要进行大量的协同配合，项目需要进行系统化、程序化、标准化的管理手段

简单建设项目管理	复杂建设项目管理
项目管理层次少，管理内容相对单一，组织之间冲突少	项目管理的幅度和层级都明显增多，组织之间的冲突可能性大
项目生命周期内组织结构相对稳定，项目成本节省空间小	项目生命周期内组织结构变化大，费用节省空间具有较大弹性
对业主、监理等单位管理水平要求低	对业主和监理等单位的项目管理水平要求较高
项目管理规章制度制定难度小，变化少	项目管理规章制度内容要求多，随项目实施需要进行调整变化，需要进行项目管理策划和设计

2.1.2　建设项目复杂性的来源

　　复杂（complex）是指事物的种类、头绪等多而杂，具有各种不同的，而且经常是数量众多的部分、因素、概念、方面或影响的相互联系的，而这种相互联系又是难于分析、解答或理解的。日常生活中，"复杂"经常与"复杂的"（complicated）混用，但是在系统科学中，"复杂"更多的是强调突出系统各节点间错综复杂的联系，而"复杂的"则是形容一些所谓高度"结合"在一起的解决方案（Lissack et al., 2000）。"复杂"与"独立自主"相对，而"复杂的"才与"简单"相对。本书中"复杂建设项目"所指的复杂，更倾向于前者的含义。人们传统的理解，复杂总是与简单相对，反映的是人们的认知：一个复杂事物，如果被充分认识就成为简单事物了。但是现代科学技术的发展日益证明，事物的复杂性具有客观性，不应把其全部归因于人们认知的不充分性。

　　关于复杂性的研究已经成为一门新兴的边缘、交叉学科，即复杂性科学（science of complexity）。复杂性科学的研究先后经历了三个阶段，即开创阶段、复杂性与系统分离阶段和成熟阶段（姜琳，2006）。开创阶段为自20世纪20年代至60年代。这一时期，一般系统论、控制论、信息论相继提出，贝塔朗菲强调运用"整体"或"系统"的概念来解决、应对复杂性问题。与复杂性研究相关的系统、反馈、组织、自组织等概念和方法论思想陆续提出。第二阶段为60年代至80年代。这一时期，耗散结构、协同论、超循环论、突变论等理论陆续提出，人们注意到复杂性研究与系统研究的不同，系统科学在工程技术层次（如人工智能、系统工程等）和技术科学层次（如运筹学、控制理论等）取得长足进步，但研究对象仍然主要是线性系统理论。直至80年代，复杂性研究正式提出，其研究目标主要是揭示客观事物构成、演化的原因和过程以及复杂机理（黄欣荣等，2004）。从80年代至今，在自组织理论和非线性科学理论的基础上，复杂性科学真正诞生。美国的圣塔菲研究所(Santa Fe institute, SFI)在运用自组织、涌现、混沌、紫石英复杂系统等进行复杂性科学研究方面做了大量工作。我国著名科学家钱学森在90年代初提出了"开放的复杂巨系统"概念，提出了从定性到定量的综合集成的方法论。1992年，钱学森又提出采取人机结合以人为主的方法，对不同层次、不同领域的知识和信息进行综合集成，从而从整体上给出了研究和解决复杂性问题的方法。

复杂性必然是系统的复杂性。钱学森认为：系统是由相互作用相互依赖的若干组成部分结合而成的，是具有特定功能的有机整体，而且这个有机整体又是它从属的更大系统的组成部分。系统的复杂性主要表现在：

（1）系统各组成部分之间具有广泛而紧密的联系，每一个组成部分的变化都会受到其他组成部分的影响，并会引起其他组成部分的变化。

（2）系统具有以层次和功能区分的结构性，每一层次都是上一层次的构筑单元。

（3）系统在发展过程中能够不断学习，其层次结构与功能结构不断变化。

（4）系统具有开放性，与外界环境存在物质或能量的交换，能够与环境相互作用，不断变化以适应环境。

（5）系统具有动态性，始终处于变化发展过程中。

（6）复杂系统具有演化、涌现、自组织、自适应、自相似等特征。

钱学森从系统的规模、复杂程度和系统局部与整体的关系角度，对系统进行了类别划分，如图 2.1 所示（苗东升，2010）。

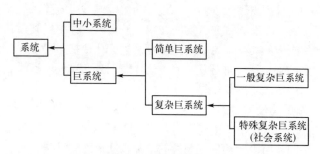

图 2.1　系统的分类

按此分类，复杂建设项目属于复杂巨系统，同时建设项目这一系统中必然包括人这一构成要素，属于社会系统，因此复杂建设项目属于特殊的复杂巨系统。

钱学森认为，所谓"复杂性"其实是开放的复杂巨系统的动力学。按此理解，复杂建设项目的构成元素无论从数量还是从种类上都是非常庞杂且差异巨大的，分析其复杂性的来源，有助于对复杂建设项目和简单建设项目之间进行进一步的定性区分。

1. 复杂性源于建设项目规模　尽管前文曾经分析指出，建设项目的规模和复杂性不一定成正比，但是不可否认，在一定范围之内，规模变大往往会带来对系统认知、描述和处理的困难，从而使得项目复杂性增大。可以认为，具有足够的规模是建设项目复杂性的必要条件，但不是充分条件。

2. 复杂性源于建设项目开放性　建设项目不是一个封闭系统，必然会处于一定的自然和社会环境中，而无论是自然环境还是社会环境，其环境的变化和不确定性必然会使得项目复杂性增加。如三峡工程在 1998 年 7 月遭遇 57 700 m^3/s 流量的巨大洪水，达到 1877 年以来历史同期最高值，使得施工难度骤然加大[①]；再如有的建设项目面临土地产权纠纷，导致项目施工受到严重影响。因此，建设项目的开放性也是其复杂性的一个来源。

---

① 资料来源：三峡工程建设大事记[EB/OL]. http://www.hb.xinhuanet.com/zhibo/2006-05/18/content_7021776. htm..

3. 复杂性源于建设项目系统结构　系统复杂性的来源是构成要素的多样性和差异性,差异性越大,整合的难度就越大。对于复杂建设项目来说,其参建方往往种类和数量繁多,而且在项目组织中存在着等级层次结构,由此,各参建方之间以及项目人员之间的关系会变得错综复杂,这也导致了建设项目复杂性增加。

4. 复杂性源于建设项目的非线性　事物由于相互作用而发展和变化,事物之间相互作用有线性和非线性之分。线性指事物的量与量之间按比例、成直线的关系,意味着稳定、均衡、可测,不是产生复杂性的来源;而非线性则意味着不按比例、不成直线的关系,代表不规则的运动和突变,系统要素之间的非线性相互作用才是系统产生复杂性的内在原因。建设项目中存在着大量非线性因素,如套图施工的两个一样的建筑单体,由同一个承包商施工,其工期却不相同。这是由于影响工期的因素均是非线性的,如施工组织设计的落实、工人熟练程度、资金到位情况、自然气候影响等。

5. 复杂性源于建设项目的动力学特征　动力学因素是产生系统复杂性的重要物理学根源,复杂性只能出现于动力学系统,动力学过程可能使系统产生多样性、差异性、突变性等。复杂建设项目的工期往往较长,实施过程中受到项目内外环境因素的影响而不断产生相应的变化,这些内外环境因素变化往往多种多样,使得建设项目的变化也很难做出精确预计。面对复杂的内外环境因素,建设项目就需要以相应的变化来适应环境,因此增大了其复杂性。

6. 复杂性源于建设项目的一次性和不可逆性　建设项目具有典型的一次性和不可逆性的特征,尽管在出现质量问题时可以返工或拆除重建,但带来的工期和费用损失仍然是不可逆的。而由于项目复杂性的增加,其风险的种类、数量不断上升且往往难以全面识别,因此,这种一次性和不可逆性使得建设项目的风险性加大,因而成为建设项目复杂性的来源之一。

7. 复杂性源于建设项目的不确定性　建设项目的不确定性来源于多个方面,如项目参建方的利益与项目整体利益冲突导致其行为的不确定性,新材料、新技术的应用导致的项目质量的不确定性等。另一种不确定性表现为项目未来的模糊性,如受多种因素制约导致的项目工期的模糊性。

8. 复杂性源于建设项目参与人员　复杂建设项目参与人员众多,每个人的性格、习惯、作风、文化背景都不一样,每个人都具有理性因素和非理性因素,这使得人在项目中的行为不能保持一贯的可控性。对建设项目的管理,主要是通过组织管理实现对人的管理,而人的思想、行为的复杂性是建设项目复杂性的重要来源。

钱学森指出,综合集成方法是处理复杂性问题的有效方法。而从上述分析可以看出,对于建设项目这一复杂性来源众多的开放复杂巨系统,运用集成方法则更是应对其复杂性难题的必由之路。

2.1.3　复杂建设项目的特征

具体来说,建设项目复杂性是由若干个不同的复杂因素交互作用的结果。这些复杂性特征包括显性和隐性两个方面，诸如建设项目规模、投资、技术等复杂性都属于显性的，而其动态开放的环境、多元自主主体、项目管理中多要素的非线性关联等则是隐性的。对于建设项目的管理难度来说，后者比前者的影响往往更加明显。下面在系统复杂性管理思维的框架内，对复杂建设项目的特征进行全面的归纳：

1. 组织复杂性 建设项目组织是为了实现建设项目目标，根据建设环境而成立的对建设项目实施管理和控制的系统。建设项目组织由对项目建设各项工作负责并担负管理和控制任务的个人、单位、部门汇聚而成的群体或团队。每一个建设项目组织都有其特定的管理模式，根据项目环境和项目目标，需要设定一定的组织架构，以确定各参建主体在项目建设过程中的职能、权利和相互之间的关系，并制定和实施一定的组织运行机制和行为规范。项目组织是个临时性的组织，组建的目的是为了完成项目建设任务，因此项目组织应具有有效的整合项目资源的能力，具有协调项目建设中人与人、人与物、物与物之间关系的能力，具有驾驭项目各种复杂性的能力。建设项目组织没有固定不变的模式，往往要随着项目环境的变化而变化。建设项目组织复杂性主要体现在组织差异性和组织依赖性两个方面。

组织差异性包括横向差异、纵向差异和空间分布差异三个方面。横向差异指的是组织内不同单位、部门的个体成员之间的专业技术水平、工作能力、教育和培训的背景、工作内容等方面的差异，以及由此产生的不同参建单位之间的差异。复杂建设项目往往涉及的领域非常广泛，如土建、结构、安装、强电、弱电、通风、市政、环保、空调等专业，还包括政府主管部门、行业主管部门、建设相关审批部门等，跨部门、跨组织、跨职能的现象普遍，从而使得建设项目的组织复杂性增加。纵向差异指的是组织结构中的管理层次和各层次之间的区别。项目组织的管理层次与一个常态组织的管理层次不同，除了每一个部门或单位内部的管理层次外，还存在各个参建主体之间的管理层次，而这种管理层次又不仅仅以上下级之间的指令链来联系，包括合同关系和非合同关系，各参建主体之间还往往有各种物流、信息流和知识流的交流与传递。参建主体越多，管理层次越多，组织复杂性越高。空间分布差异主要是指组织内各参建主体的工作、沟通、协调在地域分布上的差异，地域分布越广，沟通和协调的难度就越大，组织复杂性也就越高，这种情况在公路、铁路、引水工程、输油输气工程等建设项目中比较显著。

组织依赖性主要体现在组织结构类型和对环境要素的依赖上。Thompson（1967）认为组织结构类型的依赖关系由强到弱分为交互型（reciprocal）、连续型（sequential）和共享型（pooled）三种，其中交互型复杂程度最高。在复杂建设项目中，这三种类型往往共同存在，且相互之间存在依赖、联系、制约的关系。而外部环境则往往包含了组织所需要的稀缺资源，因此组织对外部环境也产生了依赖，这种依赖取决于该种资源对组织运作的重要程度和外部环境提供该种资源的能力。

2. 任务复杂性 复杂建设项目的任务复杂性主要表现在以下几个方面。一是涉及任务众多，建设项目一般都要进行工作分解结构（work breakdown structure，WBS），复杂建设项目的分解任务往往成百上千，甚至更多，参与单位也非常多，这些任务各自有其功能和时间、技术、资金等的需求，在时间和空间上相互依赖、相互影响、相互制约。二是任务之间的关系是非线性的。复杂建设项目的任务之间往往具有复杂的非线性相互作用，各任务相互之间的影响具有高度的敏感性。任务之间存在着显性或隐性的多种联系。三是任务之间具有较高的层次性。复杂建设项目各层次任务的开展都需要以其下级层次任务的完成为基础，任务活动层次越高，其所涉及的范围就越广，涵盖的任务也越多，完成该任务的工期也就越长。四是任务活动具有不确定性。复杂建设项目的建设周期较长，项目活动受到时间和自然环境、社会环境的影响，这些影响使得项目任务活动呈现多种多样的变化，而且往往是不可预期的。例如三峡工程，1993 年的枢纽工程加移民静态总投资预计 900.9 亿元，而到 2009 年时动态投资则达到 1800 亿元。五是任务活动具有动态性。任务的动态性体现在项目计划与执行状态的差异普遍性，更多体现在项目变更上。项目变更的原因包括业主方的主动变更、设计方由于设计错误、遗漏等原因的变更、承包商提出的变更等。任何一项变更，都会打乱项目计划，影响项目的工期、投资，变更的数量和范围直接影响到建设项目的复杂度。

3. 技术复杂性 工程项目离不开技术的运用，技术是劳动工具的延伸与扩展，目的在于提高劳动工具的效率性、目的性与持久性。建设项目的技术主要包括工程技术和管理技术两大类别。其中工程技术也称为生产技术，是人们将科学知识或利用技术发展的研究成果应用到工程施工中，以达到实现工程预定功能目标的手段和方法。管理技术是管理方法和管理手段的总称，现代管理技术随着科学技术的进步，已形成一个日臻完善的科学体系。它不仅涉及一般管理方法的特点、结构、形成和发展，而且要探讨各种管理方法和管理手段在管理中的特殊作用、地位及其相互关系。

建设项目技术复杂性构成如图 2.2 所示。其中工程技术的复杂性主要分为三个层次（李慧等，2009），第一层次是技术组分量的复杂性，由技术组分的数量和性质异质性的数目决定；第二层次是技术组分关系复杂性，由技术组分之间相互作用的关联程度和数目决定，建设项目各项工程技术并不是孤立地发挥作用，而是相互交叉、相互融合、相互依赖的；第三层次是技术体系与外部环境之间的交互复杂性，由输入和输出的性质、交互作用通路的数量等内容决定。管理复杂性也主要分为三个层次，第一层次是管理知识的复杂性，这是由知识的属性决定的，管理既有自然科学的属性又有社会科学的属性，项目管理本身属于一个新兴的交叉学科，涉及系统工程、管理学、经济学、数学、运筹学等多种学科；第二层次是管理对象的复杂性，建设项目的管理对象是一个开放的复杂巨系统，每一个项目都是独一无二的，每个项目的目标、组织形式、运行模式各不相同，而且管理对象包括复杂的组织、人、财、物等内容；第三层次是管理过程的复杂性，建设项目管理是一个多目标、多因素、长周期的过程，管理过程中面临着复杂的目标、要素、资源的冲突与均衡，存在着贯穿始终的动态性、突变性和随机性。

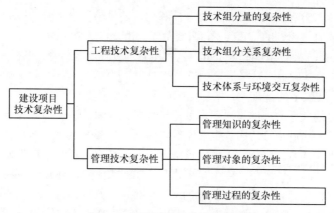

图 2.2　建设项目的技术复杂性

4. 信息复杂性　建设项目的信息分为内部信息和外部信息两类。内部信息,从主体来源上主要来自业主、监理单位、设计单位、总包单位、分包单位、供货单位、咨询单位等项目参建方;从生命周期来源上,涵盖了项目的论证、可行性研究、设计、招标、施工、验收、保修等全过程;从项目管理要素上,涵盖了项目的综合管理、质量管理、进度管理、费用管理、合同管理、人力资源管理、采购管理、沟通管理、风险管理等全要素。外部信息,主要来自政府、银行、建设主管部门、周边居民等各利益相关方。建设项目管理工作需要从以上来源中获得和处理大量信息,随着项目规模和复杂度的不断提高,信息量也呈几何级的增长。而且信息的获得、分析、加工、处理、引用在时间和空间上都具有不一致性,不同主体、不同过程、不同环节的信息纵横交错,项目的规模越大,复杂度越高,对信息的依赖性越大,同时信息需求方分析、处理信息的工作难度也就越大。

5. 目标复杂性　一个建设项目的目标往往具有多样性,而随着复杂建设项目的子项目增多,项目利益相关方增多,其目标体系也更为复杂。在这一目标体系中,各类目标的地位不同,权重不同,表述方式不同,目标达成条件不同,目标之间还存在着相互矛盾、相互制约和相互冲突。目标体系的复杂也导致了建设项目的评价难度增大,传统建设项目成功与否往往只看质量是否优良,是否按时或提前竣工,投资是否有"三超"现象,而越来越多的建设项目在满足了三重约束之后却往往在社会影响、生态环境等方面带来了不利影响,这不能不说是设置建设项目目标体系时没有充分认识到其复杂性。随着社会经济的发展,建设项目目标越来越呈现多元化的趋势。既要在管理层面上实现进度、质量、投资、安全等目标,又要在功能层面上实现技术、经济等目标,同时还要满足社会经济发展、生态保护等与外部环境相适应的目标。不同层面的目标在项目实施过程中相互交错作用,使得建设项目存在多个"可行解",而很难实现"最优解"。整体目标体系无论多么复杂,对建设项目复杂性的应对过程,都可以看做是追求利益相关者(stakeholder)都满意的过程,因为每一个分目标都蕴含着某类利益相关者的期望。

6. 环境复杂性　建设项目是一个开放的复杂巨系统,开放系统和环境之间存在着物质、能量和信息的交换。系统与环境的交互方式,系统开放的程度和开放方式,环境不确定性，都影响着建设项目的复杂性和项目的风险程度（Langlois，2002）。企业进行市场研究时常用到的 PEST 模型[政治（political）、经济（economic）、社会文化（socio-cultural）、技术（technological）]也可用到项目环境分析上。根据建设项目特点，我们在 PEST 的基础上进行拓展，建立 PESTLNO 模型。

首先是在 PEST 的基础上，增加法律（legal）环境及自然（nature）环境。建设工程参建主体之间关系主要的维系手段就是合同关系，因此法律环境对建设项目实施具有很大的影响；建设项目的实施受天气等自然条件的影响，反过来建设项目本身也会对自然环境产生影响。另外，由于建设项目本身的特点，项目组织也处在一个复杂的组织（organization）环境中，作为一个临时性的组织结构，建设项目组织的特点是项目中几乎每一个参建主体都以项目部的形式出现，其背后都有一个常态性的企业或事业单位组织。这些常态单位作为项目中各自项目部（项目组）的后台支持和上级机构，其企业文化、管理机制等都会对项目产生影响，这些常态机构整体构成了项目的组织环境，如图 2.3 所示。

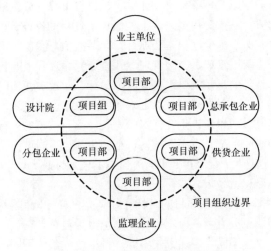

图 2.3　项目组织环境示意图

政治环境、经济环境、社会文化环境、科技环境、法律环境、自然环境、组织环境，这七个方面共同构成了建设项目环境复杂性的来源，对建设项目的环境复杂型分析可从这七个方面进行，即 PESTLNO 环境分析模型，如图 2.4 所示。这七种环境都对建设项目的复杂性产生影响，而且随着建设项目的规模和复杂度的提高，环境的不确定性也在增加。

综上所述，建设项目复杂性特征指标如图 2.5 所示，该图也可作为建设项目复杂性评价的指标依据。尽管不能以明确的界限来区分复杂建设项目与简单建设项目，但是对于建设管理者来说，仍然有必要对不同建设项目复杂性的程度进行衡量、区分。复杂性评价是衔接建设项目复杂性识别和复杂性控制的桥梁，只有正确评价建设项目复杂程度的高低，方可与之进行对应的合理的项目管理工作安排。而项目集成管理本身就要付出比普通项目管理更多的资源和精力，有了对具体建设项目复杂性的科学评价，管理者就可更准确地估算相应管理成本，投入管理资源。

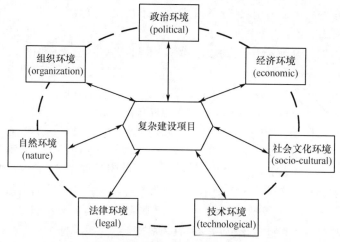

图 2.4　复杂建设项目 PESTLNO 环境分析模型

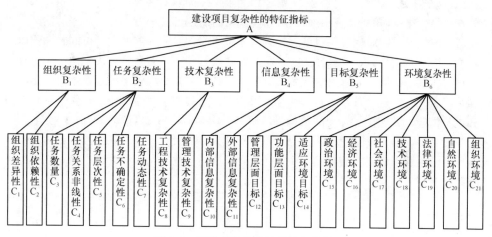

图 2.5　建设项目复杂性的特征指标

目前，对项目复杂性的评价方法主要分为三类：基于计算复杂性的评价方法（Akileswaran et al.，1983）、基于项目结构模型的评价方法（Passed et al.，2006）和综合评价法（Hass，2009）。这三种方法里最成熟的是综合评价法，该方法的一个难点就是指标权重的测定。对指标权重测定，目前较为成熟的方法有熵权法、层次分析法（analytic hierarchy process，AHP）、网络分析法（analytic network process，ANP）、模糊网络分析法（FANP）等，权重测定后的评价方法常用的有模糊综合评价法等。由于本书重点研究普遍意义上的复杂建设项目中业主方集成管理的实施，而非建设项目复杂性问题，限于篇幅在此不对建设项目复杂性评价的具体方法进行进一步探讨。

2.1.4　复杂建设项目的主体分析

1. 业主　根据建设工程所包含的各类工作特点，一个建设项目往往是由许多不同的参建单位参与其中，分别承担不同的任务。现代汉语词典对"业主"的定义为"产业或企业的所有者"，百度百科中的定义为"物业的所有权人"，业主可以是自然人、法人和其他组织，可以是本国公民或组织，也可以是外国公民或组织。物业与建筑上讲的业主本质上是一致的，都是指物业（产权）所有者。对于工程建设项目来说，业主就是指一般传统意义上所称呼的建设项目的"甲方"。我国建设工程监理协会给出的定义，业主和建设单位同义，是建设工程监理的委托人，在建设项目中的作用是：确定建设规模、标准、功能，选择咨询、勘查、设计、监理、施工单位，在建设项目实施中进行决策、指挥、协调，支付与建设有关的各种费用等。国家发改委从投资管理的角度，认为业主就是投资方，是具体负责建设项目的策划、论证、筹资、设计、招标、建设实施直至验收、投入使用、归还贷款并承担投资风险的主体。我国《建筑法》《建设工程安全生产管理条例》《建设工程质量管理条例》等法规中，都将"业主"称为"建设单位"，但建设单位和业主的区别在于，建设单位主要指在项目的建设期间进行管理的单位，未必一定具有法人资格。从建设项目全生命周期管理的角度，业主的概念应涵盖建设单位的概念。实践中，建设单位、出资方、使用方往往存在分离状况，如政府投资项目资金来源于财政而建设单位为政府委托的某法人单位，又如房地产项目，建设期间的出资方为地产开发公司而后期的使用方则为商品房的购买或租赁者。但从本书针对建设项目管理的这一角度来看，对业主的概念则可同时涵盖以上三方，即既是出资方、又是使用方，同时是建设管理方，若有分离则视为一个整体的内部分工问题。因此，本书给业主的定义是：具有独立法人资格的建设项目的出资方和使用方，并在建设项目中具体从事建设管理，对建设项目全面负责，包括享有权益和承担风险，并起主导作用的机构或组织。

图 2.6 给出了我国建设项目业主的类别划分，从所有权属性来分，可分为政府投资项目业主和非政府投资项目业主，非政府投资项目业主又可分为自用型和投资经营型两种类型。

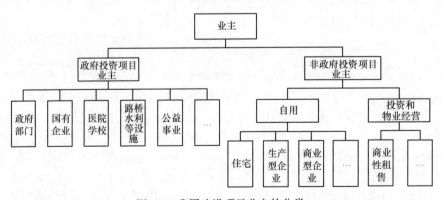

图 2.6 我国建设项目业主的分类

政府投资类项目又称"公共财政投资项目"或者"国家建设项目"。是政府为推动国民经济或区域经济发展，满足社会公共需要，以各级政府为实际投资主体，以财政性资金为资金来源的固定资产投资项目，这类建设项目以政府为主导，以满足公共需求为目的，以公务公产和公有公共设施公产为内容，以国有资产投资或者融资方式进行建设，具有行政性、公用性、公有性的特征。2004 年 7 月，国务院发布《关于投资体制改革的决定》，其中明确指出对非经营性政府投资项目加快推行"代建制"，即通过招标等方式，选择专业化的项目管理单位对项目建设进行管理，竣工验收后移交给相关使用单位。按照规定，承担代建任务的项目管理单位具有项目建设期的法人地位，拥有包括在业主监督下的建设资金支配权等各项法人权力，同时承担相应的法人责任。但实际上代建制项目实施中，建设项目的业主权利和责任很难转移到项目管理单位身上，很少有项目管理单位真正获得这样的授权。而且由于国内目前具有相应人才和经验的专业化项目管理单位非常缺乏，代建制的推行对政府投资建设项目的业主责任和权利并未带来太大变化。

非政府投资项目按照项目投资目的可分为自用和投资及物业经营两大类别。按照投资主体可分为国有企业、民营企业、外资企业等类别。其中国有企业，尤其是一些大型国有企业，在企业发展中往往有大量建设项目上马，因此大多成立了专门的基建管理部门，培养了一批具有一定项目管理经验的人才。但其管理往往依赖于习惯和经验，在现代项目管理的技术、方法、工具运用上不够成熟。大量的民营企业中，拥有专职基建管理部门的较少。但其中房地产开发企业，由于反复进行相同类型的建设项目开发，所以在同类别建设项目管理中积累了较多的经验，但房地产开发项目往往追求经济效益，其物业产权销售后转移到购买者身上，故而对建筑产品的长期质量重视程度不够。还有一些外资直接投资的建设项目，这类主体多采用项目管理承包（project management contract，PMC）模式，项目管理主体由业主和专业项目管理公司组成，项目管理公司受业主委托，协助业主在项目前期论证、可行性研究、项目计划、设计、采购、施工、验收等阶段进行全过程管理，尽管业主类别很多，每个业主关注的问题和经验也各不相同，但他们对建设项目的期望基本相同：项目能够按预算和计划工期完成，并达到预期的质量标准和使用功能，不出现意外因素，将项目额外投资和工期延误、安全事故等风险降到最小等。

我国自 1992 年实施建设项目法人负责制，明确规定：建设项目的业主要对项目的建设、经营、保值增值以及投资风险等负全部责任，而这种责任是其他任何一个项目参建方无法全部承担的。在经济社会中，其他与业主发生合同关系的利益相关方，其主要目的必然是追求自身利益的最大化，而这个目的与业主关注项目最终交付物的目的二者之间的桥梁就是业主方的工程款支付责任，业主有"掌握支票簿的权利"是建设项目中业主方最高权力的保障，也是业主方在建设项目中占主导地位的基石。

业主的主要任务，除了对参与各方支付与项目建设相关的费用之外，还需要明确项目目标体系，确定标段划分与合同体系，选择可发生合同责任关系的参建单位，对项目参建各方明确项目要求，项目实施中实施协调、管理与决策等，总体概括之，即业主需要在正确的时间，以正确的方式，通过各种手段，为保证其投资的质量和价值而努力。由于业主在项目全生命周期内贯穿始终的地位，在利益相关方中的总集成者的地位，以及由合同支付方带来的主导地位，建设项目如果要实施集成管理，最适合的集成主导方就是业主。

但目前多数建设项目中业主管理的现状可以用"责任大,权限大,能力小"来概括。尽管业主在项目建设中的责任重大,权限也可以保障,但是由于多数建设项目的业主都存在非专业性和缺乏经验的特点,真正熟悉建设项目流程且有能力控制项目的质量、进度、投资、风险的业主还较为稀缺,更不用说面对复杂建设项目任务来主导实施项目集成管理。

目前,在建设项目管理中,业主存在的主要问题有:

（1）决策随意性较大,项目论证不合理,可行性研究报告编制走过场,导致项目定位、规模、方案等出现偏差。

（2）用户需求调研不细致,无法给设计单位提供详细、真实的项目设计需求,导致项目设计无法有的放矢。

（3）项目管理班子人员不齐,责任不明,素质不高,缺乏现代项目管理知识,没有相关建设管理经验,部门之间配合协调差,解决问题效率低下。

（4）决策随意性大,工程变更多,对设计、施工、监理的工作造成影响。

（5）强行要求缩减工期,压低工程造价,忽视质量、安全控制。

（6）工程标段划分不合理,平行分包项目过多,相互之间界面划分不合理。

（7）资金筹措不及时,支付拖延或拖欠,缺少资金使用计划,严重影响工期。

（8）业主供应材料设备与承包商间存在因工作界面产生的质量纠纷隐患。

（9）在招标项目中片面追求低价,压缩施工单位正常利润空间。

（10）对项目实施控制能力弱,项目进度、质量、投资动态情况不掌握。

（11）对各参建单位整合能力不强,无法将主导权转化为实际的管理和控制权。

（12）对同属于业主方的监理单位、项目管理单位不重视、不信任,盲目压低监理和项目管理费。

（13）招标采购没有详细计划,不能及时完成以配合工程进度。

（14）对信息沟通不重视,不能及时汇总、中转、处理各类信息。

造成这些问题的原因,一方面是建设项目的一次性特点和建设项目业主的非专业性之间的矛盾;另一方面是目前业界普遍存在的对业主方项目管理研究和重视程度不够。建设项目是人类社会生活和工作的载体,政府、工厂、学校、医院、市政、交通等,几乎任何一类单位都要在某一时期成为建设项目业主,面临管理建设项目的任务。而多数业主的管理行为和建设项目同样具有一次性的特点,缺乏科学的管理体系,缺乏成熟的经验,在项目实施期间面临诸多的问题与困境。而在项目结束后积累了一定经验教训,却由于没有反复进行类似项目建设管理的机会,无法保存和传承,从而使得相当一部分建设项目的业主管理水平始终在低水平徘徊。而目前社会上并没有树立对业主项目管理的正确认识,轻视或者忽视业主职能的重要性,认为业主的管理工作不像施工单位、设计单位那样专业性强。而目前"小业主,大社会"的理念越来越深入人心,从某种程度上也助长了人们对业主工作的错误认识,认为只需要有专业的项目管理公司或监理公司代劳,业主的管理就可以不必投入过多的人力、物力和精力,也不必深究业主方项目管理究竟与承包商方的项目管理有哪些异同,究竟该如何才能使建设项目管理绩效真正得到提升。

　　而事实上，作为项目投资方和最终用户代表的业主，无论有多么高水平的项目管理公司来为之服务，其天然需承担的职能是永远也不可能退位的。在复杂建设项目中，参建方数量众多，各参建方介入和退出建设项目的时间不同，对项目信息和数据的掌握和了解程度也有很大差别。在时间维度上，开发管理、项目管理和设施管理相对各自独立，对应各阶段的参建方和其他利益相关方的管理协调也自成体系，如果缺乏统一的集成和整合，缺少相应的沟通和协调机制，必然导致"信息孤岛"现象的出现。而这其中唯一贯穿项目生命周期始终的，也只有业主。

　　表 2.3 是某建设项目在项目管理公司和工程监理公司同时存在的情况下，业主、项目管理、监理三者之间的职能分工表。可以看出，即使有专业项目管理公司，业主的职能仍然多且重要。

表 2.3　某建设项目业主、项目管理、监理职能分工表

序号		任务	业主	项目管理	工程监理
1	决策期	项目建设论证	PDE		
2		项目立项	EC		
3		项目行政许可审批	CE	E	
4		选择建筑设计单位	DE	P	
5		选择专项设计单位	DE	P	
6		设计进度控制	DC	PE	
7		设计质量控制	DC	PE	
8		投资目标分解	DC	PE	
9	准备期	设计阶段投资控制	DC	PE	
10		设计图纸会审	C	E	
11		招标方案	DC	PE	
12		招标评标	DC	PE	
13		选择施工总包	DE	PE	
14		选择施工分包	DE	PE	PEC
15		选择材料设备供应	DE	PE	PEC
16		合同签订	DE	P	P
17		施工进度目标规划	DC	PC	PE
18	施工期	施工进度控制	C	PC	PEC
19		施工质量控制	C	PC	PEC
20		项目投资控制	C	PC	PE
21	竣工期	项目竣工验收	DC	PE	PE
22		项目移交培训	DEC	PE	
23	使用期	项目保修	C	C	C

注：P：策划；D：决策；E：执行；C：检查。

2. 业主方 按照建设项目不同参与方的工作性质和组织特征划分，建设项目管理有如下类型：业主方的项目管理；设计方的项目管理；施工方的项目管理；供货方的项目管理；建设项目总承包方的项目管理。按此类别划分，在现有的大多数文献中，"业主"与"业主方"的含义是基本一致的。本书试图通过对建设项目参建方的本质梳理，赋予"业主方"新的涵义。

随着现代建设项目日益趋向大型化、复杂化，各种类型的建设管理模式层出不穷，但是目前最主流的模式仍采用的是以业主为管理核心的传统的设计-招标-施工（design-bidding-building，DBB）模式。在以业主为核心的管理模式中，根据业主和监理公司、项目管理公司在管理工作中所占比重，又可分为大业主自建自管的平行监理模式、小业主+大监理模式、专业化项目管理模式三种类型。

大业主自建自管的平行监理模式如图 2.7 所示。在这种模式中，业主自行负责建设前期管理、工程和材料设备招标采购、勘察设计委托，委托监理单位负责施工期间的总包与分包单位的质量、进度、投资、安全管理等。

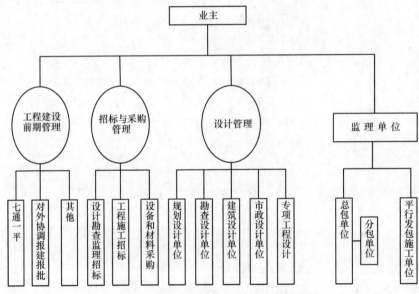

图 2.7 大业主自筹自管的平行监理模式

小业主+大监理管理模式如图 2.8 所示。在这种模式中，监理单位须具有足够的建设项目全面管理的经验，提供包括勘察设计及材料设备采购、设计管理、施工监理等服务，并通过监理单位对外联系，为业主提供咨询和协调、报批报建手续等服务。这种模式中监理单位的服务范围超过国家建设工程监理规范中的服务范围，服务内容与项目管理单位没有实质性的差别，因此在某些地区被称为"监理延伸项目管理"模式。

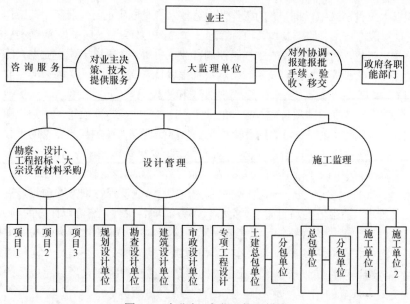

图 2.8 小业主+大监理管理模式

专业化项目管理模式如图 2.9 所示,在这种模式下,项目管理单位和监理单位共存,项目管理基本负责了业主除决策之外的全部管理职能,监理单位接收项目管理单位的管理,仅在建设工程监理规范规定的范围内提供工程监理服务。

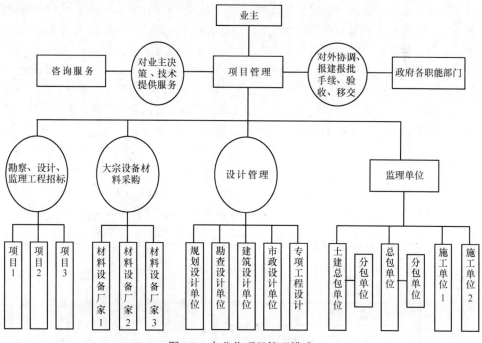

图 2.9 专业化项目管理模式

在以上三种模式中，业主方的工作范围总体来看是固定的，区别在于其工作分工不同，管理权限在业主、监理公司、项目管理公司之间的分配比例不同，而其实质的项目管理最终决策权，在这三种模式中均是控制在业主手中。之所以出现小业主大监理模式或专业化项目管理模式，其实质是为了解决工程项目一次性的特点，因为非专业从事建设管理的众多业主并没有机会进行反复的知识和经验积累。反面的例子，如房地产开发公司，作为反复从事地产项目建设管理的业主，其作为业主方建设管理的知识和经验是反复积累的，因此房地产公司的建设管理几乎全部都是以大业主自筹自管的平行监理模式为主。从这三种模式可以看出，业主、监理公司、项目管理公司三者若看作一个整体，则其在建设项目中的工作范围可以统称为"业主方"的项目管理。

将建设项目中参建方进一步细分的话，至少还包括工程咨询方的项目管理，监理方的项目管理，勘察方的项目管理，招标代理方的项目管理，造价审计方的项目管理，等等。对以上类型，从合同关系的角度来看，除业主外其他参建方大多与业主存在合同关系，而且在合同中均属于"乙方"，即提供产品或服务，并根据合同收取业主一定费用。从建设项目结果来看，除业主外的参建方都在围绕建设项目建成后的物理实体而担负某一部分的工作，要么提供产品，要么提供服务。

首先是提供产品的一方，这里的产品指建筑产品，是指有形的，是指建设工程的勘察、设计成果和施工、竣工验收的建筑物、构筑物及构配件和其他设施。因此，为建设项目提供产品的一方包括：施工单位（总包单位和分包单位）、材料供应单位、设备供应单位等。而勘察单位和设计单位所提交的有形产品为勘察报告或设计方案、图纸，尽管属于建设项目的过程产品，但仍属于建设项目实体过程中必不可少的一部分，因此勘察和设计单位也属于提供产品的一方。可行性研究、地震安全评价、环境影响评价等均属于项目立项阶段必须进行的建设程序，其提交的有形产品均为评估报告，也属于建设项目实体前期产品。现代社会中建筑业的发展催生出许多新兴的建设模式，如设计-建造（design-build，DB）模式、设计-采购-施工（engineering procurement construction，EPC）模式，其目的均是将建设项目的生产任务简化、整合，尽量使得所有的建筑产品均由一家承包商来提供，从而减少业主方的管理界面。采用不同的合同形式，其承包商所负担的工作所占比重各不相同，如图2.10所示。

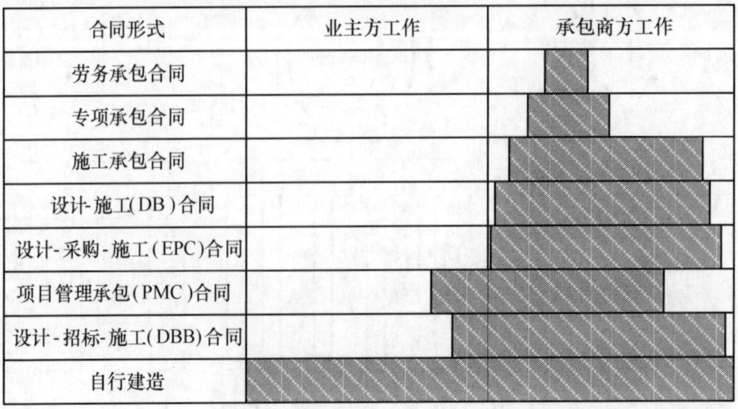

合同形式	业主方工作	承包商方工作
劳务承包合同		
专项承包合同		
施工承包合同		
设计-施工(DB)合同		
设计-采购-施工(EPC)合同		
项目管理承包(PMC)合同		
设计-招标-施工(DBB)合同		
自行建造		

图2.10 不同合同形式中承包商方工作比重示意图

而为业主提供服务的行业是随着社会分工的发展逐步细分的。在计划经济时代，我国的建设项目多采用建设指挥部模式，业主方的职能由大而全的指挥部完成。随着市场经济体系的建立和建筑产品商品属性的确认，业主方的职能逐渐朝"小业主，大社会"的方向发展，建设监理制度的设立，目的在于帮助业主对建设项目的质量、进度、投资、安全、信息等进行全面管理与协调；招标代理、造价咨询、可行性研究、环境影响评价等业务单位的出现，目的在于帮助业主对建设管理流程中某一方面的业务提供专业化的管理和服务；随着政府投资项目代建制的推行和投资者对专业化项目管理的重视，工程项目管理公司越来越多，其目的在于从全过程和全领域来帮助业主解决项目管理能力不足的问题。以上这些参建方，其工作的本质属性都是替业主承担一部分建设管理工作。

因此，我们可以把这些为业主提供服务的参建单位划分为一个阵营，统称为"业主方"。在本书中，赋予了"业主"和"业主方"不同的内涵，"业主"（owner）仅指建设项目的业主单位，而"业主方"（owner side）则包含"业主"以及为"业主"完成业主应完成工作的其他单位，如项目管理单位、监理单位、造价咨询单位、招标代理单位等。业主方在建设项目全生命周期中是一个动态的概念，随着项目进行会有不同单位加入或者退出，然而业主作为其决策核心却要发挥贯穿始终的主导作用。

业主方与承包商方这一对名称，其来源于工程建设合同中发包人和承包人的名称——Owner 和 Contractor，而其表述的也是工程建设中最本质的两大主体——投资人和承建人。对于业主方和承包商方的划分，可以根据经济学中的委托代理关系来进一步分析。一般社会学和法学上的委托代理关系指的是法人或自然人作为委托人，委托其他法人或自然人作为代理人，代表委托人从事某项活动，并相应地赋予代理人一定决策权的契约关系。而经济学上的委托代理关系则可以泛指任意的与信息不对称有关联的交易，其中具有信息劣势的一方为委托人，具有信息优势的一方为代理人。所谓信息不对称，即一旦委托代理关系确定，则委托人很难直接了解和掌握代理人的行为和私有信息，如代理人是否努力，其真实能力如何等，从而带来委托人对监督和控制代理人的担心。在现代经济学理论中，委托人和代理人都被假定为理性经济人，即其以自身利益最大化为出发点。

在建设项目中，假定只有业主和承包商两个主体，则业主属于可能不具备专业知识、不能掌握施工现场全部信息的信息劣势方，而承包商必然属于具备专业知识、掌握施工现场情况的信息优势方。这就可能带来委托代理关系确定中产生"逆向选择"问题，即代理人利用自身的信息优势签订对自己有利的契约，而委托人为信息劣势承担较高的监督控制成本，从而对建筑产品市场产生不利影响。而代理人则由于存在利用信息不对称进行自身利益最大化活动的趋势，会导致"道德风险"问题。当前诸多建设项目出现质量事故，其原因正是由于承包商和业主之间存在的委托代理关系导致的种种问题，或者是业主内部的自然人与业主法人主体之间的委托代理关系导致的问题。正是由于这样的问题可能普遍存在，所以在现代建筑产品市场中才出现了以解决业主和承包商之间委托代理问题为目的的其他参建主体：如监理单位角色的出现是为了解决业主对建设项目质量、进度、投资等的监管问题，造价咨询单位是为了解决业主对工程造价相关的预算、付款、结算、审计等问题，招标代理单位的出现是为了解决业主在选择承包商方单位时的招标问题。而为了制衡承包商的信息优势问题，业主方对材料、设备、专业分包商保留直接发包权或者间接选择权，以便于更好地控制工程的质量和成本。

图 2.11 即对建设项目的直接参建方进行业主方和承包商方划分的示意。为了图示简洁，对其中参建单位合同关系只选取了全部由业主方进行发包的情况，而实际建设项目中，根据建设管理模式的不同，合同关系可能并非图中一种类型，如分包单位、材料供应单位、设备供应单位、勘察单位可能与施工总包单位存在直接合同关系，但即使如此，由于业主在项目中投资人的地位，这些与业主没有直接合同关系的参建方也必须在业主的间接指挥与协调之下开展工作。

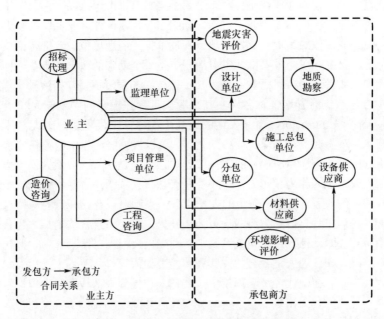

图 2.11 建设项目中业主方与承包商方的划分

进行这种类别划分的意义在于，这将建设项目看作一个整体的任务，回归了建筑产品的商品本质，从而在认知上使得复杂的、众多的建设项目参建方简化为两类：即建筑产品的采购方和供应方。本书着重研究业主方——建筑产品采购方的集成管理问题，因此这种类别划分使得本书后面进行业主方主导下的复杂建设项目集成管理探讨时，可以专注研究建筑产品采购方具体实施集成管理的措施、工具、方法，而不必纠缠于具体某项工作在业主方阵营内部单位之间的任务安排和责任划分。即在业主方所包含的参建单位中，注重其本质的管理工作的安排，而不过多纠缠于业主方工作的权限分配与划分问题。本书在对业主方的集成管理工作内容、方法等进行全面分析的同时，也将业主方作为一个团队式的项目组织的项目管理能力，即业主方组织项目管理成熟度建立评估模型，对业主各构成主体的项目管理能力确定等级并相应给出提升对策。

业主方主要参建主体一般包括业主、监理单位、项目管理单位、造价咨询单位、招标代理单位等,其中造价咨询单位和招标代理单位相对负责的都是业主方项目管理中某一环节的专业性工作,而真正需要对全生命周期和全要素项目管理进行负责的主要包括三类:业主、监理单位、项目管理单位。事实上这里面包含了 FIDIC 合同条款中的业主和工程师两大类别,监理也好,项目管理也好,本质上都是工程师角色,为业主提供专业化的建设管理服务。

项目管理和监理尽管存在管理范围、职能等方面的差异,但二者从本质上来说都是属于为业主提供专业化建设项目管理服务的主体。在工程监理的工作范围存在法律强制规定的前提下,建设项目存在聘用专业项目管理公司和由业主自行管理两种模式,究竟采取何种模式与建设项目的复杂度以及业主的专业化项目管理能力大小有关:越是复杂建设项目,越需要专业化项目管理;业主自行管理能力越弱,越需要专业化项目管理。业主与工程监理二者(或业主与项目管理、工程监理三者)共同构成了“业主方”的主体,如图 2.12 所示。复杂建设项目“业主方”的项目管理是本书接下来的研究对象。

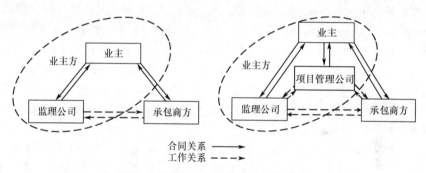

图 2.12　业主方主体构成的两种形式

关于业主方项目管理模式,目前已存在 IPMT 和 PMT 两种概念。IPMT 即一体化项目管理团队(integrated project management team),指业主与项目管理公司按照合作协议,共同组建一体化项目部,并对项目实施全过程管理。IPMT 项目部内,业主与管理公司的身份只有职责之分,没有业主与管理公司身份区别,实现人员、专业配置、管理工具等的共享。IPMT 实施基础是业主与项目管理公司的合作协议,通常协议里会规定按照项目管理公司绩效和项目实际成果来对其进行激励和奖惩的标准。PMT 则是指业主单位根据项目规模按照矩阵式组织结构建立一个项目经理负责制的业主项目部,其中大部分岗位来自业主单位的长期雇员,次要岗位则由临时借聘或招聘为主,辅以外部资源的配合,从而构成一个负责项目管理的临时职能机构。IPMT 和 PMT 在管理职能、管理范围上与本书所述“业主方”有一定相似之处,但区别在于 IPMT 和 PMT 都强调成立一个有形的一体化团队来承担业主方管理职能,只强调业主与项目管理的职能整合,且 IPMT 或 PMT 组成至解散的时间也不足以涵盖项目完整的生命周期。而实际多数项目中业主方团队却是一个动态性更强的组织,而且除部分地区的政府投资项目外，项目管理单位在当前我国建设管理法律规范中并没有强制性的存在要求，要完成业主所有的延伸职能，需要整合的单位更多，且随着项目复杂度的提高，业主方团队的功能、组成结构也越来越复杂。因此本书结合实际情况，只采用"业主方"这一称谓来表示以业主为决策核心的这一动态性复杂建设项目的集成管理主导方。

3. 利益相关方 "利益相关方"是现代项目管理的重要概念之一，美国项目管理协会（PMI）将项目利益相关方定义为：积极参与项目，或其利益因项目的实施或完成而受到积极或消极影响的个人或组织，他们还会对项目的目标和结果施加影响。利益相关方一词最早出现在 1708 年《牛津辞典》中，用来表示人们为了获得企业运营或某项活动的利益，进行"下注"（stake）的行为。1963 年斯坦福大学研究员提出了 Stakeholder 一词。1984 年，Freeman 出版《战略管理：一种利益相关方的方法》，认为利益相关方是能够影响到一个组织目标的实现，或者受到一个组织实现其目标过程影响的个体和群体（Freeman，1984）。

利益相关方概念首先是在企业管理研究中展开，其定义也是局限为影响企业目标达成或者受企业行动影响的个体和群体。Charham 按照利益相关方群体与企业合同关系的性质，将其分为契约型利益相关方（contractual stakeholders）和公众性利益相关方（community stakeholders），前者包括股东、贷款人、雇员、顾客、供应商、分销商等，后者包括全体消费者、政府部门、媒体、社区、监管者等（Charham，1992）。Clarkson 根据利益相关方在企业经营活动中承担风险的方式，将其分为主动利益相关方和被动利益相关方；又根据其与企业利害关系的紧密程度，将其分为主要利益相关方和次要利益相关方。前者是指与企业的运行紧密相关的群体，后者是指受到企业运行直接或间接影响的群体（Max，1995）。

在建设项目中，利益相关方是指因项目的建设活动收益或受损，且其行为能够影响建设项目目标的实现或者被建设项目目标实现而利益收益或受损的群体或个人。本书在前文中多次提到参建方的概念，参建方自然都属于建设项目利益相关方。参照 Charham，Clarkson 等学者对企业利益相关方的分类，本书将复杂建设项目利益相关方也分为两类：一类是与业主发生直接或间接合同关系，为建设项目直接提供产品和服务的企业，称为参建方、契约型利益相关方、首要利益相关方；另一类是与建设项目不发生直接或间接合同关系，没有投入生产要素，但受项目建设、运营活动影响或者能够影响到建设项目目标实现的团体或个人，称之为其他利益相关方，但不宜称作次要利益相关方，因为无论其对建设项目的影响还是建设项目对其的依赖，都丝毫不比项目参建方次要。由此，我们将复杂建设项目的所有利益相关方划分为两类：一类是参建方，又可分为业主方和承包商方；另一类是其他利益相关方。

对于项目各个利益相关方来说，尽管其未必与业主发生直接合同关系，但是他们在项目生命周期的每一个阶段，都会对项目产生一定的期望和需求，而他们的满意程度也会对项目成败造成一定影响。这些期望和需求或直接或间接，最终的指向都是建设项目业主。图 2.13 反映了项目建设各个阶段业主与各利益相关方的关系，除直接参建方外，如政府、居民等其他利益相关方也都对项目有明确的利益诉求。在一个完整的建设项目中，只有业主的工作贯穿项目始终且与几乎所有利益相关方发生联系。因此，以业主为决策核心的业主方理应担负起项目利益相关方集成的责任，成为利益相关方的总集成者。

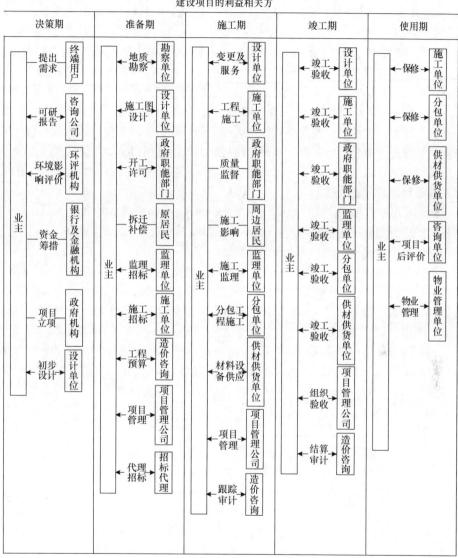

图 2.13　项目生命周期内业主与利益相关方的关系

2.1.5　复杂建设项目的生命周期

由于项目的本质是在规定期限内完成特定的、不可重复的客观目标，因此，所有项目都有开始与结束。而不同的项目，其从开始到结束过程中尽管其间活动各异，但从工作的性质、投入资源的多少、项目交付物的完成度等方面来考虑，大多认为可划分为四个阶段：概念阶段、规划阶段、实施阶段、收尾阶段。这四个阶段各有其典型活动，每个阶段活动结束后，都各有阶段性的项目交付成果。

（1）概念阶段/启动阶段（conception/ intiating phase）。这一阶段主要工作任务是项目识别、项目构思和项目论证和项目立项。形成的交付成果主要是项目建议书或可行性研究报告。

（2）规划阶段/开发阶段（planning/ development phase）。这一阶段主要解决如何、由谁、何时来完成项目目标的问题，即制定项目计划，具体包括确定项目范围、进行项目工作分解、估算活动所需时间和费用、进度安排和人员安排等问题。

（3）实施阶段/执行阶段（implementation/ execution phase）。这一阶段主要是具体实施项目计划，实现项目最终交付物由无到有的过程。工作主要包括执行项目计划、跟踪执行过程、监控项目、进行项目过程控制、执行过程纠偏等，使项目的进度、费用、质量达到计划要求。这一阶段也需要根据项目执行情况，对项目计划进行修改补充，即进行项目的变更控制。

（4）收尾阶段/结束阶段（close-out/ termination phase）。这一阶段主要是在项目的目标已经达到或者不可能实现时，进行一些收尾性的工作，如项目验收、项目评价和总结、项目资料整理、项目交接与结算等。

具体到建设项目，与一般项目生命周期的划分基本类似，即启动阶段、规划阶段、建设阶段、收尾阶段。但建设项目的最终目标是交付物的建设和使用过程而不仅是交付物结果，追求的是项目交付物的使用和运营。因此目前普遍的共识是将建设项目的最后一个阶段定义为使用期。

国际标准化组织（ISO）在 *Classification of information in the construction industry*（ISO/TR14177）中，将建设项目生命周期分为建造（creation）阶段、使用 use）阶段和废除（decommissioning）阶段，其中建造阶段又分为开始阶段、设计阶段和施工阶段。如图 2.14 所示。

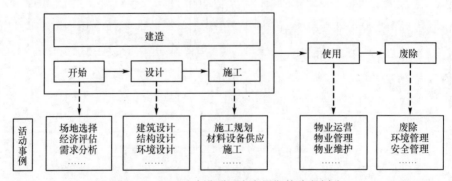

图 2.14　ISO 对建设项目生命周期的阶段划分

但无论是 PMI 还是 ISO 关于项目生命周期的划分，都在一定程度上将真正的建设项目建设过程简单化了，尤其是复杂建设项目。实际复杂建设项目的生命周期中的工作内容比上述四个阶段中的描述要烦琐得多，而且不同阶段之间往往不见得存在泾

渭分明的界限，而是有可能出现相互交错的状态。概念阶段主要包括项目前期立项的
各项工作，如项目提出、项目可行性研究、项目环境影响评价、项目地震安全评价，
而按我国现行的报审制度，项目可行性研究报告的内容里就有关于项目总体规划乃至
初步设计的内容，也就是说设计工作在第一阶段就已经开始涉及了。规划阶段主要包
括建设项目的总体规划、初步设计、施工图设计、工程施工招标、监理招标等工作，
然而越是复杂建设项目，其涉及的专业门类就越多，需要专项设计或专项施工的内容
就越多。这其中很多专业的设计和施工条件都是需要在建设期间逐步明确的，因此实
际的建设项目需要更细致一些的划分。本书将复杂建设项目生命周期划分为五个阶
段：决策期、准备期、施工期、竣工期、使用期，其中准备期、施工期、竣工期又可
以整体看作建设期，如图 2.15 所示。

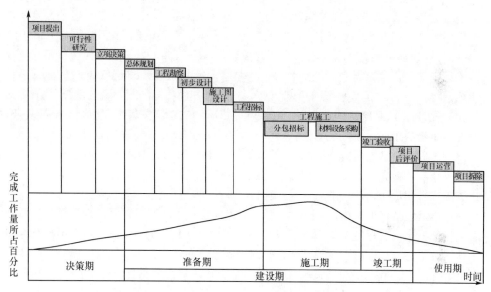

图 2.15 复杂建设项目全生命周期阶段划分

图 2.15 中在每个阶段列举了一些重要工作任务，每个阶段的工作任务各自不同，
但该图并非以时间轴进行的准确划分，因为同一类工作任务也有可能处于不同的生命
周期阶段，如准备期的设计任务，在施工开始后也有可能继续存在如设计变更和专项
设计等；如工程招标，既可能存在于准备期也可能存在于施工期；又如项目后评价，
可能在竣工期也可能在使用期进行。但相邻阶段之间均会有一个标志性的里程碑事件
作为划分，这五个阶段之间的界限由四个里程碑事件来进行分割：项目正式立项、项
目正式开工、项目竣工验收开始、项目正式投入使用。

需要说明的是，传统上建设项目竣工验收并交付使用被认为是项目管理结束的时
间点，近年来，建设项目交付物的使用期也纳入建设管理的时间范围内成为共识，建
设项目全生命周期集成管理（life cycle integrated management，LCIM）的理念已深入
人心。但这主要是强调在建设期间的决策和管理工作需要将项目使用期的设施管理、
物业管理以及建设成本和运营成本进行综合考量，并不意味着业主方的项目管理部门

需要始终存在一直维持到漫长的使用期结束。

2.2 国内外研究综述

2.2.1 建设项目复杂性研究

与复杂建设项目相对应的是简单建设项目,对于这二者,目前并未有学者给出明确定义,事实上,二者也不存在一个绝对的划分和判断标准。目前,对于复杂建设项目,多数学者研究的主要是其复杂性问题本身,包括复杂性的层次、复杂性的来源等。

1. 复杂性研究 复杂性是混沌性的局部与整体之间的非线性形式,由于局部与整体之间的这个非线性关系,使得我们不能通过局部来认识整体。复杂性是那种环境条件改变的时候,不同行为模式之间的转换能力较弱的动态表现[①]。Baccarini(1996)认为复杂性为"包含各式各样相关联的部分,并可以按照差异性和相互依赖性进行定义",复杂性包含两个含义:一是字面的复杂性(complicated),即棘手、麻烦、错综复杂;二是从系统的角度,包含大量的、各种各样的相关联的部分。Bertelsen(2003)认为,从系统论的角度看,复杂性是指事物或者现象客观存在意义上的复杂,指的是事物的组成系统在层次结构、时间标度、作用过程等方面的复杂。

在国内的复杂性研究方面,最早始于钱学森1988年在系统学讨论班上提出的"复杂巨系统"的概念,1990年又提出了开放的复杂巨系统理论,并针对处理这类系统提出了"综合集成研讨厅"的方法论,综合集成研讨厅体系中主要包含三个部分:专家体系、知识体系和机器体系。1999年,在成思危推动下召开了以复杂性科学为主体的香山论坛,会后成思危主编出版了《复杂性科学探索》。2001年第一届全国复杂性学术研讨会的召开,标志着我国复杂性研究进入了新的阶段。复杂性科学研究范围涉及自然、工程、生物、经济、管理、社会等各个学科,学者大多结合具体学科展开研究。蔡世民(2009)针对复杂系统的动力学特征和行为问题进行了较深入的探讨。

2. 建设项目复杂性的来源和表现 随着生产力水平的进步和人类社会需求的增加,建设项目越来越呈现大型化和复杂化之势,给传统的建设项目管理带来了新的挑战,针对建设项目的复杂性研究越来越多。Gidado(1996)从操作层面和管理层面分析了建设项目复杂性的来源,认为操作层面的复杂性是由每个活动使用的资源众多以及工作环境多变导致的;管理层面的复杂性是由各个活动间的相互依赖以及活动顺序不确定等因素导致的。Mowbray(1994)将项目复杂性的来源分为结构复杂性和不确定性,前者是指项目中各相关要素的数量及彼此之间的关联度,后者是指项目管理者对项目走向的不确定程度。Bertelsen 和 Koskela(2003)认为复杂是建设项目的重要特征,建设项目的特性决定了其具有复杂和动态的本性。Geraldi(2011)认为项目复杂性包含的五个维度分别是结构复杂性、不确定性、动态性、紧迫性和社会政治复杂性。Ali 等(2012)运用 DEMATEL(决策试验和评价实验法)对项目复杂性各维度

---

① 复杂性. 百度百科[EB/OL]. http://baike.baidu.com/view/332401.htm.

之间的关系进行了分析。

在国内，成虎（2004）认为现代工程项目的复杂性体现在投资大、规模大、高科技含量多、专业多、参加单位多等。叶艳兵（2004）认为，建设项目的复杂性来源于其结构复杂性和社会复杂性。佘立中（2006）分析了大型集群工程项目质量管理系统的复杂性，指出其主要表现是整体性、动态性、层次性和自学习性。顾曦（2010）认为建设项目的复杂性是由其结构层次和相互关联的复杂程度引起的，即建设项目包含两个复杂的结构层次：一是复杂的项目目标体系，二是复杂的项目组织结构。复杂的项目目标体系包含工期、质量、成本、环境、安全、卫生、业主满意等；复杂的项目组织包含客户结构、生产组织体系和管理体系三部分。

3. 复杂性对建设项目的影响　关于复杂建设项目中传统项目管理方式的弊端，也有不少学者进行了研究。针对复杂项目的差异性和依赖性导致的管理难度，Hall（1991），Mintzberg（1991）等提出通过协调、沟通和控制等集成（integration）手段来解决。Bertelsen 和 Koskela（2004）认为建设项目可被割裂成静态的、线性的过程，执行过程通过命令-反馈-控制模式保证实施。Roberts（2004）证实了项目技术、组织规模与项目复杂性之间的正相关关系。Lessard（2014）研究了住宅项目的复杂属性如难度、结果的不确定性和非线性等，提出了一个基于过程的建设项目理论框架。

在国内，陈勇强（2004）认为传统组织结构强调分工和集权，而超大型建设项目的复杂性使得分工和集权严重影响了应变能力和响应速度。王乾坤（2006）认为传统项目管理模式的缺点主要是在项目生命期不同阶段的割裂性，导致复杂建设项目的管理系统存在一定的流程分离、组织断裂、技术屏障和信息孤岛等现象。周迎（2008）认为复杂项目参建各方具有不同的目标、管理形式以及运作过程，这种碎片管理特征阻碍了建筑业可持续发展。何清华（2012）基于任务和组织视角，借助仿真软件模拟了任务并行、任务分包、组织结构优化及组织成员优化四种情景下项目复杂性与工期和人力成本的关系，认为通过关键职位人员的增加可以使得项目复杂性、工期和人力成本三者得到同步优化。

4. 复杂性测度研究　对于建设项目复杂性的测度方面的研究近年来也逐渐兴起。Drestke（1999）将熵函数用于复杂性评价。Nassar 和 Hegab（2006）针对项目进度的复杂性进行了测度。Burkatzky（2007）对项目复杂性和项目集成绩效的相关性进行了分析。Vidal（2013）通过 Delphi 法建立了一个标准化的项目复杂性框架。

在国内，张宪、王雪青（2011）提出了建设项目的复杂性测度指标体系并运用结构方程对指标间的因果关系进行了求解。总体来看，目前还尚未有较被认可的建设项目复杂性的整体测度方法。何清华等（2013）在分析传统项目复杂性影响要素的基础上，从客观性任务和主观性组织的角度探讨了项目复杂性微观影响因子的 TO（task, organization）概念模型；并基于 ProjectSim 建立了以隐性工作量表示的项目复杂性测度方法。

2.2.2　业主方项目管理研究

1. 业主方在建设项目中的地位　目前对建设项目业主的地位，以下观点得到了较广泛的认可：业主是整个建设项目管理的核心，业主要负责从可行性研究开始，到工程竣工交付使用的全过程。业主是建设工程项目生产过程的总集成者，担负着人力资源集成、物质资源集成和知识集成的任务，也是建设项目建设期间的总组织者。

Ali (1997)认为，业主的核心任务是通过组织建筑产品的生产和运营，使目标功能最优化实现。赵雪峰（2004）指出业主是建设项目理所当然的组织者、指挥者和协调者，业主应运用现代化信息手段促进相关单位的信息交流，实现项目建设过程中的"多赢"效果。胡向东（2004）提出建设项目管理系统由业主方项目管理、设计单位项目管理、施工单位项目管理、设备供应和安装单位项目管理组成，业主方的项目管理在其中起主导作用，应侧重研究业主方项目管理体制构架及运行程序。何清华（2008）指出业主是建设工程项目的总组织者，业主行为规范与否对建筑市场秩序影响很大，业主项目管理水平直接影响整个建筑业管理水平发展，是建设项目管理的核心。

2. 业主方在建设项目实施中的作用发挥　目前，业主方项目管理在时间范围内的扩展已成为共识。业主方的项目管理已经由建设项目实施阶段拓展至项目生命周期的各个阶段，包括建设项目前期策划阶段的开发管理（development management，DM），建设项目实施期项目管理（project management，PM），项目建成后运营期的设备管理或物业管理（facility management，FM），即业主方项目全生命周期的管理集成。

Anumba（2000）认为，建筑业中基于建设项目全生命周期的业主和运营者的集成管理是可行性较强的集成方法。Lucas(2010)介绍了美国电力（American electric power，AEP）作为管理超过 70 亿美元的业主运营商，开发了一套有效集成成本跟踪、进度制定与监控、成本预测、项目绩效评估等功能的项目控制流程和系统。Lavagnon（2012）对世界银行项目的成功与世界银行工作业主团队关系进行了研究，提出了五个业主管理项目成功的关键因素：监控、协调、设计、培训和制度环境。

在国内，吕晓阳（2005）指出项目管理专业化和社会化是工程建设行业发展趋势，业主选择合理高效的项目管理模式是项目成败的关键。李旭辉（2006）认为业主的组织能力、协调能力、管理能力和控制能力是建设项目成败的决定性因素。钱坤（2006）指出建设工程项目管理规划是指导项目管理工作的纲领性文件，业主应对建设实施过程中的各种管理职能、过程、要素进行全面、整体的规划。曹萍（2007）在价值链分析的基础上建立了以项目交流管理为核心的模型，提出业主项目管理的核心职能应包括项目策划、项目交流管理、项目控制管理和项目管理信息化，但是对业主方集成管理并未提及。李新虎（2008）给出了业主方项目管理的范围，认为业主或者受业主委托代表业主利益，在整个项目生命期内所进行的策划、计划、组织、指挥、协调、控制等工作都可称为业主方项目管理。王卓甫（2008）总结了现有业主方工程项目管理方式，将工程交易费用分为业主方项目管理费用和工程交易费用两部分，分析对比了监理和项目管理两种方式的经济性和适用条件。

3. 业主方项目管理的问题　目前我国业主方项目管理研究和应用都较为薄弱，还存在诸多问题（丁士昭，2004），例如，业主方项目管理知识尚未系统化，业主方项目管理的职责和地位还存在一定误解，业主应用项目管理信息系统还很不普及，业主方的服务采购机制还尚未建立等。王兆峰（2007）认为当前发生的许多工程质量、安全问题和投资浪费都与业主方管理混乱有关，业主方项目管理力量薄弱对我国建筑业带来巨大隐患。周诚华（2009）对建设项目中业主方能力现状和全过程组织协调需求之间的矛盾进行了分析。

2.2.3　建设项目集成管理研究

1. 集成　钱学森是我国系统科学和系统工程的奠基人，他率先提出将还原论方法和整体论方法辩证统一起来，形成了系统论方法，进而提出了"从定性到定量综合集成方法"，形成了一套综合集成思想。戴汝为（1995）认为，集成就是将复杂的事物的各个方面整合起来，集其大成。其含义即将事物的精华、优势的方面集中、组合起来，从而达到整体优化的效果。李宝山（1998）认为，仅仅将要素进行一般性的组合不能成为集成，必须将要素在进行主动性的优化之后，以最合理的结构形式将其结合到一起，形成一个优势互补、结构匹配的有机整体，这样的过程才可以称之为集成。海峰（2003）认为，从一般意义上理解的集成即两个或者两个以上的要素（或子系统，或单元）集合成为一个有机的整体，这种集成是要按照一定的规则进行有序的组合和构建，其目的在于提升系统的整体功能。任志涛（2012）认为，集成的一般特性主要包括系统性、公共性、创造性、互异性、无序性，现代集成管理需要促进各种资源要素的功能和优势之间的互补、匹配，使其产生"1+1>2"的集成效用。

根据上述学者观点，对集成理论综述如下：

集成一般意义上是指两个或两个以上的元素（单元、子系统）集合成为一个有机整体，这种集成不是元素之间的简单叠加，而是他们之间的有机整合。集成使得元素之间按照一定规则进行一定的组合和关联，实现要素之间的有机整体系统功能。其基本思想是通过这种有机整合，凝聚资源、促进创新、降低风险、减少成本、提高效率、提升效益，最核心的思想是整合增效。集成有以下特征（王延树等，2000）：

公共性。公共性指集成元素要满足一定的约束条件，元素能成为一个集合体（系统）中的一员，必然具备某种共同的性质。比如，组织是由具有共同目标和协作意愿组成的个人形成的集成体，又比如非正式组织的共同性质是成员间具有相同或相似的价值观。企业之间，国家之间之所以会结成联盟，也必然会有一定共同的利益需求。公共性是集成目的性、相容性的基础。

非线性。集成能导致系统涌现新功能或者功能倍增。集成对资源的整合不是简单将系统各元素功能相累加，而是一种非线性功能变化或功能涌现。

互异性。集成是不同元素的有机整合，不同元素之间必然存在差异性。集成体往往包含两种情况：同类而不相同的元素进行集成；不同类的不同元素进行集成。如相同经营范围的企业形成联盟属于前者，而像生产、物流、销售等企业联合，则属于后者。前者为了赢取或扩大共同利益，后者则是为了扩展系统功能。

层次性。集成要素处于系统的不同层次，而不同层次的集成方式存在差异，集成活动也在系统的各个层次分别展开。

动态性。集成不是一成不变的静态过程，而是处于不断地变化发展之中。系统各元素之间的集成始终处于动态过程之中。

无序性。无序性指的是集成的各元素在满足公共性和层次性的同时，又具有时间、空间、心理上的不规则分布。由于无序性的存在，才存在对集成进行人为干预的必要，才存在对系统进行集成管理的问题，即通过管理，把无序变成有序，使各元素形成有机整体，发挥出最优的系统功能。

集成在实现过程中往往呈现出一些自身特有的规律，主要体现在以下几个方面（黄杰，2006）：

（1）目标协同原理。集成的行为是集成的主体在环境的变化下进行的一种有目的、有选择的行为过程，该主体只有在明确集成目标的前提下，并且在集成目标和各集成对象的目标取得一致的情况下，才会实施集成行为。因此，消除各自目标的差异，实现集成目标的协同，才能使得集成主体和被集成对象各自获得更大利益，从而更有效地实现整体目标。

（2）竞争互补原理。在一般的系统中，系统各个组成部分既可能存在合作关系，也可能存在竞争对立关系。但是由于集成的目标以及结果是为了使系统整体获得极大的提升，因此，在集成主体的干预下，各个集成对象必须在竞争冲突中不断寻找，选择自身的最优功能点，并在此基础上进行互补。只有这样才能使各集成对象以最佳状态、最佳时机、最佳方式进行结合，通过一个自身优化再匹配的过程，使得集成体的整体性能得到极大提升。

（3）非线性原理。线性是指量与量之间按比例、呈直线的关系，在数学上可以理解为一阶导数为常数的函数；非线性则指不按比例、不呈直线的关系，一阶导数不为常数。线性系统是满足叠加原理的系统，但它无法产生系统整体性的涌现，也就无法实现集成的目标。集成涉及诸多集成对象的交织，这些对象相互之间，以及它们和环境之间都存在着非线性的相互作用，这使得系统各个组分相互竞争、相互耦合、相互匹配，才能够产生整体凸现效应，从而使集成体产生质的飞跃。

（4）反馈原理。集成是一个有目的地对系统整体功能进行优化的创造性过程，其目的使各个集成对象形成整体合力，从而实现整体功能的发挥和提升。而系统功能的发挥，就必须要有负反馈的作用。负反馈使集成过程具有保持趋向既定目标的能力，能够降低随机性和偶然性因素对集成过程的影响，使集成行为符合系统的整体目标。同时，集成体也需要正反馈的作用通过现在的行为结果去加强未来的行为。在正反馈和负反馈的共同作用下，集成体的整体功能才能够显现、发挥、提升，并不断地更新、成长、进化。

（5）功能倍增原理。集成的功能倍增原理反映了集成体整体功能倍增或凸现的基本规律。从整体论的角度，功能倍增原理即是"整体大于部分之和"的最好诠释。一般而言，集成整体功能的倍增或凸现具体表现为功能重组、结构重组、过程重组、协同重组。

2. 集成管理　关于管理，Wren（2005）将其看成一种活动，即发挥某些职能，以便有效地获取、分配和利用人的努力和物质资源，来实现某个目标。协调即表示通过调整管理要素之间的结构和关系来形成最佳的集合，即含有集成的意义。芮明杰

（2009）的定义进一步明确了管理和集成的关系，即管理是对组织的资源进行有效整合以达成组织既定目标与责任的动态创造性活动，其核心在于对现有资源的有效整合。

关于集成管理的定义，李宝山（1998）认为，集成管理实质上是将集成思想创造性地引用于管理实践的过程，即在管理思想上以集成理论为指导，在管理行为上以集成机制为核心，在管理方式上以集成手段为基础。以创造性思维对待资源要素，提高各管理要素的交融度，以利于优化和增强管理对象的有序性。吴秋明（2004）论述了管理和集成的关系，认为集成的基本思想是整合增效，管理是一种促使要素集成，并形成有机系统的活动，集成思想对管理有指导作用，有效的集成需要有效的管理，集成管理把集成作为管理的研究对象，标志着管理向深层次发展，目的是向集成要效益。

根据上述学者观点，对集成管理理论综述如下：

集成管理，即在系统思想的认识基础上，以系统的整体优化为目标，使系统各元素集合成一个有机整体，并以系统为对象综合性地解决系统运行中存在的问题，实现系统整体目标的管理思想、技术、方法的总称。集成管理以定性分析和定量分析相结合的集成方法论为基础，综合运用各种技术、方法、工具进行计划、组织、指挥、协调、控制，从而实现集成目标。

集成管理除了具有上述集成的公共性、非线性、互异性等特性外，还具有以下几方面特征：

（1）综合性。集成管理是将组织、人、财、物、技术、信息、知识等资源都作为管理的对象，而且把项目外部的各种资源也纳入管理的范围之内，其管理范围非常广泛，涵盖了软、硬件所有的资源要素，而集成管理强调创造，注重不同类别资源的整合、交叉、融合、创新，涉及管理技术、信息技术等各种学科的相互融合和综合集成。

（2）复杂性。集成管理的复杂性首先表现在集成元素的关联性，构成集成管理体内的各元素之间的联系广泛而紧密，某一元素的变化会带来其他元素的变化，而其变化也会受到其他元素变化的影响；其次表现在集成管理系统的层次性，多层次多功能的系统结构使得集成更为复杂，而且管理过程中层次结构与功能还会发生变化与重组；再次表现在与环境的关系上，集成管理系统是环境的产物，同时又随环境变化发生变化。

（3）柔性。集成管理的柔性特征主要源于以下三个原因：首先是人的因素在集成管理中占据着突出的地位。在集成中，人的智力，即创造性思维因素是不可或缺的；其次，与其他管理模式相比，集成管理中增加了许多知识和科技的内容，而且许多知识正日益作为单独的要素，在系统中占据越来越重要的地位，这就使得传统的刚性管理方式呈现出软化的趋势；再次，集成管理应用许多现代化的管理手段和工具，如信息网络技术、通信技术、智能技术等，从而使管理的效率和效能得到极大提高，管理模式的调整转换更加快捷方便。

（4）模糊性。集成管理的系统内部有许多难以精确定量描述的要素，且这些要素常占据着至关重要的地位，决定着集成管理的最终效果。如人的智能、创意、技术、经验等。另外，在集成系统中，很多问题已不是传统意义上的"非此即彼"关系而是

"亦此亦彼"的中间状态，因而只能通过模糊处理，依据隶属度来进行相应的判断和控制。

（5）多样性。集成管理的内涵非常广泛，集成管理的类别、方法呈现多样性的特点。如参建方集成（组织集成）、生命周期集成（过程集成）、管理技术与方法集成、资源集成、信息集成等。

（6）协同性。集成管理的目标是通过整合实现整合增效，这就要求集成管理的各个要素必须按照一定的方式或者模式协调有序地进行集成，有序度越大，集成的效果就越好，系统的整体功能就越强。

（7）创新性。集成管理强调的是将不同系统元素进行整合，使其涌现新的功能和绩效，因此进行集成管理往往以创新性的思维方式来解决问题，通过元素的有机整合和重构，达到集成前无法完成的效果。

3. 建设项目集成管理 建设项目，尤其是大型建设项目，往往具有投资大、周期长、项目复杂等特点，这些特点决定了项目管理的难度和复杂程度，决定了其项目管理是一个复杂的系统工程（Leu et al., 2001）。Wim Bakens（1997）提出项目集成管理是目前工程建设领域国际研究的重点和热点课题。随后各领域专家学者对建设项目集成管理从各个角度进行了广泛的研究。具体研究包括以下几个方面：

（1）对建设项目全生命周期的集成管理研究。Stumpf（2014）提出了采用将建筑生产和产品对象集成化的计算机系统来对建设项目全生命期进行信息管理的模型，用以解决生命期内设计和施工的集成问题。Jaafari（1999，2000）构建了包括项目设施运营质量、赢利能力、财务状况、责任承担能力等的全生命周期集成模型，并提出全生命周期项目管理思想和并行建设思想，将全生命周期管理思想延伸至工程项目管理领域，认为需要在工程项目的决策阶段就成立项目全生命周期集成管理联合体，包括建设项目前期策划阶段的开发管理，建设项目实施期项目管理，项目建成后运营期的设备管理或物业管理，以实现组织集成管理的功能。但是他们的研究仍然主要是以技术为主的集成和生命周期内局部的集成，没有考虑设计之前的阶段与项目的目标体系之间的联系，也没有考虑施工期与项目运营管理期的联系。

在国内，何清华和陈发标（2001）提出了建设项目全生命周期集成化管理模式（life cycle integrated management，LCIM），将传统管理模式中各自独立的决策阶段开发管理 DM、实施阶段业主方项目管理 OPM、运营阶段设施管理 FM 三者运用集成管理思想，在管理理念、管理目标、管理组织、管理方法、管理手段等方面进行有机集成。在这种管理模式中，项目各相关方之间运用公共的、统一的管理语言和规则以及集成化的管理信息系统，实现建设项目全生命周期目标。但是 LCIM 模型在项目各参建方之间如何形成统一的管理理念和思想，如何建立统一的管理目标，如何确立统一的管理语言和规则等方面并未深入研究下去。韩豫（2011）提出了运用工程全生命周期设计的理论和方法实现全部工程要素的全生命周期集成的思路，并应用全生命周期费用矩阵分析模型以实现工程费用的集成管理。

此外，王延树（2000）、王雪荣（2003）等对建设项目全生命周期集成管理的目标、体系、系统分解方法、组织责任矩阵、信息集成模型等方面进行了较深入的研究。

金德民（2004）研究了影响工程项目全生命期目标的风险因素，在对其进行识别、量化的基础上，建立了风险管理的决策支持系统。

（2）对建设项目过程集成管理的研究。过程集成管理，就是把具有不同功能的过程管理组织基本元素集合成一个开放复杂的有机组织统一整体（Stumpf, 2014）。Karen（1996）把工作分解结构、组织分解结构（organization breakdown structure, OBS）和投资分解结构（cost breakdown structure, CBS）结合起来，提出了项目网络结构（project network structure, PNS），通过这种学习型的组织结构来达到对项目过程的控制。乐云（2010）提出了项目管理三维视角的管理思路，即解决传统 WBS 将可交付成果与工作任务混同的困境，对项目实体对象的分解，建立项目分解结构（project breakdown structure, PBS），PBS 分为工作分解和组织分解，工作分解分为投资结构分解和质量结构分解（quality breakdown structure, QBS），组织分解为合同分解结构（contract breakdown structure, conBS）和信息分解结构（information breakdown structure, IBS），该方法在上海世博会场馆建设项目群得到了实践应用。佘建俊（2013）将乐云所进行的 PBS 工作称之为工程系统分解结构（engineering breakdown structure, EBS），其含义更加明确。

（3）对建设项目管理要素的集成管理研究。主要是对项目成本/进度/质量集成的研究，建设项目的费用、进度、质量是项目最重要的三个目标，也是项目管理研究关注的传统焦点。对费用、进度、质量进行集成化管理，实现联合控制始终是理论界和实践者关注的焦点。最早对费用-进度集成管理的研究成果是挣值管理（earned value management, EVM），它提供了一种成本/进度的综合测量方法（Fleming et al., 1997）。2000 年，美国国防部合约管理指挥部出版了《挣值管理系统手册》，给出了完整的挣值管理系统程序。挣值的方法实质上就是通过一个中间变量 BCWP，在项目的费用和工期之间建立联系，从而建立起费用和进度之间的集成管理体系。Kim（2003）研究了挣值管理的不同项目组织类型中的适用标准，以图减少挣值管理存在的缺陷，提高其被接受程度。

此外，国外诸多学者也从不同角度对项目管理要素集成展开研究。Babu（1996）利用三个线性规划模型来分析费用、进度、质量三者之间的两两关系。Que（2002），Leu（2001）研究了进度和费用的交换问题。Perera（2004）针对目前大量中小规模的承包商没有应用大型项目管理软件的条件和能力的现状，采用微软 Project 和 Access 软件构建了一个对建设项目时间和成本进行集成管理的管理信息系统，从而实现项目调度、成本控制、资源监测和财务控制的集成。Back（2000）构建了一个控制进度和费用的信息模型。Kastora（2009）提出 CPM/PERT 技术对资源充足的假设与现实不符，因而研究了在资源约束条件下的项目调度问题。Franz（2013）针对两个大型医院项目中如何利用项目指标预测成本和进度进行了研究。

在国内，2002 年，挣值法写入了《中国项目管理知识体系纲要》，对挣值管理的研究也不断深入。戚安邦（2002）对传统挣值方法进行研究，论证了挣值理论的局限性，指出挣值管理的基本原理是借鉴了社会统计学指数分析的中间变量替代原理，引入名为"已获质量价值"的中间变量，通过对挣值和已获质量价值这两个中间变量，实现对于项目工期、质量和费用的集成管理。戚安邦（2012）最近又研究了包括项目质量、范围、成本和时间这四个"硬"要素的集成方法，在项目资源约束下对四要素目标优先序列进行了分析，提出了项目四要素两两分步集成的基本方法。

此外，刘亚丽（2002）提出了一种适应于我国项目管理知识体系的挣值评估方法。刘伟（2002）在资源约束的条件下研究了进度和费用交换问题。王仲伟（2004）指出了挣值管理的缺点在于没有考虑项目活动是否处于关键路径，从而影响项目真正的进度。王健（2004）设计了遗传算法对工程项目资源均衡优化模型进行了求解。陈建华（2005）构建了多目标综合调控模型来对建设项目多目标体系进行集成化的综合动态调控。钟冬梅（2005）在挣值管理中引入数值分析方法，将以成本偏差表示的时间偏差转换为真正的时间偏差，并应用灰色数列预测理论建立了成本/进度差预测模型。王庭华等（2010）进一步扩展，将要素集成的范围增加到项目的范围、质量、成本、时间、资源和风险等，给出了一套项目全要素配置模型和集成方法。

（4）对建设项目信息集成管理的研究。现代信息技术的迅速发展使得信息的产生、发布、传递、查询、存储等各个环节的运行成本大大降低，传统的沟通机制下信息的供需瓶颈逐渐消失。但由于建设项目复杂度的显著提高，使得建设项目信息量迅速膨胀，信息沟通的障碍反而呈现扩大之势。信息沟通带来的问题主要表现在：不必要信息的过载和有效信息的短缺；信息存储与查找利用的不便；信息传递的延误；"信息孤岛"的产生等。为应对信息沟通给复杂建设项目带来的挑战，大量学者进行了信息集成方面的研究。Sanvido（1990）首先进行了计算机集成建设系统（computer integrated construction, CIC）的研究，将工业工程中的计算机集成制造系统移植到建设行业，利用 CIC 来完成建设项目信息的集成和管理工作。Thomas（1992）提出了一种基于面向项目标准模型的计算机辅助集成管理方法。Fischerd（1998）对 IT 技术对单项目、多项目及行业范围内的集成管理的支持进行了研究。Gardiner（1999）研究了在建设项目实施过程中虚拟现实技术的应用。 Mak（2001）和 Deng 等（2001）研究了如何开发工程建设项目管理信息系统，如何构建工程项目网站和其运行机制等问题。Zhu（2001）研究了工程建设项目中基于 Web 页面的远程数据传输问题。Feniosky（2002）提出了一个通过辅助计算进行建设项目实时管理的系统，以帮助建设者实现高效、快捷的工程项目管理。Hanna（2012）在收集了大量路桥建设项目数据的基础上，提出了基于信息请求（RFI）建立项目绩效检测的方法。Liu（2012）开发了基于 Web 的项目集成化管理信息系统（project management information system, PMIS）并在三个项目中进行了实施绩效调查。

（5）对项目组织集成的研究。Khalil（2002）提出将虚拟组织的理论应用于建设项目的集成管理。Chen（2003）对建设项目中的组织结构进行了分析，构建模型对项目组织内部协同程度进行评价，并根据评价结果来进行项目组织结构的优化。Lahdenperä（2012）对项目伙伴关系（partnering）、项目联盟、集成项目交付三种项目协同建设的模式的区别进行了比较，并分别给出了其适用范围。

由于建设项目的规模越来越大，管理越来越复杂，国内有学者提出了建设项目的战略联盟和动态联盟的概念，如何曙光等（2002）论证了在我国工程建设企业间建立动态联盟组织形式的可行性，并研究了动态联盟组织形式下的 EPCIMS 网络拓扑环境。王华（2005）提出建立一种敏捷、高效的新型组织集成模式来实现对现代建设项目全生命期的集成管理。黄建柏（2008）对建设项目动态联盟面临的风险进行了风险识别设计，给出了一个量化预警模型。王莉（2011）探讨了虚拟建设动态联盟的组建过程。唐文彬（2011）构建了建设项目动态联盟合作伙伴选择的评价指标体系，建立了基于熵权的投影决策模型。王广斌（2012）运用实证研究的方法探讨了组织文化对组织集成的影响关系。徐武明（2012）提出了工程项目组织基本原理图，构建了项目组织的十元组模型和十纬度集成理论，并对维度进行了分析，在此基础上，建立了工程项目组织集成的逻辑框架、结构框架、运作机制和运作框架，以及集成的组织中人力资源的配置方案，进而提出了宜组织的概念。

（6）对建设项目风险集成的研究。任何工程项目，都不可避免地受到某些不确定因素的影响，即存在不确定性和风险性的问题。风险的产生，主要是人们认识客观事物的能力具有局限性和信息本身的滞后性造成的。国内外很多学者对风险从不同角度进行了定义，如 Williams（1985）认为风险是在特定情况下的可能结果的差异性，Mowbray（1994）认为风险是一种不确定性，郭波等（2012）认为风险是活动或事件中人们不希望的消极后果发生的潜在可能性。

Lucy（2002）和 Grundke（2010）分别提出了项目全生命周期集成化风险管理（integrated risk management，IRM）的思想，将全面风险管理和全生命期管理进行了集成。Schattenman（2008）构架了一个可以识别、分析、量化项目主要风险因素，并推导其发生概率和影响的持续时间的计算机支持的风险集成管理系统。Mili（2009）研究了静态风险管理和动态风险管理的区别，指出动态风险管理能够提高风险识别与评估的可靠性。针对业主与承包商之间的风险分配对建筑总成本的影响问题，Nasirzadeh 等（2013）提出了一个集成的模糊系统动力学定量分析方法。Luo（2013）构建了基于风险管理模式项目风险分析和管理（PRAM）方法。金德民和郑丕谔（2005）定义了全寿命风险管理系统的目标函数，提出了风险量化方法、系统设计和系统评价的方法。朱启超等（2005）提出了项目界面风险管理的概念并建立了相应的框架模型。林基泳（2011）将多层次的风险管理工作归并到三个维度，探讨了风险管理集成的主要构成，提出了工程建设项目风险管理集成的逻辑结构和基本模型。

（7）对建设项目供应链集成管理的研究。Koskela（2000）首先提出工程项目供应链管理的思想，他将工程项目供应链视为一种面向订单（make-to-order）的供应链，指出了供应链管理在工程项目中扮演的角色。Cox（1998，2002）建立了在市场力量和约束下的建设项目供应链管理模型，并且分析了实施过程中可能出现的各种困难。Vaidyanathan（2003）对比了制造业和建筑业中的供应链结构，给出了总承包商和分包商的供应链模型。Palaneeswaran（2003）应用关系型契约理论来解决供应链中供应商选择与运行方式确定的问题，并提出了基于关系型契约理论的工程项目供应链管理集成化框架模型。Elimam（2013）构建了一个用于项目网络（project network, PN）的综合供应链方法，并运用混合整数规划来确定项目中的工期、成本问题。

在国内，汪文忠（2002）从企业战略和企业竞争力提升的角度，给出了建筑业实施供应链管理的战略步骤，即从基础设施建设，通过职能集成和内部供应链的集成，最终实现项目内外的整体供应链集成。杜静（2004）分析了供应链在建筑业实施的可行性和存在的障碍因素，指出建筑业供应链发展的最终目标是实现集成化供应链动态联盟，并指出建筑企业实施供应链管理包括核心竞争力与业务外包、领导观念、信息技术等关键要素。刘振元（2004，2005）研究了实现基于工程项目供应链的工程项目集成管理工程需要解决的三个问题，即供应链的运行参考模型、供应链的协调机制和供应链的优化，并分析了不同建设环境下实施集成管理所采用的工程项目供应链的特点。

(8) 对建设项目知识集成管理的研究。传统的建设项目管理往往不注重指示、经验的积累和传承，因此很多雷同的项目也徘徊在重复性的低水平管理层次上。Ginevičius（2011）综合分析了经济、法律、技术、组织、管理、社会、文化、政治、道德、心理和教育因素的复杂影响，建立了一个建设项目集成管理知识模型。李红兵认为知识集成管理就是以信息集成为基础，以信息平台为媒介，通过项目知识的积累、提炼和共享，从而达到知识的传承、交流与创新的目的。高怀英（2006）分析了项目管理知识体系中知识集成的对象范畴，将建设项目全生命期管理中的知识集成系统功能分为知识获取、知识传递、知识利用、知识交流和知识评价五部分。张国宗（2010）提出了项目管理知识集成的动因、含义，建立了项目知识管理的模型，并分析了其支撑条件的四个方面。

2.2.4 研究综述结论

对建设项目复杂性的研究，目前还主要停留在定性的层面。由于研究对象的数据来源不充足，定量分析和模型建立较欠缺，多数研究还停留在理论层面，可操作性不强，难以满足复杂性分析和应用的需要。

对业主方项目管理的系统研究目前还较为缺乏。现有的研究大都停留在对业主方项目管理的意义及作用的认识层面，而极少有真正从具体操作层面研究业主方项目管理如何科学组织、高效实施。对业主方项目管理的工作范围、特点、方法与建设项目其他参与方的区别也极少有人涉及。其原因主要是人们对业主方项目管理的重视程度不够，尤其是在我国的工程监理制度已推行多年，目前又在大力推行工程总承包模式，而政府投资项目代建制的出现，以及专业化的项目管理公司不断涌现，使得人们往往认为业主方的项目管理职能可以由总承包方或者项目管理、监理等单位承担，没有认真细致地研究业主方在建设项目管理中的地位、作用和不可替代的职责，忽视了对业主方项目管理的本质特点和要求的分析。

而对于建设项目集成管理，目前在全生命周期集成、过程集成、管理要素集成、信息集成、风险集成、供应链集成、知识集成等角度分别做了较深入的研究。但多数研究主要集中在运用数学方法和技术模型解决某一方面的集成问题，而很少有对建设项目究竟应该由哪一方进行总体集成管理，各方在项目全生命周期各阶段集成管理中应发挥何种作用，应如何发挥作用进行解答，也较少有人结合项目实践提出切实可行的，具有可操作性的复杂建设项目集成管理体系。

　　综上所述，目前对于复杂建设项目、业主方项目管理、建设项目集成管理等领域，有如下结论：随着建设项目的复杂性逐步增加，其项目管理的难度也逐步增大；建设项目管理中业主方的项目管理起到核心和主导作用；业主方项目管理性质与内容与其他参建方有很大不同，但针对业主方项目管理具体方法和理论的深层次研究相对还很薄弱，业主方项目管理如何应对项目复杂度的提高也尚无人涉猎；建设项目集成管理是发展趋势，目前已经取得相当大的进展，但专门针对业主方的建设项目集成管理研究还基本属于空白领域。

2.3　本章小结

　　本章首先对复杂建设项目的特征进行分析，包括建设项目复杂性来源和复杂性特征等，其中重点从组织、任务、技术、信息、目标、环境等角度分析了复杂建设项目的特征，对建设项目中的业主方进行了分析并给出了划分依据，辨析了业主和业主方的地位和作用。然后从复杂建设项目研究、业主方项目管理研究、建设项目集成管理研究三个方面对国内外当前研究现状进行了研究综述。

第3章 复杂建设项目业主方集成管理框架模型构建

3.1 业主方主导实施集成管理分析

3.1.1 业主方主导实施集成管理的必要性

按本书的划分标准，建设项目的参建方可分为业主方和承包商方。其中业主方的各个主体与业主以合同关系为纽带，围绕业主管理职能提供服务；承包商方的各个主体则根据不同的合同关系，或直接或间接为项目交付物的建设提供服务。这些参建方参与项目建设的首要目标往往是经济目标，即通过参与项目取得经济效益，但在其各自的目标之外，都有一个共有的目标，就是通过自身的工作为业主创造新的价值，其工作效率和结果对项目建设的成败都有直接影响。因此，业主是建设项目成败的最大利益相关者，但建设项目成败和众多项目参建方的工作息息相关。

而现实中很多建设项目的业主却并不具备对复杂建设项目进行系统管理、科学管理的能力，由此本书提出将建设项目的主导方由业主向业主方转变，构建动态的全生命周期业主方组织，将业主的决策职能和专业公司的管理职能结合起来，将"业主的工作"转变为"业主方的工作"。只有这样，才能把项目整体管理方的视野、投资方的决策、使用方的需求与项目的生命周期有机地整合、贯穿起来。因此，从项目管理的天然职能角度来看，集成管理的主导方是业主，但从实际能力整合的角度来讲，集成管理的主导方应扩大为以业主为决策核心的业主方。由业主方主导实施集成管理，其必要性和优势主要体现在如下几个方面：

（1）业主方项目管理的范围涵盖了建设项目全生命周期，最适合由业主方集成项目生命周期各个阶段。基于本书关于业主的定义，业主是具有独立法人资格的建设项目的出资方，并在建设项目中具体从事建设管理，对建设项目全面负责，包括享有权益和承担风险，并起主导作用的机构或组织。从项目的概念、规划、实施、收尾全过程来看，以业主为核心的业主方工作涵盖项目自始至终的所有时期，对于项目各个阶段的工作衔接负有不可或缺的责任。同时，目前随着对项目费用的认识扩展，越来越多的建设项目进行投资控制时都开始进行建设期造价和运营期成本的集成，将建设项目自论证立项至建成使用直至使用期结束看作真正的项目生命周期。而业主方在这期间尽管可能会发生责任人或主体的更替（比如房地产开发企业在项目建成后将项目销售给个体的业主，项目业主方由房地产企业为主体变更为由业主委员会及物业管理公司为主体），但是其对项目交付物实体的管理责任仍具有延续性，因此仍是在统一的项目生命周期内的管理责任的延续。

（2）业主方的目标体系涵盖了项目整体目标体系的内容。业主方在项目目标实现过程中负有最大责任，最适合由业主方进行项目目标集成。传统的建设项目目标大多集中在质量、费用、工期三大目标的实现上，但越来越多的建设项目在建成后出现各种各样的问题，表明一个验收时质量符合要求、投资未超预算、按计划顺利竣工的建设项目未必是一个成功的项目。从项目整体的角度来看，随着社会经济的发展，以及人们对系统科学的认识不断深化，建设项目目标体系的内容也呈不断增加之势，如图 3.1 所示即某复杂建设项目目标体系内容不断扩大的举例。而这些扩大之后的项目目标，往往是某个承包商方的参建单位没有动力去考虑实现的，只有业主方站在项目整体的高度，才有可能通过其主导能力去均衡项目目标体系的实现过程。

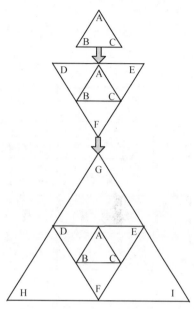

图 3.1　建设项目目标体系的扩大

A. 质量；B. 费用；C. 工期；D. 安全；E. 适应环境；F. 健康；G. 资源节约；H. 全生命周期成本；I. 社会经济发展

从项目利益相关方的角度来看，除了质量、工期、费用之外，不同的利益相关方对建设项目提出了不同的目标和要求，共同构成了建设项目的目标体系。而对于复杂建设项目，如前文所述，其复杂性的重要表现之一就是目标的复杂性。这一复杂的目标体系之中，存在着诸多相互矛盾、相互影响的子目标，建设项目目标集成就需要考虑如何整合、优化建设项目的目标体系，使之能够达到一个均衡的整体优化效果，实现项目整体目标的最大化和利益相关方满意度的最优解。这一工作对项目成败起着决定性的作用，而这项工作也是业主方天然需要承担的责任。

图 3.2 表明了工程项目各利益相关方对建设项目目标设定的差异性。从图中可以看出，项目不同利益相关方的目标各不相同，而且这些目标在时间轴上还分布在项目的决策期、准备期、施工期、竣工期和使用期等不同位置，相互之间发生冲突的可能性较大，比如周边居民的环境、噪声影响目标和承包商的工期目标，又比如业主方的质量目标和承包商的工期目标等。要解决这些目标的冲突，就只能由业主方综合考虑项目以及环境的整体利益，进行综合的权衡和取舍，在项目生命周期不同阶段进行目标集成。

（3）业主方主导更有利于对项目管理进行全要素集成。美国 PMI 的 PMBOK 将项目管理知识划分为九大领域，分别是项目整合（集成）管理、项目范围管理、项目进度管理、项目费用管理、项目质量管理、项目风险管理、项目人力资源管理、项目采购管理、项目沟通管理，在 2012 年 PMI 官方网站公布的 PMBOK 第五版中，将项目管理知识领域扩展为十个，增加了项目干系人管理。而干系人管理是从项目沟通管理中独立出来的。在 PMBOK 第五版中声称"项目管理工作几乎 90% 都是沟通"，而在

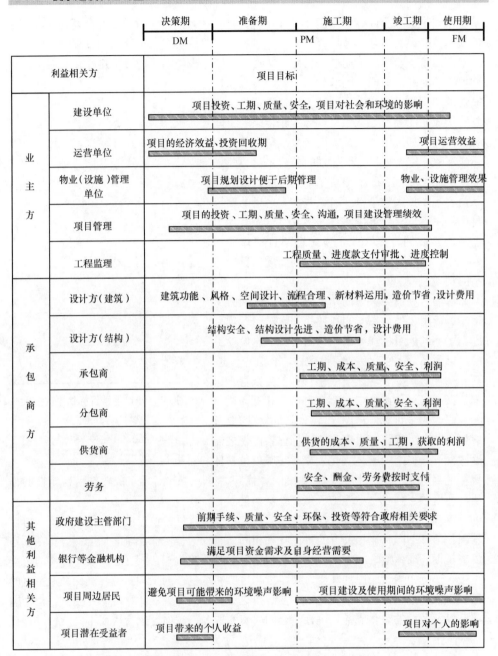

图 3.2 建设项目不同利益相关方的项目目标差异性

第四版里的表述是"项目管理工作几乎 82%都是沟通"。可见，目前业界对项目成败受项目干系人的影响的认识已经越来越深刻。而要想实现项目干系人的有效沟通与管理，就必须靠业主方的努力来实现。

而所谓项目管理要素，是指项目管理过程中对结果有影响的关注点，和项目管理领域的含义基本重合。从这十个要素来看，进度、费用、质量属于结果型要素，其他均属于过程型要素，项目要想实现进度、费用和质量目标，就需要进行有效的要素集成和整合，尤其是有效的沟通管理和干系人管理，项目管理要素中任何一个都离不开业主有效的管理与掌控。表 3.1 是建设项目管理中项目阶段-项目管理要素矩阵，从中可以看出业主方的工作几乎涵盖了建设项目的所有阶段和所有要素，这个职能是很难被其他参建方所取代的。

表 3.1　建设项目阶段-项目管理要素业主职能重要性矩阵

	决策立项	项目规划	项目融资	勘查设计	报批报建	招标采购	建设施工	竣工验收	运营使用
集成管理	★	★	★	★★	★★	★★	★★★	★★	★
范围管理	★★	★★	★★	★	★	★★★	★★★	★	★
质量管理	★	★★	★	★★★	★	★★★	★★★	★★	★★
费用管理	★	★★	★★★	★★★		★★★	★★	★	★
进度管理	★	★	★	★★	★★	★★★	★★★	★	
人力资源管理	★	★		★	★	★	★	★	★
沟通管理	★	★★	★★	★★	★★★	★★★	★★★		★
风险管理	★	★★★	★		★	★			
采购管理	★	★		★★		★★★	★★	★	
干系人管理	★★	★	★★	★	★★★	★★★	★★★	★★	★

注：★数量表示重要性程度

目前有一种观点认为建设项目的集成管理应由总承包方负责实施。工程总承包是指从事工程总承包的企业受业主委托，按照合同约定对工程项目的勘察、设计、采购、施工、试运行（交工验收）等实行全过程或若干阶段的承包。其主要模式有两种，一种是设计、采购、施工交钥匙总承包形式，另一种是设计、施工 DB 总承包形式。目前国外项目普遍采取工程总承包形式，我国也正在推广这种工程总承包形式。国家颁布的《建筑法》第二十九条规定"施工总承包的，建筑工程主体结构的施工必须由总承包单位自行完成。但是针对复杂建设项目，工程总承包在现实中推行的障碍总承包企业未必能有承担全部承包商方工作的能力或离开业主自行组织分包的能力。一般的总承包企业，其资质与施工范围往往局限于建设项目通用的专业。如即使是房屋建筑总承包特级资质的企业，其主营与相关资质往往也就只包含房屋建筑、机电安装、装饰装修、地基与基础工程、土石方工程、建筑智能化工程、消防工程、防水工程等。而以医院建设项目为例，即使是国内资质最全的总承包商，也很难具备手术室净化、ICU 净化、酸化水、气动物流、医用气体、生殖中心、检验科、静脉配置中心、中心供应室、高压氧舱、直线加速器、射线防护等特殊专业的设计与施工能力，即使这些专业形式上由总承包单位进行发包，其实质的使用需求、技术参数的提出以及实施单位的选择权仍然在业主手里，必须由业主及相关单位根据未来的使用需求逐一由专业厂家落实设计方案与分包单位。所以，对于复杂建设项目，其集成管理实施的主导责任应由业主方承担。

3.1.2 业主方主导实施复杂建设项目集成管理的意义

尽管同属复杂建设项目，但不同项目之间的性质、功能、规模、结构、投资等方面均存在着很大差异，然而从建设项目的本质属性来看，其管理过程仍可以以业主方委托承包商方围绕项目交付物的生产展开活动来概括。从应对建设项目的复杂性来看，业主方主导来实施集成管理的意义如下：

（1）复杂建设项目的目标复杂性决定了其建设目标从宏观上来说必然要同时实现经济效益目标和社会效益目标，无论是公益性建设项目还是盈利性建设项目，其必然有适应社会和环境发展的目标考量；从微观上来说，要在质量、安全、进度、投资等目标中取得平衡，因此必须对宏观目标和微观目标进行集成，而由于业主方在项目中的地位和层次，只有业主方有资格、有能力均衡统一这些目标，使其均衡发展。

（2）复杂建设项目的生命周期是一个从概念、规划、设计、招标、施工、调试、验收、使用、维护直至项目结束的复杂过程，其生命周期各个阶段相互联系制约，且不同阶段之间存在交叉，既是工作任务推进的过程，又是信息收集、处理、传递的过程。而对承包商方来说，往往负责其中某一阶段或某几个阶段的工作，很难在全生命周期进行工作任务的统筹规划和不同阶段的衔接增效，这一任务也只有业主方来完成。

（3）复杂建设项目的重要特征是任务复杂性和技术复杂性，这就决定了其建设任务很难由单独的承包商独自完成，而即使存在总承包商，业主方基于对建设项目使用功能的独特需求，也会对其中的众多需要分包的专业和单独采购的材料设备进行严格细致的考察和论证、决策。因此对复杂建设项目众多的参建单位来说，必须要在一个统一管理规划和协调的组织机制下进行密切沟通与合作，方能在完成各自独立的任务和目标的同时，实现复杂建设项目的整体目标最优化。

（4）复杂建设项目内部、外部面临众多的不确定性，如政策的调整、参建单位人员的变更，新技术、新方法、新材料的应用，不同参建单位的制度和文化差异，不同项目人员的性格差异等，都会给项目带来不确定性和实施风险，所以必须协调项目内部与项目环境的关系，处理不同参建单位之间的矛盾和纠纷，将参建单位各自的企业文化统一到项目文化上来，这种项目内部与外部环境的集成，也只有业主方能够实现。

3.1.3 业主方主导实施集成管理的目标

业主方主导实施集成管理，其目的在于解决复杂建设项目中业主集成天职的需求与其集成能力之间的落差问题，将业主的决策职能与专业公司专业管理职能有机结合起来，构成一个动态的业主方组织，从而在建设项目中始终发挥主导作用，充分发掘对建设项目系统的整体性要求，实现项目所有时间阶段、所有参建单位以及所有管理要素的有效组合和高效运转，改变传统管理模式中以工程建设过程为主要对象，各参建方分别介入建设过程的阶段性和局限性。

业主方主导实施集成管理需要解决如下问题：项目的前期策划过程、建设过程和运行过程三个主要阶段脱节的问题；项目工作过程和组织责任的细化使得参与各方相互制衡从而导致工作效率降低和成本增加的问题；项目组织中各方的积极性和创造性低，短期行为严重的问题；项目管理要素之间的障碍、信息流通的断裂和信息孤岛问题等。

3.2　复杂建设项目业主方集成管理框架模型

本节用三个模型来表述从业主方角度如何构建复杂建设项目实施集成管理的整体系统结构，分别是：概念模型，用来解决复杂建设项目业主方集成管理的认知维度问题；实施模型，用来解释复杂建设项目业主方集成管理的运行过程；结构模型，用来解决复杂建设业主方集成管理各个模块间相互逻辑关系及作用机理。三个模型共同构成复杂建设项目业主方集成管理的框架模型，也是全书理论体系的基础。

3.2.1　复杂建设项目业主方集成管理概念模型

集成管理的思想来自于系统论、控制论与信息论，因为将众多的管理要素创造性地融合组成一个有机整体，本身就是对一个系统进行控制与信息处理的过程（李清等，2004）。系统论提供了系统思维的科学方法，即把研究对象看成一个整体进行分析、思考、研究，从而使对事物的认识从时空分离走向时空统一，从局部走向整体，从分散方法走向系统方法。这种思维方式的特征表现为多维性、目的性、相关性和优化性，为解决复杂的集成管理问题提供了有效的工具。1969 年，霍尔（Hall）提出了一种处理系统工程问题的方法，用时间维、逻辑维和知识维这三维空间来描述复杂系统分析与设计中在不同阶段时所采用的步骤和涉及的知识，它是系统工程分析的方法，也是集成管理分析研究问题的主要方法，被称为霍尔模型。

该三维空间的主要内容是：

（1）时间维，表示系统工程活动从规划阶段到更新阶段按时间排列的顺序，将其应用到工程项目管理系统中，可以将工程项目的全生命周期过程用霍尔结构体系中的时间维表示，全生命周期集成即工程项目生命周期的各阶段的集成，是指工程项目集成化管理将项目实施的整个周期，从决策、设计、计划、施工、运营到最后的后评价，各阶段各环节之间通过充分的信息交流集成为一个整体。使得信息在项目的各阶段间能准确、充分的传递，各阶段的参与方能进行有效的沟通与合作。

（2）逻辑维，是对每一工作阶段，在使用系统工程方法来思考和解决问题时的思维过程，可分为明确问题、系统指标设计、系统方案综合、系统分析、方案选择、方案决定、实施计划七个步骤。在工程项目管理系统中，逻辑维对应工程项目所涉及的方法论，例如，对于工程项目集成化管理的综合理念，指导思想，处理问题的方法论等。

（3）知识维，就是为完成上述各阶段、各步骤所需要的知识和各种专业技术。

霍尔三维模型作为复杂系统的分析方法，其优势在于通过维度的区分与识别，可以将复杂系统这一研究对象各维度上的要素有机地集成到一起来进行综合考虑，并通过不同维度之间的两两联系来寻找集成管理中的问题及解决办法。而复杂建设项目符合复杂系统系统结构性、层次性、开放性、非线性、动态性等特点，因而适合借鉴霍尔三维模型的研究思路来进行维度分析。

在复杂建设项目全生命周期过程，即从项目的发起到规划、设计、施工、交付以及运行、使用、宣布报废的全过程中，由于其系统复杂性，使得其很难用数学公式给以表述。复杂建设项目的业主方集成管理是一个复杂系统，必须用多维度特征来描述。借鉴霍尔模型的维度，我们可以将复杂建设项目业主方集成管理的三维定义为建设项目管理的目标性特征、职能性特征和阶段性特征，并加以扩展，增添一个项目管理主体维度。从而定义一个复杂建设项目业主方集成管理的四维概念模型，如图 3.3 所示。

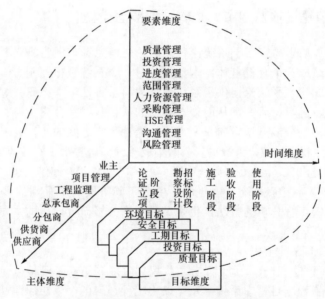

图 3.3 复杂建设项目业主方集成管理概念模型

1. 时间维度 根据美国项目管理协会的对于项目生命周期的定义，一个项目是指具有明确起始、结束时间限制，并明确目的的一次性努力。因此，建设项目生命周期一般包括了四个连续的阶段：概念阶段、规划阶段、实施阶段以及收尾阶段。每一个阶段都会提交出符合每个阶段产品要求的工作成果。若将建设项目扩展至使用期，则收尾阶段（验收阶段）之后还需增加使用阶段，直至项目交付物报废，项目方为结束。

建设项目全生命周期每个阶段结束时都应以相应的交付产品作为本阶段的结束，下个阶段的开始。因此，集成管理在时间维度上表现为项目运作各阶段过程之间的集成，以及各个项目运作阶段中相关工序之间的集成。传统的建设项目管理中往往存在重工期轻质量、重建设轻决策、重施工轻设计等问题，集成管理就是要以系统思维的方式深入探讨建设项目各阶段的内在联系，处理好各阶段的衔接和相互作用，对建设项目管理按照其生命周期各阶段的内在联系进行工作流程再造。项目分解结构、工作分解结构、并行工程、精益制造、现代信息技术等工具、方法、理念等为实现建设项目时间维度的集成提供了有利的技术条件。而要实现这种集成，就需要不同阶段的相应参与方尽到相应的责任。而由于多数参与方只是局部地在某时间段参与建设项目，也就无法从由始至终的时间轴上对项目进行整体的把握。因此，在复杂建设项目中，需要业主方尽可能早的参与到项目前期策划阶段运作过程中，对项目做出统一的规划。

在复杂建设项目中，业主方对项目全生命期的组织和管理，实质上是通过对项目分解结构和编码体系定义的信息对象在全生命期过程中有效规划、组织、控制来实现的。例如在计划阶段，在对项目交付物进行分解的基础上，将项目行为系统分解成互相独立、互相影响、互相联系的工程活动，分解的结果成为工作分解结构。通过项目结构分解，将整个项目系统分解成可控制的活动，以满足项目计划和控制的要求。而要实现全生命期的集成管理，必须在项目全生命期过程中制定项目各参与方都要共同遵守的项目分解结构和编码体系，使其成为项目各参与方进行信息交流的工具和基础。

2. 要素维度　美国项目管理协会对项目管理的职能进行了划分，包括范围、质量、工期、费用、风险、人力资源、采购以及沟通管理等，基本上囊括了项目管理的主要内容。对于项目管理在质量、工期、费用等某个方面管理内容，称之为项目管理要素。要素维度的集成就是对项目管理各个要素的管理任务之间进行均衡与协调，使项目管理要素处于受控状态，从而实现项目的目标。

传统上人们已经意识到项目的质量、工期、费用三个项目管理主要要素之间的关联和相互作用。项目的工期加快或拖延都会给项目费用带来影响，项目质量和项目费用往往成正比，而项目费用的多少更直接影响到项目的质量和工期。这三大项目要素之间更是存在着对立统一的关系，片面强调某一个或其中几个目标都会造成项目缺陷，对任一项目管理要素的控制都不应是孤立的，而应是考虑其他要素的综合性活动。目前对项目管理要素集成管理研究方面的研究成果，以挣值方法最为典型。

但是随着项目环境的日趋复杂和利益相关者对项目期望的多样化，仅仅将质量、费用、工期三要素进行集成显然是不够的，项目的风险、沟通、采购、人力资源管理等要素对项目成败的影响也越来越凸现出来。业主方站在项目组织结构最高端，更需要综合考虑项目全要素之间的关系，使之整合优化，产生最大绩效。

3. 主体维度　在复杂建设项目目标的实现过程中，应特别强调不同主体之间的分工与协作。不同阶段有不同的参与主体，有不同的项目任务，有不同的管理重心，这就需要项目各参与方以目标管理为圆心，以实现过程为时间主线，以管理要素为职能主线，以管理层级为组织主线，建立起全周期、全要素的思维理念和模式，对项目目标的实现进行协调管理。从建设项目的业主方的角度来看，业主方与承包商方包括设计单位、总承包商、专业分包商、材料设备供应商等众多企业发生业务关系，业主方必须在面临复杂多变的环境下，建立起开放式的、跨组织的各主体集成管理平台，充分利用项目参建单位的优势，应对建设项目管理中的各种变化。

主体维度的集成，主要实现业主方领衔统筹下的项目不同参建单位之间行为上的一致性，使得不同的参建单位按照统一的跨组织集成准则，规范和固化其各自项目部在建设项目中的业务行为流程，达到不同参建单位之间在行为上的统一和协调，建立起紧密协作的、以共赢为目标的伙伴关系，使项目的整体资源得到优化配置。

4. 目标维度　建设项目目标与建设项目要素往往被混为一谈，如建设项目目标体系中有工期目标、质量目标、投资目标等，而项目管理要素中也存在工期管理、质量管理、投资管理等，但对于复杂建设项目而言，二者仍有必要区分开来。目标是指建设项目最终要达到的状态，而项目管理要素则更多指向在建设管理的过程中对此领域的实施控制。而且目标维度和要素维度作为建设项目管理的结果和过程，二者并不存在一一对应的关系，比如项目管理要素中有人力资源管理、沟通管理、采购管理，但目标体系中却很少有将这些要素作为目标进行设定的。

项目管理遵循的是目标管理方法，项目管理目标是一个项目实施最终成果的核心表述，在复杂建设项目中，这也是业主方的核心工作。项目目标管理主要包括项目目标的制定、执行、评价和控制等工作，通过项目范围的管理来实现，用以保证项目能按要求的范围完成所涉及的所有过程，形成其他相关阶段性子目标并综合组成项目的整体目标。

在目标维度上，复杂建设项目集成管理的核心就是要突出一体化的整合思想，追求的不是项目单个目标的最优，而是要在项目多个目标同时优化的基础上，寻求项目目标之间的协调和平衡，从而最终实现项目管理活动的总体效率的提高。因此，业主方在制定项目计划时，必须保证项目各个目标间结构关系的均衡性和合理性。

对以上四个维度在复杂建设项目集成管理中的认识，既包含各维度自身所包含的元素之间的集成，比如时间维度中建设期与运营期的集成，要素维度中质量、进度、投资的集成，主体维度各个参建单位之间的组织集成，目标维度中安全、环境、可持续发展的集成，也包括不同维度之间的两两集成，如图 3.4 所示。

（1）时间维度和要素维度的集成：项目生命周期内不同时间段项目管理要素的工作侧重点；

（2）时间维度和主体维度的集成：生命周期内不同时间段内项目参建主体的分工以

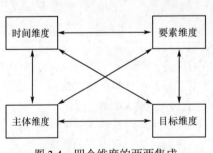

图 3.4　四个维度的两两集成

及工作衔接；

（3）时间维度和目标维度的集成：生命周期内不同时间段项目目标管理的侧重点；

（4）主体维度和目标维度的集成：不同参建主体在项目目标体系中的责任；

（5）主体维度和要素维度的集成：不同参建主体在进度、质量、投资等项目管理要素中承担的责任；

（6）要素维度和目标维度的集成：项目管理要素与项目目标的关系以及实现目标中项目管理要素的作用。

3.2.2　复杂建设项目业主方集成管理实施模型

以上构建的复杂建设项目业主方集成管理系统模型，从时间、主体、要素、目标四个维度说明了业主方集成管理需要进行集成的各个方面，但该模型是一个静态模型，只能说明复杂建设项目业主方集成管理实施应体现的四个维度以及每个维度上应体现的内容，但并不能说明复杂建设项目如何由业主方来主导实施集成管理的过程，图 3.5 概括性地模拟了复杂建设项目业主方实施集成管理的运作过程，可称为实施模型。

从图中可以看到，业主方集成管理就是要在业主方的主导下，将项目的各利益相关方形成一个具有共同合力和前进方向的一体化临时性组织，其中对于项目建设的承包商方，需要在合同条件约束下，以组织集成、信息集成、风险集成来将承包商方和业主方所有参建单位整合成一个有一定制度和纪律的临时性项目组织；对于政府、银行、周边居民等其他利益相关方，组织相对松散，需要业主方按照利益相关方满意的原则，以沟通协调为主要手段，将其会对项目建设带来影响的行为尽可能地控制在对项目产生正能量的范围内。这个以组织、信息、风险集成和沟通协调为手段整合而成的一体化临时性组织，在业主方的驾驭下，在项目的生命周期时间轴上，根据项目管理要素以及项目目标的约束，不断调整航向，

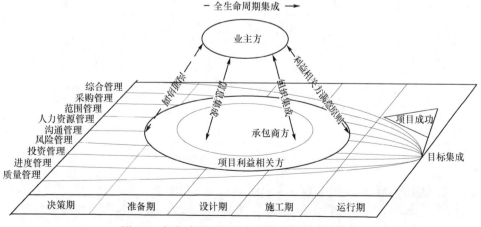

图 3.5　复杂建设项目业主方集成管理实施模型

最终到达项目成功的终点。而项目成功的定义，需要业主方在建设项目开始时就认真分析需求、分解目标，从而根据每一个具体项目的特点制定出全面、科学、严谨的项目成功标准。

3.2.3 复杂建设项目业主方集成管理结构模型

复杂建设项目业主方集成管理的实施模型解释了业主方在建设项目中实施集成管理的地位、作用，以及由项目利益相关方组成的项目临时性组织运行的路线。但没有解决在项目管理生命周期内如何具体进行管理以及各种集成之间的关系问题，因此还需要构建复杂建设项目业主方集成管理结构模型，用来解释复杂建设项目业主方主导实施集成管理的总体思路问题。本书构建的复杂建设项目业主方集成管理结构模型如图 3.6 所示。其主要内容如下：

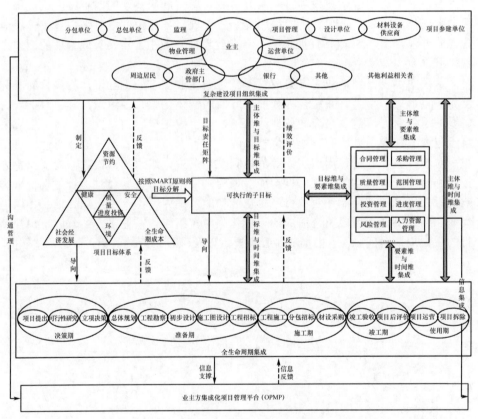

图 3.6 复杂建设项目业主方集成管理结构模型

1. 模型总体结构 复杂建设项目就是一个复杂系统，项目建设过程中，生命周期各个阶段、项目各利益相关方、项目各种目标、项目各种管理要素等都是这个复杂系统下面的子系统。而业主方集成管理就是要通过对该系统中各个子系统进行合理的集合和整合，通过不同系统时间、空间的合作，结构与功能的调整与重组，相互之间关系的协调，使之产生一种远大于各子系统之和的整体系统效应。因此，结构模型中需要包含与集成管理密切相关的几个子系统，包括项目所有利益相关方构成的复杂建设项目组织集成系统，目标体系以及对目标进行分解后的复杂建设项目目标集成系统，项目管理要素集成系统，项目全生命周期集成系统，以及对集成管理起到基础性作用的业主方集成化项目管理信息系统。通过对这些子系统的功能及相互作用的分析，项目概念模型中时间维、目标维、要素维、主体维四个维度的内容以及相互之间的集成关系均在此结构模型中得到体现。

2. 项目利益相关者的集成管理　建设项目利益相关者种类众多，根据这些项目利益相关方与建设项目联系的密切程度，可以将其分为主要利益相关者和次要利益相关者两个层次。其中主要利益相关者即项目直接参建单位，包括业主、项目管理单位、监理单位、设计单位、总包单位、分包单位、材料供应商、设备供应商、劳务分包单位等。项目交付物建成后需要介入的两大主体是物业管理单位和运营管理单位，为了后期的管理和运营需要，在项目建设期间往往需要提前介入，就项目的规划、设计、建设过程中与后期运营管理相关的问题提出修改意见。但这两个主体与其他直接参建单位有较大区别，并非直接参与项目建设，而是作为业主方在使用期的主体发挥参谋建议作用，因此在模型中将其排列在两个层次之间的位置。次要利益相关者主要包括政府相关主管部门、银行等金融机构、周边居民、项目成员家属、媒体、公众等。项目不同参建单位都有自己各自的组织结构、项目目标、组织文化、组织行为和工作流程，相互之间形成错综复杂的工作流、信息流和物流，因此组织界面也非常复杂。项目利益相关者的集成管理，需要在集成化项目管理信息系统的基础上，通过业主方这一枢纽，建立合作伙伴关系，及时沟通，消除矛盾与冲突，协调一致，通过有效的方法建立有效的临时性一体化组织，实现组织集成。

3. 项目目标集成管理　建设项目的目标集成是强调项目的总体目标和长远目标，而不是局部目标和短期目标实现。从建设项目全生命周期的角度出发，充分考虑项目从决策期到使用期全过程的成本、质量、可持续发展等要求，结合项目利益相关者对项目的各种需求，对项目目标体系进行准确的识别与构建。通过业主方的目标集成管理，使不同目标的冲突尽可能消除，从而在整体上将项目目标体系的实现度做到最大。复杂建设项目的目标包含三个层次：系统目标、子目标和可执行目标，模型中系统目标即为实现项目利益相关者均得到最大程度满意，具体由三角形内各个层次的子目标构成，包括：质量、投资、进度、健康、安全、环境、资源节约、社会经济发展、全生命周期成本等，其中考虑到多数建设项目仍然把项目竣工结算价格作为投资目标的一个重要指标，因此将投资目标和考虑了使用期成本的全生命周期成本目标区分开来。而通过进一步的分解,可将子目标分解为具体可控的可执行目标,如将投资目标分解为每个单位工程、单项工程、分部工程、分项工程的造价控制目标,或者按照合同划分分解为每个标段合同的合同金额执行目标。项目目标的制定与分解,一般需遵循 SMART 原则,即 Specific:清楚地说明要达成目标要求的成果以及实现的程度;Measurable:目标可进行质量和数量的衡量;Achievable:目标具有挑战性但能够实现;Relevant:目标系统各子目标之间具有关联性;Time aimed:目标的实现有明确的时间限制。在项目的决策期和准备期,是项目目标体系形成和分解的主要阶段,通过对项目目标的识别、扩展、解释、量化,逐步将项目目标细分,再与建设期的项目实施控制进行关联,从而达到项目目标与项目管理要素、项目利益相关者、项目生命周期的集成,即目标维与要素维、主体维、时间维的集成。

4. 项目全生命周期的集成管理 复杂建设项目的生命周期往往呈现出时间阶段多、界面不明显等特点。从可行性研究到设计、从设计到招标、从招标到施工、从施工到运行,各个阶段的工作往往各自交错,如施工阶段,仍然可能存在诸多专业深化设计和分包工程招标工作。而进行全生命周期的集成,就要处理好不同阶段的工作界面,采用项目结构分解方法,把项目过程分解为明确的可控的活动,理清不同活动之间的顺序和逻辑关系,合理安排活动顺序,使土建、安装、装修、弱电等各个专业工种有序进行。进行项目全生命周期集成管理,另一个重要任务是考虑全生命周期的成本来作出决策,随着科技发展日新月异,用在建筑项目上的新技术层出不穷,但采用新技术、新工艺往往会在项目建设期增加投资,因此业主方在做出决策时需要采用全生命周期费用集成管理的理念,全生命周期费用集成化管理是从项目的长期经济效益出发,全面考虑项目或系统的规划、设计、建设、购置、安装、运行、维修、更新、改造直至报废的全过程,使全生命周期内的总费用最小(最优)的管理理念和系统方法。

5. 业主方集成化项目管理信息平台 复杂建设项目业主方集成管理体系是一个系统的、整体的管理体系,它的实施需要基于统一的信息平台系统进行沟通以及各种资源的协调配置。由业主方建立统一的集成化项目管理信息平台,其作用类似于整体项目组织的神经系统,目的在于实现项目各利益相关方的信息收发、存储、查询、统计、分析等功能,以现代化信息手段使项目参建单位整合成为一个一体化组织,使业主方在其中发挥主导作用,实现对项目的监督与控制;同时用管理信息平台来汇总项目实时信息,支持对项目进度、质量、投资等的查询、统计和分析功能,实现对项目管理要素的集成;用管理信息系统来整合项目生命周期不同阶段,将项目各阶段的档案资料进行存储和汇总,实现不同阶段不同参与主体之间工作界面的无缝衔接。

3.3 本 章 小 结

本章主要进行复杂建设项目业主方集成管理框架模型的构建,这也是全书的整体理论基础。首先对业主方集成管理内涵进行分析,介绍了集成管理的定义和特征,对业主方在建设项目生命周期内的任务和作用进行了详细的分析，指出了复杂建设项目实施业主方集成管理的适用性。其次进行了全书基础性理论框架的研究，构建了复杂建设项目业主方集成管理框架模型，这一模型由概念模型、实施模型、结构模型三个子模型构成，分别从静态认知角度、动态实施角度、管理操控角度就复杂建设项目业主方实施集成管理进行分析，三个子模型均紧紧围绕概念模型中构建的四个维度——时间维度、要素维度、主体维度、目标维度展开，从维度内部元素以及维度与维度之间的角度分析了业主方集成管理体系应包含的子系统及其相互之间的逻辑关系，从而为后文各章节分别进行深入研究奠定了理论基础。

第4章 复杂建设项目的业主方全生命周期集成

4.1 建设项目业主方的全生命周期过程集成

4.1.1 业主方全生命周期集成分析

1. 从业主方角度分析建设项目的过程关系 复杂建设项目建设过程阶段界限模糊、任务多，且任务之间的制约和影响关系复杂，因此需要业主从项目整体的角度对其进行把握和处理。对不同任务之间的关系进行区分，即顺序搭接关系、平行关系、影响关系。

顺序搭接关系是指各阶段各工作之间互相衔接，形成先后顺序的关系，包括工艺关系和组织关系，生产性工作之间由工艺过程决定的、非生产性工作之间由工作程序决定的先后顺序关系是工艺关系，由于组织安排需要或资源调配需要形成的先后顺序是组织关系。实际施工过程中的先后顺序关系往往是工艺关系，如先进行地下基础施工再进行地上结构施工，先进行水电暖安装再进行建筑内部装饰装修，先进行市政道路管网施工再进行园林绿化工程等。

而工程项目建设审批手续则是典型的组织关系，工程的建设行政许可审批手续，包括可行性研究报告批复、环境影响评价报告批复、地震安全评价批复、用地规划许可证、土地使用权证、建筑工程规划许可证、施工图审查批准书、消防审查批准书、防雷审查批准书、质量监督手续、施工许可证等。这类行政许可审批手续，事件多，内容杂，时间不可控，但是对建设项目的工期影响很大，且审批手续与建设项目的设计与施工之间存在着复杂的工艺关系和组织关系，需要业主方进行科学的把握与处理方能保障项目顺利实施。

平行关系是指两项或多项工作不存在逻辑关系，也没有时间和资源冲突，可以并行进行。复杂建设项目中存在较多的平行作业关系，如项目的规划方案、施工图设计与土地征用、场地三通一平等准备工作可以平行进行，再如项目室内水电暖安装和外幕墙可以平行进行。平行关系的存在是复杂建设项目的进度得以缩短的重要原因。

影响关系指的是建设项目中有些工作之间不存在明显的顺序搭接或平行关系，但彼此之间影响却很大，存在相互制约或促进的影响。如建设资金的筹措对建设项目进度的影响，建设期间物业管理的提前介入和合理化建议对项目交付物运营期间成本的影响等。

从业主方的角度，正确认识和评价复杂建设项目 WBS 分解后各工作之间的过程关系，尤其是决策期、建设期和使用期等生命周期不同阶段跨部门的工作之间过程关系，对于项目业主方全生命周期的集成管理也是非常重要的一项基础性工作。

2. 业主方制定的复杂建设项目全生命周期目标体系 项目目标（project objectives）

是实施项目所要达到的期望结果，即项目所能交付的成果或服务。 项目的实施过程实际就是一种追求预定目标的过程，因此，从一定意义上讲，项目目标应该是被清楚定义，并且可以是最终实现的。项目目标包括：可测量的项目成功标准，如费用、进度、技术和质量目标等。传统的建设项目管理主要以施工阶段为主要对象，关注项目建设期的投资、工期、质量三大目标。在项目可行性研究中的指标体系包括功能指标、经济指标、技术指标、社会指标和生态指标，也可以认为是建设项目的五大目标。目前并没有形成通用的建设项目目标体系，达成共识的是项目目标应从满足投资、工期、质量要求向满足利益相关者的需求转变。因为不同建设项目的技术特点、所处地域、社会影响均不相同，所以其目标体系也应各不相同。从业主方的角度来看，制定全生命周期的建设项目目标体系，应包括如下步骤：

（1）建设项目情况分析。对建设项目的整个环境进行有效分析，包括外部环境、上层组织系统、市场情况、利益相关者、社会经济和政治/法律环境等，重点识别建设项目的各类利益相关者，分析他们对建设项目的需求情况。

（2）建设项目问题界定。对建设项目情况分析后，判断是否存在影响建设项目实施的因素和问题，并对问题分类、界定。分析得出影响建设项目问题产生的原因、背景和界限。

（3）确定建设项目目标因素。根据项目当前问题的分析和定义，确定可能影响项目发展和成败的明确、具体、可量化的目标因素，如项目风险大小、资金成本、项目涉及领域、通货膨胀、回收期等，具体应该体现在项目论证和可行性分析中。

（4）建立建设项目目标体系。通过项目因素，确定项目相关各方面的目标和各层次的目标，并对项目目标的具体内容和重要性进行表述。

（5）各目标的关系确认。哪些是强制性目标，哪些是期望性目标，哪些是生命周期内的阶段性目标，不同的目标之间有哪些联系和矛盾，确认清楚后便于对项目进行整体把握和推进项目的发展。

对复杂建设项目来说，目标体系至少应包括：质量目标、投资目标、工期目标、安全目标、环境目标和可持续发展目标等。其中质量目标要追求建设管理质量、工程质量的统一性，着眼于项目交付物的整体功能、技术标准和安全性等，子目标包括设计质量、施工质量、运营管理质量等；投资目标需要考虑分解为总投资目标、建设投资目标、运营成本目标、社会成本目标、环境成本目标等，子目标包括咨询费用目标、管理成本目标、工程类造价目标、设备材料类成本目标等。无论建设项目目标体系如何，都需要有一定的层次性，即进行目标分解，分清楚目标体系包括哪些子目标，每一个子目标又可以细分为哪些可执行和可考量的目标。对于建设项目全生命周期集成管理来说，需要强调的是在业主全过程控制之下，保证项目目标、组织、过程、责任体系的连续性和整体性。

4.1.2　复杂建设项目业主方全生命周期过程集成

对复杂建设项目来说，由于其往往工期长、参建单位多、工作界面多、技术复杂，因此除了业主之外的大多数参建方，多数不能完整经历项目全生命期内的所有阶段，即使是业主单位，从其内部来看，负责建设期管理与运营期管理的也不会是同一批工作人员。多数建设项目中，参建单位进出和人员调整、调动频繁，造成了项目生命周期各阶段的孤立和分割，决策期和建设期，建设期和运营期存在诸多矛盾，造成很大的弊端。首先是项目缺少真正从全生命周期角度的系统分析，决策阶段的可行性研究报告大多成为过场，很难做到真正把建设期和运营期的成本效益综合整体考虑，也很难建立起真正意义上的全生命周期目标体系。其次是项目生命周期各阶段的任务衔接不畅，工作之间的关系没有进行优化，由于缺乏有效生命周期管理，造成大量的工期拖延。再次是生命周期不同阶段的信息支离破碎，形成许多信息孤岛，项目沟通和干系人管理不够及时、有效，工作中推诿、扯皮现象较多。

要解决建设项目生命周期缺乏整体性、系统性的弊端，就需要建立以业主方为主导的全生命周期过程集成管理模式，即以实现项目全生命周期的目标体系为目的，站在业主方的高度，以系统整体的观点，对复杂建设项目从策划、立项到设计、施工再到验收、运营全过程的各阶段任务，根据不同任务的技术特点、管理特点和内在特点，科学合理安排相互之间的工作搭接以及资源供应，将项目从时间维度上进行集成，实现各个阶段的有效衔接与优化，提升整体的项目管理绩效。

从业主方的角度实现复杂建设项目的全生命周期过程集成，需要将生命周期各个阶段进行有机整合。对于过程集成的模型，本书试用 IDEF 建模技术来实现。IDEF 是 ICAM DEFinition method 的缩写，由美国空军发明，最初是 ICAM（integrated computer aided manufacturing）工程实施中发展的一套结构化分析和设计方法，后来其应用由制造业向其他行业进行了延伸（陈禹六，1999）。目前 IDEF 包括从 IDEF0 到 IDEF14（包括 IDEF1X 在内）共有 16 套方法，每套方法都是通过建模程序来获某个特定类型的信息。其中 IDEF0 用来进行功能建模（function modeling），是用结构化方法描述系统功能的图形模型。对新的系统来说，IDEF0 方法可以描述其功能及需求，从而协助人们开发实现系统功能；对于已有系统，IDFE0 方法可以分析其工作过程，完成系统过程的梳理和优化。

一般认为，在建设项目中有两种工作过程，一种是为了完成项目最终交付物而必需的专业性工作过程，比如建筑物的规划、设计，建筑施工，安装，装修等，另一种是在这些专业性工作的规划和实施过程中的项目管理工作，如计划、指挥、协调、控制、监督等。在专业性工作过程之间，以及专业性工作与项目管理工作之间存在着大量的信息流和物流传递。不同阶段过程都会产生一定的成果，即项目输出。项目输出也分为两种，一种是围绕项目交付物的实体输出，另一种是项目各阶段过程的管理经验、知识等。要想构建复杂建设项目的过程集成模型，就需要对这两种工作过程和输入输出进行全面分析。

对于复杂建设项目，其特点是项目生命周期每一个阶段与后续阶段的工作之间存在一定的交叉和并行，如在决策期间，项目可行性研究报告中就存在项目的规划和初步方案设计内容，在施工期间，还有大量的项目的分包招标及材料设备采购等工作，在施工期和竣工期内，物业管理以及运营部门就可能要介入施工并结合后期管理提出变更需求。但是从理论上来讲，以上交错进行的活动都可以归结到某一阶段之内，因此本书构建的全生命周期过程集成模型仍按照生命周期的五个阶段来进行划分。

1. 决策期 输入内容：法律法规及建设程序、人力资源、功能需求、项目经验和知识、项目资金等；

输出内容：项目文档、立项文件、设计任务书、招标方案、项目经验和知识等。

2. 准备期 输入内容：法律法规及建设程序、人力资源、项目经验和知识、项目资金、项目文档、立项文件、设计任务书、招标方案等；

输出内容：施工图纸、项目合同、场地准备、项目计划、项目经验和知识等。

3. 施工期 输入内容：法律法规及建设程序、人力资源、项目经验和知识、项目资金、项目文档、立项文件、设计任务书、招标方案等；

输出内容：未验收交付物、竣工文档、结算资料、竣工图、项目经验和知识等。

4. 竣工期 输入内容：法律法规及建设程序、人力资源、项目经验和知识、项目资金、未验收交付物、竣工文档、结算资料、竣工图等；

输出内容：验收合格工程、使用培训资料、建筑及设备保修承诺、项目后评价、项目经验和知识等。

5. 使用期 输入内容：法律法规及建设程序、人力资源、项目经验和知识、项目资金、验收合格工程、使用培训资料、建筑及设备保修承诺、项目后评价等；

输出内容：项目废物、项目经验和知识等。

结合上述分析，构建复杂建设项目全生命周期过程集成模型如图4.1所示。

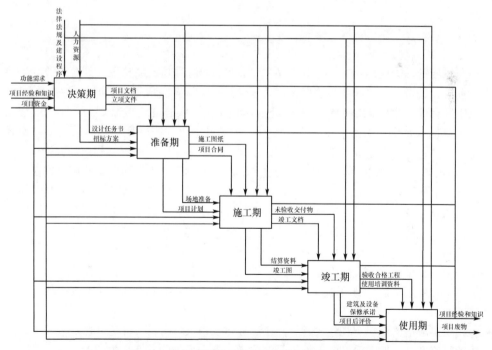

图 4.1 复杂建设项目全生命周期过程集成模型

4.2 复杂建设项目的业主方供应链研究

4.2.1 建设项目供应链

供应链是围绕核心企业,通过对信息流、物流、资金流的控制,从采购原材料开始,制成中间产品以及最终产品,最后由销售网络把产品送到消费者手中的将供应商、制造商、分销商、零售商,直到最终用户连成一个整体的功能网链结构。它不仅是一条连接供应商到用户的物流链、信息链、资金链,而且是一条增值链,物料在供应链上因加工、包装、运输等过程而增加其价值,给相关企业带来收益[①],如图 4.2 所示。

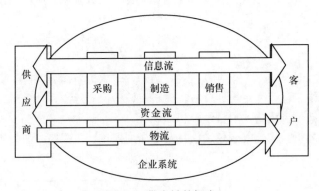

图 4.2　供应链的概念

供应链理论最早诞生于企业商品生产管理领域,是指商品从生产到达消费者手中之前各相关者的连接或业务的衔接,其理念是从消费者的角度,通过企业间的协作,谋求整体最优化,最终将商品生产供应活动形成无缝连接的一体化过程。早期的观点认为供应链是指将采购的原材料和收到的零部件通过生产转换和销售等活动传递到用户的过程,属于企业内部物流过程,主要涉及物料采购、库存、生产和分销过程。20 世纪 90 年代,供应链突破了企业边界,最终用户即消费者的地位被更加重视,被纳入了供应链范围。随着信息技术的不断发展和产品、生产技术的复杂化,当今的企业间关系呈现日趋显著的网络化趋势,因此人们对供应链的认识也由线性的单链结构转向非线性的网链结构,其核心是围绕核心企业,用供应链来串起核心企业与供应商、供应商与供应商等一切向前关系,以及与用户、用户的用户等一切向后的关系,着眼于从全局和整体的角度考虑企业和产品的竞争力,整合上游和下游的全部资源。供应链目前已经从一种运作工具上升为管理方法体系和运营管理的思维模式(马士华,2000)。

用供应链的思想审视建设项目,在工程建设领域,建设项目交付物是建筑产品市场的最终商品,那么项目业主方就是消费者一方,承包商方就是生产者一方。建筑产

---

① 供应链. 百度百科[EB/OL]. http://baike.baidu.com/view/3235.htm.

品属于按订单制作（make-to-order）而不是批量生产，因此建筑产品市场中消费者的主导地位更要大于普通商品中消费者的地位。建设项目供应链就是指通过对物流、信息流、资金流、工作流的控制，将建设项目的业主方和承包商方以及其他利益相关者等连接成一个整体的一种结构的、组织的、协作的工作模式，如图 4.3 所示。

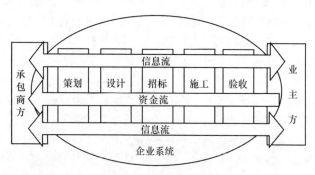

图 4.3 建设项目供应链

关于建设项目供应链，目前多数的研究还是以承包商方为主要研究对象。Edum-Fotwe（2001）从独立的企业层面和建筑产品层面对建筑供应链管理进行了界定。London（1998）认为建设项目供应链的关键因素是承包商与供应商的关系协调。Akintoye（2000）则通过调查总结了信任、高层领导的支持、参建方的利益分配、通畅的信息流、供应的可靠性等供应链关键因素。Dainty（2001）认为缺乏对分包商尤其是小型分包商的信任是供应链联盟中的主要弊病。Palaneeswaran（2001）对通行的如 DBB、DB、BOT 等总承包模式以及供应商的选择问题从供应链角度进行了考察。总体来看，国内外学者对建设项目供应链进行的研究大多关注的是承包商方的施工阶段的协调问题，无论从主体维度还是时间维度来看都不够系统。

本书认为，对于复杂建设项目的供应链来说，其需要承载的职能主要是解决复杂建设项目中参建方众多、缺乏共同目标、生命周期各阶段分割等导致的项目管理绩效低下的问题，由于业主既是投资人，又是最终用户，在项目生命周期中扮演自始至终的角色，而且在所有参建方中处于核心地位，在所有利益相关者中最能够站在建设项目的整体利益层面考虑问题，因此对于供应链的形成与管理应担负其组织责任。

在工程建设领域，供应链思想与集成管理思想在某种程度上有相似之处。供应链强调将建设项目的生命周期各阶段进行整合，也强调将建设项目的各个参建主体从功能上进行整合，其实质就是本书第 3 章中所建的集成管理概念模型中的时间维和主体维；二者都强调跨组织、跨部门的协同合作，都强调信息资源的共享。区别在于，供应链更强调业主方和承包商方之间信息流、资金流、物流的流向，强调建设项目的时间性，而集成管理更强调建设项目作为复杂系统的整体性优化，强调系统内主体、时间、目标和功能的整合，从这一点来看，集成管理思想可以涵盖供应链思想的范畴。而构建建设项目供应链需要有两大技术支柱：协同和集成，协同是两个或两个以上的主体协调一致地共同完成某一个目标的过程或能力，集成在供应链中强调的是各链节之间彼此制约和影响，需要构建跨链节的内在优化机制，从而共同组成一个有机整体完成供应链目标。

4.2.2 复杂建设项目全生命周期业主方供应链

1. 业主方供应链模型构建 目前已经有不少学者对建设项目供应链进行了深入研究，但多数是将总承包商作为核心企业，认为总承包商处于整个建设项目供应链的中心，是各种物流和信息流的集中方，以集成制造商的身份代表其他节点企业来面对业主，有能力协同供应链中下游企业保持共同的客户目标，提高业主满意度。这种供应链在普通建设项目中是可行的，但是当面对建设周期长、专业分工复杂、平行分包项目多、设计需求多变的复杂建设项目时，以总承包商为核心企业的供应链就不能满足项目的需要了，因为多数建设项目中，总承包商发挥角色的时间在项目生命周期中只处于施工期和竣工期，无法以其为核心构建去面对从决策期到运营期的全过程供应链，且总承包商能有效协同的仅限于由其自行分包的部分分包商和材料设备供应商，对于设计、监理、造价咨询、业主方分包商、业主方采购的材料设备供应商等都不具备有效的管理能力。另外承包商作为独立的、有限理性的经济人，其参与项目的主要目标是追求自身利益的最大化，很难从项目整体的角度来系统考虑各方利益的均衡和协调。而且国内许多大型复杂建设项目，往往采用平行招标的方式，根本不存在一个可以作为主导协调者的总承包商，如南京长江第三大桥工程，共分为 40 多个平行标段。因此从复杂建设项目全生命周期的角度考虑，发挥核心企业作用的只能是业主方。而从承包商方的角度建立的建设项目供应链，其范围应包含在业主方建设项目供应链之中，二者侧重点有所不同，实际实施过程中可以相辅相成，共同发挥作用。

作为业主方主导的全生命周期建设项目供应链，应把建设项目生命周期看作交付物的形成过程，尽管建设项目实施过程是一个复杂的多链式形成过程，但从交付物的策划、设计、施工、验收、使用过程来看，有一个遵循着生命周期过程的主链，围绕着这个主链，项目各参建方需持续不断地进行资源和信息的供应，从而使得建设项目交付物的生产得以顺利进行。

从供应链的层次上，复杂建设项目业主方供应链可分为三个层次，分别是业主方、承包商方和其他利益相关方，分别属于主导层、实施层和外围层。主导层是指以业主为核心的业主方所有参建主体，其工作主要是围绕工程项目交付物的产品链提供相应的组织、委托、决策、协调等；实施层是承包商方，主要是指围绕项目交付物的产品供应链直接提供增值活动的各参建方，如设计单位、总承包商、专业分包商、材料供应商、设备供应商等；外围层是指不直接参与项目，与业主方没有建立合同关系，但对建设项目实施具有重要影响的其他实体，如政府、建设主管部门、金融机构、居民等，对外围层的管理需要采取有效的沟通、协调策略来解决。

从项目生命周期的角度来看项目的建设（生产）过程，可以将其交付物形成的过程自开始至结束分为大致如下 14 个阶段：可行性研究、方案设计、施工图设计、专项设计、项目预算、监理和总包招标、专项招标、材料采购、设备采购、项目施工、竣工验收、项目结算、项目后评价、项目运营。每一个阶段分别围绕项目交付物产品实现增值，并分别存在相应的阶段交付物，如可行性研究报告、初步设计方案、施工图纸、专项设计图纸、项目预算书、中标通知书、采购合同、工程实体等，围绕每个阶段的交付物，分别有业主方和承包商方的不同主体参与其中，并通过相互之间的信息流、资金流、物流等来实现阶段交付物的及时供应，而业主方和承包商方之外的其他利益相关方对供应链的支持则主要通过与业主之间的信息流、资金流来间接实现。基于以上分析，构建如图 4.4 所示的复杂建设项目全生命周期业主方供应链模型。

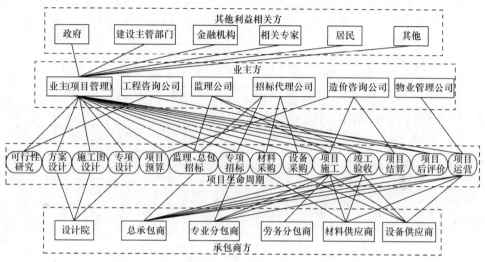

图 4.4　复杂建设项目全生命周期业主方供应链模型

从图 4.4 可以看出，无论在哪个链节，无论每个链节的成员有多少数量，业主方始终处于一个核心的主导位置。其核心主导位置主要体现在三个方面：一是业主方是整个建设项目供应链的信息交换中心，所有的需求信息都要汇总在业主方，然后再向其他供应链成员流动；二是业主方是供应链上资金流的调度中心，业主方是建设项目的出资方，资金流对供应链的高效运转起到决定性作用；三是业主方是供应链上物流的监控中心，物流在建设项目供应链中并非全部由业主方直接控制，但其是否及时流动确保工程施工，则主要依赖于业主方的资金流以及合同关系。整体来说，就是通过业主方的供应链管理，以信息流、资金流、物流为纽带，将全生命周期内所有参建单位所担负的项目职能集成，满足项目建设的进度、质量、投资等目标需求。

根据各个链节所对应的项目参建单位的数量，以及链节之间的逻辑关系和紧密程度，可将 14 个链节分为 8 个阶段，对应每个阶段，详细分析其参建单位之间的信息流、资金流、物流的关联，如图 4.5 所示。从图中也可以看出，对于每一个阶段，业主和其他业主方单位都处于链节的核心位置。

该模型可以表示出业主方供应链的全生命周期运行模式，但供应链中所有成员如何能够有效集成，实现集成效应中的 1+1>2，成为一条运转良好、高效的供应链，还需要对业主方如何对其他参建方和利益相关方进行有效集成进行进一步分析。

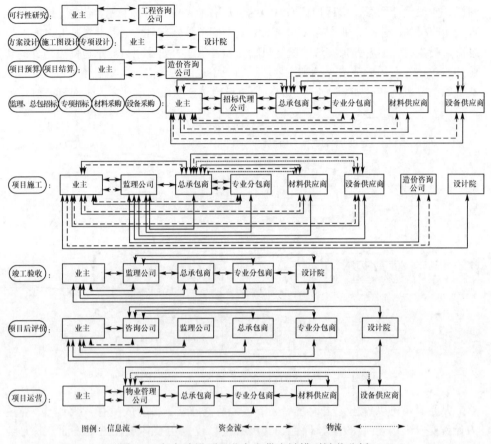

图 4.5 复杂建设项目业主方供应链模型链节分析

在传统的工程项目管理中，供应链上存在合同关系的各参建单位之间是一种零和博弈的关系，一方的获益就是另一方的损失，比如业主和承包商之间，业主的利益多争取一些，承包商的盈利就少一些。然而这种认知已经很难适应现代复杂建设项目的管理需要。目前业界已经普遍意识到要想使项目成功推进，就必须使参建各方的关系由"利益对抗"的零和博弈变为"相互合作"的非零和博弈，共同实现项目目标。作为供应链的主导方，业主方的工作除了设计供应链结构外，还应向所有参建方传达供应链的管理思想，即基于"互利共赢"的理念，注重培养参建方之间的长期、共赢合作关系，注重项目整体的绩效改善和各方价值的优化，节约交易成本，降低材料设备采购、库存成本，提高资源共享利用率，减少工程窝工、返工，减少索赔，降低项目成本，提高项目质量，缩短工期，从而使项目业主价值最大化。业主方主要可采用Partnering 合作伙伴模式对供应链成员的有效协作进行管理，这将在下一章的组织集成管理中进行探讨。

2. 业主方供应链的特点 比较本书建立的复杂建设项目业主方供应链与传统的以总承包商为主的供应链，两者之间存在如下不同：

一是核心组织不同。传统的建设项目供应链往往以总承包商为核心，业主在项目管理中则被边缘化了；复杂建设项目业主方供应链强调始终以业主方为核心组织，通过业主方来直接或间接组织项目的资金流、信息流和物流的流动。

二是供应链长度不同。传统的以总承包商为核心的供应链，只能在项目施工期间建立，仅将分包商、材料供应商、设备供应商等纳入供应链范围来进行管理；而业主方供应链则真正实现了项目全生命周期的供应链管理，将咨询、设计、物业管理等全部纳入管理范畴，使得项目建设的全生命周期优化成为可能。

三是供应链成员单位的合作关系不同。传统的以承包商为核心的供应链中，工程分包商、材料供应商、设备供应商围绕总承包商进行服务，受业主方控制的力度小，而设计单位与总承包商没有合同关系，很难纳入其管理和控制的范围之内；但对于复杂建设项目来说，往往存在诸多由业主方进行平行分包的项目，从项目全生命周期角度来说，论证期、立项期、运营期需要集成，业主方供应链更适合将所有参建单位进行集成，建立完整的项目建设的战略合作伙伴联盟，实现整个生命周期内供应链范围内的项目利益最大化。

四是信息沟通效率不同。业主是建设项目的投资方和使用方，传统的以总承包商为核心的供应链无法满足业主方决策的信息需求，导致项目实施过程中信息内耗成本较高；业主方的供应链，几乎所有的信息流都要在业主方那里进行汇总，辅以网络化的信息平台作为沟通工具，则每个供应链成员都可以在信息平台上获得用户账号和权限，从而能够第一时间获取相关信息，得到业主方相关指令，并及时进行行为调整，从而整体上提高项目建设的效率。

3. 业主方供应链的实现 要实现有效的业主方供应链管理，关键是要以业主方为核心，整合建设项目实施过程中从决策期至使用期各个阶段的各个环节，在实现业主方内部的业务流程的重构与集成后，着手建立供应链上各企业之间的协作，将业主方内部的业务流程同建立、执行 Partnering 关系的合作伙伴的业务流程有机地进行关联，从而实现共享有关信息、提高沟通效率，提高业主方决策的准确性，提高承包商方工作的快捷性。

要想使复杂建设项目的管理由传统的条块分割、各自为政的全生命周期管理向集成化的业主方供应链管理模式进行转变，需要经过以下四个阶段：

（1）前期准备。业主方需在项目决策期和准备期，根据项目的建设规模、建设内容、工期安排、承包商方选择等内容进行整体部署与规划，如图 4.5 所示，分清每一个工作环节的参建单位包含哪些，其相互之间的合作关系怎样，信息流、资金流、物流的内容及流向为何等，列出详细的供应链工作计划。

（2）职能集成。职能集成针对参与各工作环节的部分参建单位之间形成的组织之间的物流、信息流、资金流，围绕该工作环节的任务和交付性成果，对这一部分参建单位之间的工作进行流程构建，即图 4.5 中下半部分每一行所对应的供应链。

（3）内部供应链集成。指的是业主方和承包商方共同形成的建设项目集成化供应链，内部供应链集成实现的基础是现代信息技术和项目管理平台，利用信息集成手段，使得围绕建设项目全生命周期的各个阶段的工作任务，包括业主方业务流程、承包商方业务流程均包含在内，实现项目整体的资源优化和资金、物资、人力等资源供应及时、准确，以最低成本和最快速度、最优质量完成建设任务。传统上的以总承包商为主的供应链内容可以集成在这一阶段之中。

（4）外部供应链集成。外部供应链指的是图 4.5 中最上方的其他利益相关方在与业主方的联系基础上实现集成化的供应链。对于复杂建设项目来说，仅靠项目的直接参建方往往在资金、技术、经验、知识、能力等各方面都无法完全满足项目内在需求，因此需要以业主方为核心就如何通过项目供应链来整合项目其他利益相关方，并制定相关的沟通型组织集成计划，实现项目外部对供应链的资金、知识等方面的资源支持。

4.3　复杂建设项目业主方业务流程重构

4.3.1　业务流程再造理论

对于建设项目的交付物来说，业主方从事的是间接工作，而承包商方从事的是直接工作，但间接工作和直接工作同样重要。业主方在生命周期内的最重要工作本身就是对项目参建方的集成工作，且贯穿项目生命周期的始终。建设项目管理中具体工作纷繁复杂，千头万绪，如何根据业主方工作规律以及项目实施流程为导向，建立规范化的业主方业务流程，从而有效提高业主方项目管理者的工作效率，业务流程再造理论给出了一个具有重要意义的解决思路。

业务流程再造（business process reengineering，BPR），是 20 世纪 80 年代末至 90 年代初最先由美国著名管理学家 Hammer（1990）提出的。业务流程再造的思想是面向信息时代，坚持以市场和客户为导向，以流程为核心，通过对传统企业业务流程进行根本性重新思考和彻底的重新设计，以实现企业的各项关键性的显著改善，进而实现企业整体绩效，包括成本、质量、服务和效率等方面的显著提高。Hammer 博士提出的业务流程再造主要是针对企业管理而言的，但是对于项目管理，其基本思想依然适用。

业务流程的优化是通过活动的集成来实现。集成的前提是简化、综合、协调、统一，也就是将不必要的和无效的活动进行删减，将重叠交互的活动进行整合和合并，从而减少活动的种类和数量，保证活动之间的有机结合和实施的流畅性。

从项目管理的角度来看，项目的业务流程再造的研究对象是项目的业务流程，目的是从根本上打破传统职能分工理论的基础，通过对项目中业务流程发生、发展和终结过程的考察，描述、分析、分解整个业务流程，重构与业务流程相匹配的项目运行机制和项目组织结构，实现对项目全生命周期的有效管理和控制，使整个项目管理从整体上真正着眼于流程的结果，消除传统项目管理中分解后缺乏整体性，只注重单一环节而缺乏全生命周期和全流程的观念的弊端。

目前有关流程再造的实施方法多种多样，比较通用的是如图 4.6 所示的流程再造实施的流程（芮明杰等，1997）。该流程包括四个阶段：①准备阶段，主要任务是业务流程再造工作组成立和人员配备，确立流程再造的目标和计划等；②诊断分析与重构阶段，主要任务是对现有流程进行诊断分析，以确定流程改造的对象，对该流程的需求进行识别与描述并设计新流程方案；③新流程的实施阶段，主要任务是对新设计的流程备选方案进行评估和优选，确定最佳方案后开始实施；④收尾阶段，主要是对已经实施的流程进行评价，确定流程再造的结果是否满意，如果满意则流程再造结束，如果不满意则需返回前面某一个阶段重新执行。

4.3.2　复杂建设项目的业主方业务流程重构

对于建设项目来说，其管理难度随着项目复杂程度提高而加大。业主方的建设项目管理，从时间维度和管理对象的空间维度，都要广丁承包商方的项目管理。而且两者之间的侧重点有所不同，比如承包商方项目管理中非常重要的安全管理、健康管理、环境管理、资源管理等，在资金到位和监理认真负责的前提下，在业主方那里反而不是工作重心，在 4.3.1 节的供应链分析中，这些往往属于承包商方内部供应链的范畴。

目前很多复杂建设项目中都不同程度存在项目进度失控、投资超限、招标采购不及时等现象，严重影响了项目顺利进行。究其原因，主要是由项目业主方的工作流程模糊、工作内容零乱、工作效率低下等造成的。一些学习过现代项目管理知识体系的建设项目业主遵循的仍是通用的项目管理流程，如图 4.7 所示。但这种流程只是一个通用性的模板，并没有考虑建设项目的复杂性和业主方工作的特点，往往造成很多建设项目业主方工作被动、疲于应对，导致项目失控。复杂建设项目中的管理工作烦琐而多变，然而如果细致梳理，仍然可以构建具有一定通用意义的标准化业务流程，从而将项目的一次性特点和运作的规范化特点集成起来，使业主方尤其是决策者摆脱繁重的具体事务困扰。因此，有必要研究复杂建设项目中业主方工作的内容和特点，进行业主方业务流程重构。

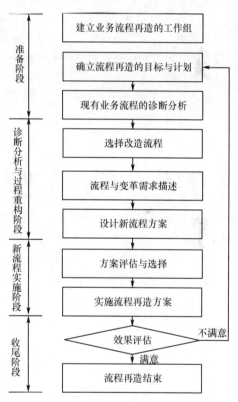

图 4.6　流程再造工作的流程图

以前文所构建的业主方全生命周期供应链模型分析，项目生命周期主要的 14 项任务中，可分为两大类别，一类是以生命周期图示上方的业主、咨询公司、监理公司、招标代理、造价咨询等业主方中的一个或数个为主完成的，如可行性研究、项目预算、项目招标采购等；还有一类是以生命周期图示下方的设计院、承包商、分包商、供应商等中的一个或数个为主完成的，如项目设计、项目施工等。由此可将业主方的工作分为两个类别：一类是业主方为主自

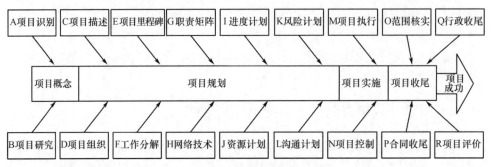

图 4.7 项目管理的通用流程

行完成的工作，属于业主方内部工作；另一类是业主方来安排、监控、督导承包商方来完成的工作，属于业主方委托承包商方完成的工作。进行业主方业务流程重构，重点要分析业主方自行完成的工作和业主方对承包商方的选择以及监控。业主方的业务流程重构本身也是对业主方供应链的实现过程，通过规范化流程将建设项目所需要的信息流、物流和资金流整合到项目各阶段所对应的工作中去。业主方业务流程重构可分两个步骤，第一步首先根据建设项目管理的逻辑顺序构建以项目管理方法工具为核心的业主方标准化方法流程；第二步再根据业主方在项目全生命周期内的工作内容和PDCA 原理进行业主方业务流程重构。

1. 业主方标准化方法流程 进行复杂建设项目业主方全生命周期的业务流程重构，首先要从业主方的角度分析建设项目的内在逻辑，这也是进行业主方全生命周期集成管理的基础。要想实现复杂建设项目的全生命周期集成，就必须对不同参建方在项目中的工作对象和工作内容一致性进行整合，构建各方均共同遵守的分解结构和编码体系标准，使其成为参建各方在项目全生命周期内进行信息交流和沟通的共同基础。从业主方的角度，这个问题的解决涉及支付物分解结构（deliverable breakdown structure，DBS）、WBS、ConBS、RAM、OBS、CBS 等方法工具，需要做的工作如图 4.8 所示。

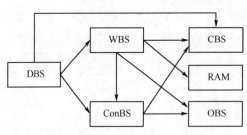

图 4.8 复杂建设项目业主方工作内在逻辑

要分析图 4.8 中以对象分解技术为核心的方法工具群，其相互之间的内在逻辑与业主方工作有何种对应关系，则需要从业主方的管理需求出发，根据业主方工作最本质的内容和建设项目的内在逻辑关系进行梳理后进行。为此，重点要解决如下七个问题，这七个问题是任何建设项目的业主方都需要面对的基本问题，需要借助于现代项目管理方法和工具，一步一步进行落实。

1）项目交付物的构成问题

第一个问题实际上是项目范围管理的问题。传统上认为项目范围是指实现项目目标所必需且仅需完成的工作。一般确定项目范围所需的工具即 WBS，但 WBS 方法在实际实践中却往往给项目管理者带来一定困扰，因为多数人进行分解时，分解对象不仅包括工作任务，还包括项目实体对象，在复杂建设项目中，二者混淆在一起，往往出现一些交叉和重复。而实际应该进行的第一步分解应该是针对项目可交付物实体，对项目可交付物实体的分解结构，乐云（2010）用项目分解结构（project breakdown structure，PBS）表示。然而 PBS 这一名称仍有一定歧义，项目（project）是在一定约束条件下具有明确目标的一次性任务，往往是指人的活动而言，尽管提出 PBS 是为了与 WBS 区分开来，但是项目和工作的通用含义并不能保证人们的正确理解。因此，本书采用交付物分解结构（deliverable breakdown structure，DBS）这一名词。DBS 是 WBS 的前提，WBS 是在 DBS 的基础上，围绕每一项可交付成果的分解内容进行所需要工作的进一步分解。DBS 分解时，需要注意到根据业主方工作的特点来进行，业主方项目管理的最大特点是通过承包商方从事建设项目交付物的具体工作，因此需要采用"黑箱"理论来理解业主方对项目分解的层次深度。所谓"黑箱"，就是指那些既不能打开，又不能从外部直接观察其内部状态的系统，黑箱方法从综合的角度为人们提供了一条认识事物的重要途径，尤其对某些内部结构比较复杂的系统。对于业主方来说，DBS 分解只分解到在业主方的规划、设计、招标、采购、管理过程中需要控制到的层次即可。

2）围绕项目交付物的工作安排问题

在确定了复杂建设项目的 DBS 之后，接下来就需要针对 DBS 分解后的交付物来确定 WBS。即围绕项目整体交付物需要做哪些工作，如规划设计、方案审批、图纸审查、前期报建等，围绕每一个具体分解后的项目需要做哪些工作，如 DBS 分解中有电梯工程，则围绕电梯工程的 WBS 则有电梯技术要求提出、电梯招标文件编写、电梯招标公告发布、评标、定标、签订合同、组织实施等。所以项目 WBS 分解的内容往往要比 DBS 多很多。复杂建设项目周期比较长，因此在进行分解时需要考虑项目生命周期内的变化因素，很难从一开始就进行全面完成的 WBS 分解，对 WBS 分解应在项目生命周期内持续不断进行，根据远粗近细的原则来滚动进行。

3）项目工作的责任落实问题

在根据 DBS 确定 WBS 之后，就需要对每一项工作来落实分工，这一部分包括两项内容：一是由业主方自行完成的工作任务，二是由承包商方来完成的工作任务，分别对应两项项目管理工具，即责任分配矩阵（responsibility assignment matrix，RAM）和合同分解结构。

责任分配矩阵主要解决一个组织内部的工作分工问题，用来对项目团队成员进行分工，明确其角色与职责的有效工具，通过这样的关系矩阵，项目团队每个成员的角色，也就是谁做什么，以及他们的职责，也就是谁决定什么，得到了直观的反映。项目的每个具体任务都能落实到参与项目的团队成员身上，以确保在项目中事有人做，人有事干，如表 4.1 所示。业主方项目负责人应根据 WBS 工作分解，对无论是由业主方自行完成还是由承包商方完成的每一项工作都落实相应的业主方项目团队责任人。RAM 的制定频率应与 WBS 一致起来，每修订一次 WBS，都要重新进行 RAM 的修订。

表 4.1 某建设项目的 RAM（局部）

WBS	项目	A	B	C	D	E	F	G	H	I
1.1	地下车库后勤楼图纸会审		○				△	◆		
1.2	内装图纸会审		○		◆		△			
1.3	门诊楼幕墙风口优化设计		○		◆		△			
1.4	口腔门诊设计	○	◆				△			
1.5	手术室、吊塔对接调整			○	◆					
1.6	医疗街中央景观区设计		○				◆			
1.7	门诊楼一层取药窗口分配	○					◆		△	△
1.8	结构加固方案							◆		
1.9	门诊楼水箱间调整设计		○					◆		
1.10	变配电室强电设计出图		○		◆					
1.11	市政景观绿化设计		○			◆				
1.12	中心供应室设计修改深化		○		◆					

注：○：审批 ◆：负责 △：协助

合同分解结构主要解决项目的标段划分问题。合同分解结构主要依据项目的 DBS 来进行。随着科学技术的进步和社会分工的逐步细化，在复杂建设项目中工程整体性的要求和专业化分工的现状之间的矛盾越来越突出，复杂建设项目由于涉及专业多、项目结构复杂，表现得更为明显。因此，对应 DBS 来逐项分析，确定合同标段，并且针对建设项目分解后的工作界面在进行合同分解结构时确定每一个合同段的施工内容是合同分解结构工作的重点内容。

4）项目组织的构建问题

在确定了责任分配矩阵和合同分解结构之后，就需要进行项目组织结构的构建。复杂建设项目参建方众多，项目组织是一个典型的跨组织、跨部门的临时性组织，各参建单位之间主要靠合同关系来联系，但合同关系主要是指与业主或总承包单位，而事实上不存在合同关系的单位相互之间也存在着大量的沟通、协调、合作任务。因此对于这样的复杂建设项目来说，传统的职能式、项目式或矩阵式组织结构已经不能够满足建设管理的需求。建立跨地域的虚拟组织，明确各方指责和指令关系，发挥组织所有成员单位的最大合力成为共识。

组织结构分解即通过构建合理的组织结构，明确项目参建单位合作关系的重要过程。进行组织结构分界主要需要考虑组织差异性。组织差异性包括横向差异、纵向差异和空间分布差异三个方面。横向差异指的是组织内不同单位、部门的个体成员之间的专业技术水平、工作能力、教育和培训的背景、工作内容等方面的差异，以及由此产生的不同参建单位之间的差异。复杂建设项目往往涉及的领域非常广泛，如土建、结构、安装、强电、弱电、通风、市政、环保、空调等专业，还包括政府主管部门、行业主管部门、建设相关审批部门等，跨部门、跨组织、跨职能的现象普遍，从而使得建设项目的组织复杂性增加。纵向差异指的是组织结构中的管理层次和各层次之间的区别。项目组织的管理层次与一个常态组织的管理层次不同，除了每一个部门或单位内部的管理层次外，还存在各个参建主体之间的管理层次，而这种管理层次又不仅仅以上下级之间的指令链来联系，包括合同关系和非合同关系，各参建主体之间还往往有各种物流、信息流和知识流的交流与传递。参建主体越多，管理层次越多，组织复杂性越高。空间分布差异主要是指组织内各参建主体的工作、沟通、协调在地域分布上的差异，地域分布越广，沟通和协调的难度就越大，组织复杂性也就越高。

　　5）项目的费用分解问题

　　在确定 DBS 和 WBS 之后就需要进行费用分解结构工作，即确定每一个分解的项目交付物的工程造价以及每一项工程服务的费用。如图 4.9 所示。费用分解结构的明确也需要一个较长的过程，从项目一开始的投资估算，到施工图预算，到每一个标段招标后的中标价，再到合同总价，再到最后的竣工结算价格，是一个逐步细化和逐步准确的过程。而业主方的 CBS 则需要在其中每一个阶段都要进行，作为项目资金需求计划的主要依据之一，CBS 的制定过程中每一步细化都要对投资总额进行加总核算，这对于投资控制非常重要。

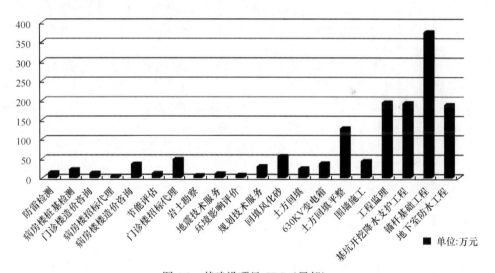

图 4.9　某建设项目 CBS（局部）

　　6）项目的进度安排问题

　　这一流程主要解决项目的进度计划问题。时间是一个最缺乏灵活性的变量，无论项目进展如何，时间总会过去，但时间又是最易于测量的变量，用时间来衡量项目的完成情况很容易做到精确计划、精确考核。在进度管理中常用的项目管理工具包括甘特图、网络图、关键路径法（critical path method，CPM）以及计划评审技术等。其中最常用、最便于理解的是甘特图，但基于业主方控制项目整体进度的要求，必须识别项目关键路径，因此选择关键路径法作为这个问题的解决方法。关键路径法是一种基于数学计算的项目计划管理方法，是网络图计划方法的一种，属于肯定型的网络图。关键路径法将项目分解成多个独立的活动并确定每个活动的工期，然后用逻辑关系将活动连接，从而能够计算项目的工期、各个活动时间参数等。复杂建设项目管理工作千头万绪，许多业主方管理人员都感觉项目实施期间工期压力最大，但面对纷繁复杂的工作任务，如何来确保整体项目的进度目标实现，则需要分清楚哪些工作处于关键路径，哪些工作存在一定机动时间，如此方能合理调配资源、安排不同时期的工作侧重点。

7）项目的资金支付问题

在进度计划之后，在活动上加载资源后，还能够对项目的资源需求和分配进行分析。对于复杂建设项目业主方来说，掌控的最重要的资源自然是资金资源。复杂建设项目往往投资额巨大，但资金压力是业主面临的重要问题，许多业主都需要通过贷款、融资等多种方式来解决。因此，如何有效筹集资金，既能满足项目建设的需要，又能尽量降低资金的时间成本，是所有业主方都需要认真研究的。解决这个问题的办法，只有做出尽量精确的资金需求计划（cost distribute plan，CDP）。资金需求计划需要由各参建单位结合自身合同标段的总造价、详细的进度计划以及合同付款比例来分别制定并上报，由业主方进行汇总累加得到。由于多数复杂建设项目都是随着项目建设的进行来安排招标采购工作，对于未确定实施单位的标段，则需要由业主方根据市场调研和专家经验落实相应的资金使用计划。图 4.10 所示为某建设项目 2013 年全年的资金需求计划。

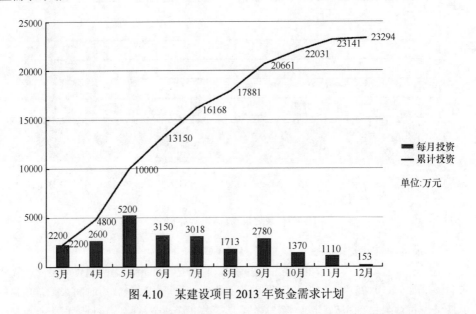

图 4.10　某建设项目 2013 年资金需求计划

通过以上对复杂建设项目的业主方最需要考虑和研究的七个问题的解析，由这七个问题的逐步解决，形成了复杂建设项目的业主方项目管理的标准化方法流程，即 DBS-WBS-RAM 和 ConBS-OBS-CBS-CPM-CDP。

2. 业主方业务流程重构　标准化方法流程从项目管理的内在逻辑上给出了一个通用的线状流程，在复杂建设项目实践中，还需在此基础上，结合 PDCA 循环原理，进一步将业主方的全面工作进行分类整合，进行系统的复杂建设项目业主方业务流程重构，重构过程也是对标准化方法流程中的方法工具进行内在整合的过程。

1）业主方任务工作流程

业主方整个流程以交付物分解结构为起点，在 DBS 分解成果的基础上制定总体 WBS 以及合同分解结构。然而对于一个复杂建设项目来说，无论 WBS 工作做得再细致也很难用来指导项目全生命周期内每一天的具体工作，因此还需要在总体 WBS 的基础上，根据每一阶段的具体任务安排进行滚动 WBS 工作分解，根据项目复杂程度的不同和任务更新的频率，可以以月为单位也可以周为单位，每一轮的滚动 WBS 都是在上一轮的基础上进行增删而得到，并结合滚动 WBS 编制责任矩阵以及进度计划，将任务与责任人及完成期限挂钩，并以此作为业主方内部部门、人员的工作安排、考核的重要工具。

2）业主方采购工作流程

DBS 的另一个衍生成果即为合同分解结构，也就是合同策划，合同策划主要解决复杂建设项目由业主方平行分包的标段划分问题，包括项目应分解成几个独立合同及每个合同的工程范围，招标采购的进度计划，采用何种委托方式和承包方式，合同的种类、形式和条件，合同的重要条款，合同签订和实施时重大问题的决策，各个合同的内容、组织、技术、时间上的协调等内容。业主方采购工作流程中以招标、评标、定标工作为核心内容，其关键是合理的标段划分及规范的招标采购程序。对应每一次业主方的项目采购，无论是工程、服务，还是设备、材料，其采购结束的标志是合同签订。

3）业主方计划工作流程

每一次合同签订都是业主方计划工作流程的一次开始。对应每一个子项目，其计划流程是根据进场条件确定进场日期，制定进度计划，并结合合同付款条件制定资金需求计划。而业主方则需要根据各项目的进度计划汇总而成项目整体的进度计划，根据各项目的资金需求计划制定项目整体的资金需求计划。

4）业主方监控工作流程

在项目合同开始执行后，业主方进入监控工作流程。对于承包商方进场之后，需要监控的内容很多，如质量、进度、费用、安全、HSE（健康、安全、环境）等，但其中最核心的仍是质量、进度和费用，但质量相对来说属于一个由各种质量规范和验收标准强行规定的硬性指标，且在我国现行建设管理体制下，质量可以主要依靠监理单位进行监控，其管理具有相对独立性。业主对项目的关注点主要集中在进度和投资，因此在业主方监控工作流程中，重点是根据总体进度计划和资金需求计划，分别核对实际进度执行情况和资金拨付情况，及时发现问题进行进度纠偏和投资控制。

综上分析，构建复杂建设项目业主方业务流程如图 4.11 所示。

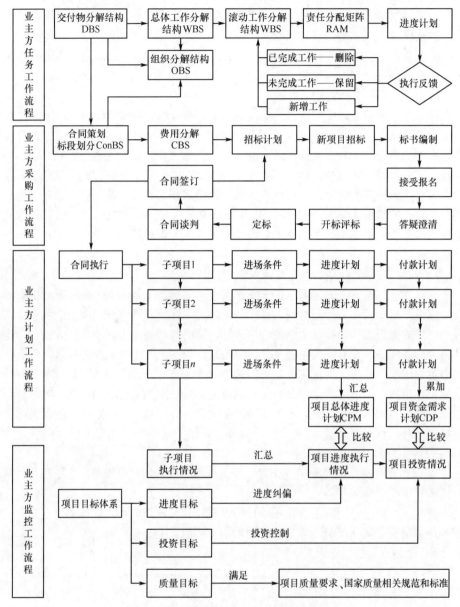

图 4.11　复杂建设项目业主方业务流程重构

　　在实际项目实施过程中，以上四个工作流程是相互交错进行的，业主方任务工作流程主要解决业主方内部各部门和人员之间工作安排的问题，业主方采购-计划-监控工作流则将对承包商方的选择、计划、实施环节集成到业主方的工作流程中来，从而从整体上重构了复杂建设项目全生命周期内业主方的业务流程。

　　通过对业主方工作内容、性质的分析，重构了这样一个集成了项目管理相关工具、方法的流程，使得业主方在项目全生命周期内对项目的交付物范围、工作范围、合同标段划分、工作责任、组织结构、成本结构有一个系统性的把握和掌控，从而在整合参建方进行项目集成管理过程中，能够形成统一的项目管理理念和项目管理工作对象，构建通用的项目管理方法和语言，提升参建方对建设项目的认知度和执行力。当然在实际项目中，业主方对以上的标准化流程不能机械照搬，必须灵活运用，根据项目情况随时进行动态调整。

4.4　基于 ANN 的复杂建设项目的业主方业务流程重构绩效评价

对于本书所构建的复杂建设项目业主方业务流程，其实施绩效如何，最终需要项目实践来检验。对业主方业务流程重构绩效的正确评价，一方面能够对项目业主方业务流程的标准化、规范化程度和由此带来的绩效提升做出总体评判，另一方面也可根据评价结果使得业主方能够对业务流程进行改进和优化，以实现项目业主方工作的持续优化和改进。因此，研究如何进行复杂建设项目的业主方业务流程重构评价非常重要。

由于复杂建设项目中业主方各项工作的内在关联性，业务流程重构后的业主方工作绩效是由多种因素综合作用的结果，工作各环节之间存在着相互影响，很难用一个函数明确地将各种影响因素与结果的关系表示出来，是一个典型的非线性系统。要想真实进行业务流程重构评价，就必须有效解决评价过程中的动态及非线性问题。因此，需要一种综合评价方法，既能充分考虑评价专家的经验和直觉思维的影响，又能降低评价过程中人为的不确定性因素。本书应用在解决非线性系统问题上具有独特优势的人工神经网络（artificial neural network，ANN）来进行业主方业务流程重构评价。

4.4.1　ANN 模型的构建

1. ANN 模型的结构设计　目前已经有很多种 ANN 的算法模型，其中应用最广泛的是多层 ANN。多层 ANN 采用的是误差逆传播（error back propagation）学习算法，简称为 BP 人工神经网络（BP-ANN）。BP 算法是 ANN 中一种比较典型的学习算法，其主要结构包括：一个输入层，一个输出层，一个或多个隐含层，各层由若干个神经元（节点）构成，每一个节点的输出值由输入值、作用函数和阈值共同决定。

本书采用三层结构的 ANN，隐含层为 1 层，建立如图 4.12 所示的 BP-ANN 模型。

该模型有三层神经元组成：输入层、隐含层和输出层，不同层之间的神经元采用全互联方式，同一层的神经元之间不存在互相连接。输入层为经过标准化处理的项目各评价指标值；输出层只有一个神经元，即业主方业务流程重构评价结果，它是一个介于 0～1 的无量纲的定量化指标；而隐含层的节点数的确定原则是在满足精度要求的前提下取尽可能少的节点数，一般可根据经验公式来确定，此处采用公式（4.1）（周开利，2005）

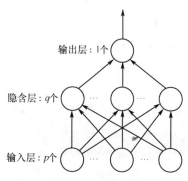

图 4.12　BP-ANN 评价模型

来选取隐含层节点数。在编程实现时分别选取高、中、低 3 个不同数值来观察网络性能，当网络的评价误差最小时，网络中间层的神经元数目就是最佳值。

$$S = \sqrt{m+n} + a \qquad 1 \leqslant a \leqslant 10 \tag{4.1}$$

其中 S 为隐含层节点数，m 为输入层节点数，n 为输出层节点数。

2. 模型的学习 BP 神经网络的学习包括信息正向传播和误差反向传播两个过程，在正向传播过程中，输入信息从输入层经隐含层传到输出层，经作用函数运算后得到输出值与期望值比较，若有误差，则误差反向传播，沿原先的连接通路返回，通过逐层修改各层神经元的权值，减少误差，如此循环直到输出的结果符合精度要求为止（徐广姝，2006）。具体算法如下[①]：

（1）初始化。给每个连接权值 w_{ij}、v_{jt}、阈值 θ_j 与 γ_t 赋予区间（−1，1）内的随机值。其中 w_{ij} 是输入层至隐含层的连接权，v_{jt} 是隐含层之输出层的连接权。神经元在获得网络输入后，应该给出适当的输出。按照生物神经元的特性，每个神经元有一个阈值，当该神经元所获得的输入信号的累积效果超过阈值时，它就处于激活态；否则处于抑制态。θ_j 是隐含层各单元的输出阈值，γ_t 是输出层各单元的输出阈值。

（2）随机选取一组输入 $P_k = (a_1^k, a_2^k, \cdots, a_n^k)$ 和目标样本 $T_k = (s_1^k, s_2^k, \cdots, s_p^k)$、提供给网络。

（3）用输入样本 $P_k = (a_1^k, a_2^k, \cdots, a_n^k)$、连接权 w_{ij} 和阈值 θ_j 计算隐含层各单元的输入 s_j，然后用 s_j 通过传递函数计算隐含层各单元的输出 b_j。

$$e_j^k = \left[\sum_{i=1}^q d_t \cdot v_{jt} \right] b_j(1-b_j) \tag{4.2}$$

$$b_j = f(s_j) \qquad j=1, 2, \cdots, p \tag{4.3}$$

f 表示激活函数。为了使系统有更宽的适用面，希望人工神经元有一个更一般的变换函数，用来执行对该神经元所获得的网络输入的变化，即激活函数。BP 网络的激活函数要求必须是可微的，典型的激活函数有线性（linear）函数[如 $f(net) = k \times net + c$]、s 型（sigmoid）函数、非线性斜面函数、阶跃函数等。其中应用最多的是 sigmoid 函数

$$f(x) = \frac{1}{1+e^{-x}} \tag{4.4}$$

（4）利用隐含层的输出 b_j、连接权 v_{jt} 和阈值 γ_t 计算输出层各单元的输入 L_t，然后利用通过激活函数计算输出层各单元的响应 C_t。

$$L_j = \sum_{j=1}^t v_{ij}b_j - \gamma_j \qquad t=1,2,\cdots,q \tag{4.5}$$

$$C_t = f(L_t) \quad t=1, 2, \cdots, q \tag{4.6}$$

（5）利用网络目标向量 $T_k = (y_1^k, y_2^k, \cdots, y_q^k)$，网络的实际输出 C_t，计算输出层的各单元一般化误差 d_t^k。

---

① 飞思科技产品研发中心. 神经网络理论与 MATLAB7 实现[M]. 北京：电子工业出版社，2006.

$$d_t^k = （y_t^k - C_t）\cdot C_t（1 - C_t）\quad t=1,\ 2,\ \cdots,\ q \tag{4.7}$$

（6）利用连接权 v_{jt}，输出层的一般化误差 d_t 和隐含层的输出 b_j 计算隐含层的各单元一般化误差 e_j^k。

$$e_j^k = \left[\sum_{t=1}^{q} d_t \cdot v_{jt}\right] b_j(1 - b_j) \tag{4.8}$$

（7）利用输出层各单元的一般化误差 d_t^k 与隐含层各单元的输出 b_j 来修正连接权 v_{jt} 和阈值 γ_t。

$$v_{jt}（N+1）= v_{ij}（N）+ \alpha d_t^k b_j \tag{4.9}$$

$$\gamma_j（N+1）= \gamma_j（N）+ \alpha d_t^k \tag{4.10}$$

$$t=1,\ 2,\ \cdots,\ q,\ j=1,\ 2,\ \cdots,\ p,\ 0<\alpha<1$$

（8）利用隐含层各单元的一般化误差 e_j^k，输入层各单元的输入 $P_k = （a_1^k,\ a_2^k,\ \cdots,\ a_n^k）$ 来修正连接权 w_{ij} 和阈值 θ_j。

$$w_{jt}（N+1）= w_{ij}（N）+ \beta \cdot e_j^k \cdot a_i^k \tag{4.11}$$

$$\theta_j（N+1）= \theta_j（N）+ \beta \cdot e_j^k \tag{4.12}$$

$$i=1,\ 2,\ \cdots,\ n,\ j=1,\ 2,\ \cdots,\ p,\ 0<\beta<1$$

（9）随机选取下一个学习样本向量提供给网络，返回到步骤（3），直到 m 个训练样本训练完毕。

（10）重新从 m 个学习样本中随机选取一组输入和目标样本，返回步骤（3），直到网络全局误差 E 小于预先设定的一个极小值，即网络收敛。如果学习次数大于预先设定的值，网络就无法收敛。

（11）学习结束。

3. 模型的测试　ANN 的测试阶段是对网络模型学习性能进行检验。ANN 模型的主要学习性能是通用性，即对新信息做出恰当反应，以及抗干扰性，即识别不明确信息的能力。在测试过程中，一般用未在学习阶段使用的测试例子进行测试，将测试例子的输入信息输入到网络模型作为新信息，将网络模型的输出结果与例子的结果进行比较。如果模型的测试误差符合要求，则模型就可以进入应用阶段，即可用于工程项目的绩效有效性评价的计算；否则应重新进行模型的结构调整，如学习精度的提高、调整隐含层的数量、扩大学习阶段的例子数量等，再进行学习、测试，如此反复，直到达到要求为止。其过程如图 4.13 所示。

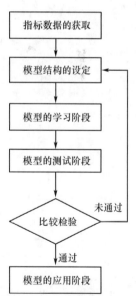

图 4.13　ANN 的运算流程

4.4.2　复杂建设项目业主方业务流程重构绩效评价算例

以某同时在建的两所大型复杂建设项目为例进行对比评价。其中 A 项目已开工建筑面积约 17 万 m^2；B 项目已开工建筑面积约 16 万 m^2。A、B 两个项目建筑类型、开工时间、项目规模基本一致，项目复杂程度也非常接近，具有较高的可比性。

A 项目自开工以来不断优化业主方业务流程，2012 年下半年起基本确定为本书图 4.9 所示的业主方业务标准流程，经过一年多的实践，该流程运转良好；B 项目业主方则仍按照传统建设管理模式进行管理，评价时两个项目均即将竣工。

构建如表 4.2 所示的复杂建设项目业主方业务流程重构绩效评价指标体系，该指标体系从业主方任务工作流程评价、业主方采购工作流程评价、业主方计划工作流程评价、业主方监控工作流程评价四个方面构建，共包含 22 个评价指标。

表 4.2　复杂建设项目业主方流程重构绩效评价指标

业主方任务工作流程评价 A	项目 DBS 分解全面准确 A_1
	项目 DBS 分解层次深度合理 A_2
	项目总体 WBS 分解全面准确 A_3
	项目滚动 WBS 分解及时准确 A_4
	项目分解工作责任落实到人 A_5
	业主方工作计划滚动更新 A_6
业主方采购工作流程评价 B	项目标段划分清晰合理 B_1
	项目 CBS 及时且持续更新 B_2
	项目招标计划完善 B_3
	项目招标表述编写规范严谨 B_4
	项目开标评标程序严格规范 B_5
	项目定标及时 B_6
	合同签订及时 B_7
业主方计划工作流程评价 C	进场条件落实及时准确 C_1
	承包商进度计划申报及时 C_2
	承包商付款计划申报及时 C_3
	项目总体进度计划编制及时 C_4
	项目资金需求计划动态调整 C_5
业主方监控工作流程评价 D	项目进度、投资、质量目标明确 D_1
	项目进度计划纠偏及时 D_2
	项目投资统计及时准确 D_3
	项目质量监控体系完善 D_4

人工神经网络的输入层节点为 22；隐含层节点根据公式（4.1）计算为 5~15，分

别取低、中、高值为 6、10、14 个，根据网络误差来确定最优值；输出层节点为 1 个，即业主方流程重构绩效的评价值。

根据输入层的 22 个指标设计调查问卷,对指标的评分划分为 5 个等级:很好(0.9)、较好（0.7）、一般（0.5）、较差（0.3）、很差（0.1）。选择对两个项目业主方建设管理过程比较了解的项目人员，分别进行匿名书面问卷调查。选取部分调查结果作为训练样本输入到神经网络中，进行学习训练。一旦学习成功后，神经网络就可再现评价人员的评价尺度和直觉思维，从而可以有效降低评价过程中的人为因素影响，保证模型计算的客观性。

对于复杂建设项目业主方流程重构绩效的评价，可以看做是输入（各指标的原始评价值）到输出（最终的综合评价值）的非线性映射。本模型的输入层神经元为 22 个，输出层神经元为 1 个，取值范围在 0~1。输入层的数据已经属于 0~1 的范围，因此可以不必进行归一化处理。

针对两个项目共发放 40 份问卷，回收有效问卷 38 份。其中 A 项目 21 份，B 项目 17 份。将 B 项目的 10 份问卷调查及分析结果作为训练样本，另外 7 份则作为测试样本。采用 MATLAB7.1 神经网络工具箱编程实现 ANN 模型。在各层中采用的转换函数如下：

第一层：tansig 函数；

第二层：采用 purelin 函数；

学习函数：采用 traingdx 函数，traingdx 的学习算法为梯度下降动量法，且学习速率为自适应。

经过对隐含层神经元的单元数分别为 6、10、14 的三次训练，三次训练的误差比较曲线如图 4.14 所示。

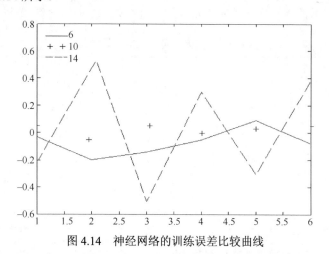

图 4.14　神经网络的训练误差比较曲线

可以明显看出，在隐含层神经元为 10 时评价误差最小。此时 7 份测试样本的目标值和测试结果如下：

T_test =

    0.648 0   0.543 0   0.760 0   0.624 0   0.698 0   0.672 0   0.612 6

ans =

    0.693 4   0.512 3   0.742 1   0.647 1   0.713 2   0.664 1   0.630 1

当神经元数目为 10 时，经过 355 次网络训练后，网络的目标误差达到要求，如图 4.15 所示。至此，神经网络模型训练成功。

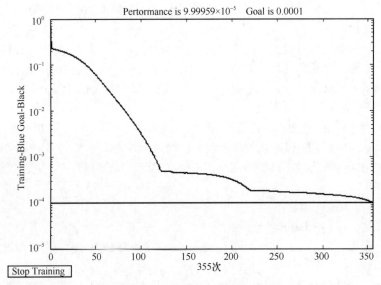

图 4.15　MATLAB 训练误差收敛图

用训练好的神经网络模型对 21 份问卷调查结果进行分析评价，结果如表 4.3 所示。

表 4.3　业主方业务流程重构评价结果

		训练样本		
0.671 7	0.626 8	0.582 6	0.633 8	0.623 5
0.558 3	0.493 2	0.509 9	0.640 0	0.609 0
		A 项目评价结果		
0.772 0	0.767 7	0.762 0	0.661 5	0.815 8
0.775 6	0.767 1	0.777 0	0.710 2	0.820 9
0.657 1	0.687 6	0.806 5	0.803 1	0.714 1
0.744 0	0.854 6	0.671 0	0.709 0	0.907 6
0.726 6				

经计算，可得 A 项目的评价得分为 0.756 7，标准差为 0.053 1；而对照该评价指标体系的评价标准，训练过程中样本的平均值 0.594 8，标准差 0.044 8。对比可知，A 项目通过实施业主方业务流程重构，管理绩效评价结果明显优于 B 项目。

4.5　业主方全生命周期集成管理中合同模式的选择

4.5.1　业主自行完成业主方主要管理职能

实现复杂建设项目业主方全生命周期集成管理，就是要发挥业主方在建设项目全生命周期内的集成主导作用，但业主方不等于业主。若完全由业主作为业主方的核心力量，则意味着必须要有一个项目管理技术和经验均较强的业主项目部才能完成。

对于这类强势业主，可以选择传统的设计-招标-施工（DBB）模式。DBB 模式下，业主独立委托相应咨询机构进行项目立项论证并编制项目可行性研究报告，待项目立项后委托设计单位进行方案规划设计，并办理相应的行政审批手续，待施工图完成后进行施工单位和监理单位的招标，负责建筑单体土建安装施工的单位被称为总包单位，但是往往只有"总包"之名而无"总承包"之实，对于其他业主方单独招标并签订合同的分包单位并无实质性的管理权。业主对于其中认为有必要进行平行分包的专业和子项目再进行单独招标，对于材料和设备，进行单独采购单独付款或者确定品牌价格后指定施工单位进行采购（分别为传统所称的"甲供"材料和"甲控"材料）。业主指派业主代表进行施工现场建设单位管理工作，委托有相应资质的中标监理单位执行监理职能。监理单位与施工单位之间没有合同关系，只承担监理合同委托范围内的质量、进度、投资控制，合同管理、职业健康安全与环境管理、信息管理，以及组织协调。但监理单位在当前往往丧失了进度、投资控制的职能，对于业主的合同和信息也无从插手，但多数监理单位对于质量的监控都做得较为到位。这种传统模式在前文中已经分析过，如图 2.7 所示，在此不再赘述。

这种管理模式，直至今日仍然是大量建设项目沿用的主要模式，在这种模式下，建设项目各阶段、各专业衔接往往由于业主协调和衔接原因出现诸多问题。①工程出现质量问题后，责任单位不易确定。如业主将建筑外窗单独分包，出现窗台漏雨后，总包方和外窗供货商互相指责。②设计完成后才能进行施工招标，对加快建设进度不利。③工程施工过程中，由于设计失误或设计需求变更，导致窝工或返工，从而增加投资，降低工作效率。这些都是导致不利于建设项目实施集成管理的因素。

然而，在我国目前的建设项目中，DBB 模式仍然无可争议地占据了主流，存在即有其合理性。DBB 模式也有其特有的优点。①符合工程项目建设的自然规律。DBB模式其实就是按照建设项目生命周期中设计、采购、施工各阶段出现的时间先后顺序而天然形成的建设模式，因此符合项目管理者的认知和行为习惯。②业主对项目交付物质量的控制力最强。DBB 模式下，业主对于工程总承包的范围控制弹性较大，对单独招标的施工类项目，能够选择到报价低、实力强的分包单位；对业主方采购的材料设备，能够在保证质量的前提下寻求低价，也能够根据项目需要选择性价比高的不同档次产品。③承包商方参与项目积极性最高。由于业主是建设项目的出资方，其资金情况在建设项目各参建方中最受信任，因此对于很多分包商和材料设备供应商来说，宁愿以较低价格和利润与业主签订合同，也不愿意以稍高价格和利润与总包单位签订合同，这就有利于调动市场上水平高、实力强的潜在投标人积极性，从而选择更优的参建单位。④有利于业主实现对项目交付物细节的控制。业主是建设项目的使用方，因此对建设项目的功能、布局、流程等最有发言权，业主对项目交付物的要求不一定是合理的，但一定是符合其自身需要的，一定是最细致的。目前医院类建筑项目正在开展的循证设计，就是以使用者的行为习惯出发，通过科学的研究方法和严谨的统计数据来证实使用者对建筑和环境的要求，以经验和观察为依据，将定性分析的指标量化，有助于更加直观准确地指导设计过程（潘迪，2012），有利于项目集成管理的实施，业主是真正能够贯穿建设项目全生命周期且具有项目主导能力的主体，只要业主项目部具备了一定的项目管理知识、经验，在本书构建的体系框架下，完全有能力作为建设项目集成管理的实施主导。

目前我国多数建设项目仍以 DBB 模式为主的一个重要原因是现行的工程承包相关法律、法规、规章主要是针对 DBB 模式，从建设项目的参建主体和建设项目的基本程序均按照 DBB 模式严格规定。这就使得很多新型合同模式的应用缺乏法律依据。针对这种短时间内难以改变的现状，应正视客观事实，研究 DBB 模式下如何提高管理水平和绩效，而不应因噎废食，否定 DBB 的客观优势和重要现实意义。

而现实中存在着大量的缺乏建设经验、缺乏管理水平和专业技术业主项目部。对于这类业主如何才能解决业主方主导建设项目全生命周期集成管理的问题，如果合同模式实施的法律环境允许，可以考虑更改合同模式。合同模式的更改可以从以下两个方面进行分析。

一是增强承包商方的整体性，减少承包商方的数量，降低业主方面对的合同界面。业主方和承包商方，二者之间存在着一定的互补关系，如果采用一定的合同模式，减少业主方的合同界面和工作界面，则可以减轻业主方项目管理负担，如设计-建造（DB）模式、EPC 模式等。

二是增强业主方的管理力量，选择高水平的项目管理公司。使项目管理公司成为业主方的中间力量，充分利用项目管理公司的专业人才和管理经验，在项目全生命周期代表业主履行管理职能，如 PM 模式、PMC 模式等。

4.5.2 增强承包商方整体性的合同模式

1. 设计-建造模式 DB 模式是20世纪80年代初在西方兴起的一种建设项目的交付模式，业主将项目交给单一实体全面负责，承揽设计、采购、施工等，直至项目完成。但其实 DB 模式古已有之（Beard，2001），最早的建设项目交付形式就是由一个主建造商同时扮演项目设计者和施工者的角色，早在古埃及时代，金字塔、庙宇、输水渠等项目建设中就是采用的类似于 DB 的建造模式。只不过后来由于知识和技术越来越复杂，越来越专业化，建筑物的功能越来越多样化，设计和施工逐渐分离成为两个独立的领域。

与传统的 DBB 项目交付模式相比，设计和建造业务由一个被称为设计-建造承包商的单一实体来承担，这样使得业主方面对的管理界面减少，协调工作量减少。DB承包商负责协调设计和施工的衔接和流程，从而使得建设项目的生命周期成本被有效利用，DB 模式通常采用总价合同方式。DB 承包商通常是施工单位，然而现实中，同时具备一项复杂建设项目的设计和施工总承包能力的 DB 承包商并不太多，因此往往由设计承包商和施工承包商组成联合体，或者以设计承包商为主体，施工承包商作为其分包商，或者以施工承包商为主体，设计承包商作为分包商。

　　DB 模式的优点在于：①工程责任明确，出现质量问题或质量事故时，业主方只要追究设计-建造总承包商的责任即可。②由设计-建造总承包商负责工程的设计和施工，节省施工单独招标的时间和费用，可以缩短工期，使项目尽早投入使用。③减轻业主方管理的负担，降低协调设计方与施工方衔接的工作量。④有助于业主方提前掌握工程的总造价，减轻投资控制的工作量。⑤有助于解决传统模式下建设项目设计图纸"可施工性"差的问题，由于承包商自行负责设计和施工，因此对设计方案与施工阶段的衔接能够充分考虑。

　　DB 模式的缺点在于：①业主方对建设项目交付物的控制能力变差。由于建设项目的设计和施工均由设计-建造承包商负责，在降低管理难度的同时，业主方对建设项目最终交付物的细节掌控也变得难以实现。②设计-建造承包商存在追求超额利润而损害工程质量的风险。由于 DB 合同将设计和施工流程进行了整合，因而业主面对设计-建造承包商时的委托-代理风险要比传统模式高得多，承包商存在为了增加自己受益而损害委托人利益的可能性。③对设计-建造承包商的资质和能力要求较高，且要求承包商方的项目管理人员具有设计、结构、安装、施工、经济、法律等多方面的复合型理论知识和实践技能，而综合素质均衡的复合型人才目前极为缺乏。

　　2. EPC 模式　EPC 模式又称工程总承包模式，又可称为设计-采购-施工总承包模式，指的是把设计、采购、施工作为一个有机整体，在同一个总承包商的管理下组织建设项目的实施。EPC 模式中，总承包商负责建设项目的设计、采购、施工等全过程的工作，并负责提供试运行服务，确保交付业主一个合格的工程。按照合同约定，EPC 总承包商在工程质量、进度、费用等方面全面向业主负责，业主不具体介入实际的工程管理工作。EPC 和 DB 模式的区别主要在于工程采购。按照我国《关于培育和发展工程总承包和工程项目管理企业的指导意见》，DB 模式只包括了设计、建造，对采购管理没有具体的要求，具体由业主采购还是由设计-建造承包商采购未明确规定；而对于 EPC 模式，《意见》中则明确规定，由总承包商负责采购工作，业主本身不作任何介入。可见，相对于 DB，EPC 模式下业主方对项目建设期间的控制力和影响力更小。

　　EPC 总承包模式有两种主要类型，一种是 EPC(max s/c)，一种是 EPC(self-perform construction)。前者是指总承包商最大限度地选择分包商来完成工程项目，将各施工任务分配给分包商来完成，后者是指总承包商自己承担工程的设计、采购、施工任务，仅有少量工作选择分包商来完成。后者对 EPC 总承包商的能力和经验要求更高。二者的区别如图 4.16 所示。

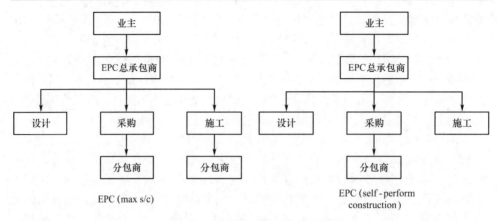

图 4.16 EPC 总承包模式的合同结构

EPC 总承包模式的优点主要有：①同 DB 模式类似，EPC 总承包商负责整个项目的实施过程，不再以单独的分包商身份建设项目，有利于整个项目的统筹规划和协同运作，可以有效解决设计与施工的衔接问题、减少采购与施工的中间环节，顺利解决施工方案中的实用性、技术性、安全性之间的矛盾；②工作范围和责任界限清晰，建设期间的责任和风险可以最大限度地转移到总承包商；③合同总价和工期固定，业主的投资和工程建设期相对明确；④能够最大限度地发挥工程项目管理各方的优势，实现工程项目管理的各项目标；⑤可以将业主从具体事务中解放出来，关注影响项目的重大因素上，确保项目管理的大方向。

但 EPC 模式同样有其难以克服的缺点：①业主主要通过 EPC 合同对 EPC 总承包商进行监管，对工程实施过程参与程度低，控制力度较低，对交付物的把握能力也最差；②总承包商选择风险大。业主将项目建设风险转移给 EPC 总承包商，因此对总承包商的选择至关重要，一旦总承包商的管理或财务出现重大问题，项目也将面临巨大风险；③投资增大。EPC 总承包商责任大，风险高，因此承包商在承接总包工程时会考虑管理投入成本、利润和风险等因素，所以 EPC 总承包合同的工程造价水平一般偏高；④业主接受困难。EPC 模式与传统的建设模式区别比较大，许多业主会有"说了不算"的感觉，比较难以理解和配合总承包商的工作。因此，目前民用建设项目中采用 EPC 模式的极为少见，EPC 模式更多的是用在基础建设工程，如公路、铁路、桥梁、大坝、电厂等，或是设备采购、安装比例较大的大型工业建设项目中。

4.5.3 增强业主方管理力量的合同模式

1. PM 模式　项目管理服务，即工程项目公司按合同约定，在项目的决策、实施阶段为业主编制相关文件，提供招标代理、设计、采购、施工、试运行的管理和服务。

英国建筑师协会将项目管理定义为"从项目的开始到项目的完成，通过项目策划（PP）和项目控制（PC）以达到项目的费用目标（投资目标、成本目标）、质量目标和进度目标"，即 PM=PP+PC。项目管理分为业主方的 PM、设计方的 PM、承包方的 PM 和供货方的 PM 四种类型。其中业主方的 PM 起主导作用，本书所指为业主方的 PM。

项目策划从内容上来说主要包括目标论证、目标分解、组织结构策划、工作流程策划、合同结构策划、风险管理策划等。项目策划以时间划分包括决策期的策划、实施期的策划（又分为进度策划、投资策划、质量策划）及经营策划。策划的目的是为了控制，项目控制的主要措施包括：组织措施、合同措施、经济措施、技术措施。

具体来说，项目管理服务是指工程咨询公司按照合同约定，在工程项目决策阶段，为业主进行项目策划、编制项目建议书和可行性研究报告；在工程实施阶段，为业主提供招标代理、设计管理、采购管理、施工管理和试运行（竣工验收）等服务，代表业主对工程项目质量、安全、进度、费用、合同、信息等管理和控制，并按照合同约定收取一定的报酬和承担一定管理责任的服务方式。目前我国正在推行的政府投资项目代建制，其实质上也是一种 PM 模式，代建工作具体内容一般包括：前期工作管理、招标管理、合同档案信息管理、投资管理、设计管理、进度管理、质量管理、安全管理、文明施工管理、协调管理、竣工验收管理、移交管理等。

2. PMC 模式　PMC 模式即项目管理承包模式，是指 PMC 承包商按照合同约定，从项目立项决策阶段就介入业主方项目管理工作，帮助业主进行项目论证和策划，编制或委托编制项目可行性研究报告，在项目准备期为业主提供招标代理、设计管理，在项目实施期为业主提供施工管理，在项目竣工期为业主提供验收管理和试运行管理，代表业主对建设项目的全过程进行业主方项目管理，并按照合同承担相应管理责任（方军等，2004）。PMC 承包商一般只负责项目策划和项目管理工作，不承担具体的设计、采购、施工等任务。因此 PMC 必须根据项目管理层次和跨度的要求，以及相应市场资源的情况，将整个建设项目根据自身管理能力和水平进行分解，为每个分解的标段确定相应的承包商。由此可见，PMC 模式完全属于一种业主方的项目管理模式，而且非常适合复杂建设项目的业主方管理。与 PM 模式相比，PMC 服务方式除完成项目管理服务的全部工作内容外，还按照合同约定承担相应的管理风险和经济责任，是一项高风险、高回报的服务。

PMC 模式一般分成两个阶段来进行，第一阶段为定义阶段，第二阶段为执行阶段。在定义阶段，PMC 单位要负责组织设计单位完成初步设计和技术设计，提出一定的合理化建议；根据有关标准、类似项目的成本资料与经验做出投资预算作为工程造价控制的参考；在此基础上，编制出工程设计、采购和建造的招标书，确定工程中各个项目的总承包商，视不同的项目，总承包商可以是 DBB，也可以是 EPC 或 DB。在执行阶段，由中标的总承包商负责执行详细设计、采购和建造工作，PMC 在业主的委托管理合同授权下，进行全部项目的管理协调工作，直到项目完成。在 PMC 介入的各阶段，PMC 要及时向业主报告工作，业主则派出少量人员对 PMC 的工作进行监督和检查。

PMC 模式对于 PMC 项目管理单位全过程建设项目管理水平的要求较高。目前我国市场上真正能够满足 PMC 模式要求的公司还较少，国内的 PMC 项目大多数是一些境外公司组成联合体进行承接，如中国海洋石油公司以及荷兰壳牌公司合作投资开发的南海石化项目（赵金立，2004）。

3. CM（construction management）**模式** CM 模式是近年来国际上应用较多的一种建设项目合同模式。其主要特征是采用快速路径法（fast track）来解决传统 DBB 模式中设计与施工容易脱节的弊病，采取有条件的"边设计，边施工"的方式，分阶段进行项目建设，通过各阶段设计、招标、施工等工作的充分搭接，在部分施工图设计达到施工条件时就先进行该部分的招标，使项目尽可能开工，从而达到缩短工期、加快建设速度的目标。

CM 模式主要有两种类型，咨询型 CM 和承包型 CM。咨询型 CM，又称代理型 CM，是指 CM 承包单位只为业主提供咨询和代理等服务，并不直接进行工程的发包和分包等工作，而是以业主代理的身份参与到业主方项目管理工作中，具体由业主在各施工阶段与施工单位签订工程施工合同。咨询型 CM 属于业主方项目管理范畴。而承包型 CM，又称风险型 CM，是指 CM 单位以施工总承包商的身份来直接进行项目施工，并负责与分包商签订合同。承包型 CM 则属于承包商方的项目管理范畴。

4.5.4 全生命周期集成管理合同模式的选择

合同是建设项目各参建方之间连接的纽带，是各参建方在项目全生命周期内行为的基本准则。业主在建设项目中处于主导地位，其合同模式的选择对于建设项目集成管理的实施具有很大影响。一个适合具体项目和具体业主方的合同模式，可以明确业主方和承包商方各自的项目风险，统一双方的建设目标，减少投机行为的发生和项目风险。

在一个建设项目中，业主方和承包商方之间的工作划分会根据合同模式的不同而有所调整。前文中已就当前流行的几种主要合同模式分别予以分析，并将其分为两类：增强承包商方整体性的合同模式和增强业主方管理力量的合同模式。其中 PM、PMC、咨询型 CM 等均属于后者，按本书划分原则均可将其看作业主方内部管理能力建设的增强手段，故不在本节讨论范围之内。本节主要讨论业主方如何针对自身管理水平和项目特点，通过选择不同的与承包商方的合同模式，来使得项目集成管理能够顺利实施，且实现业主方对项目实施的最大控制力度。由此，列入考虑范围的合同模式分别为 EPC、DB、承包型 CM、DBB 四种。

合同模式选择主要包括承包类型和支付类型两部分，承包类型的选择主要是为了根据业主方的项目管理能力相对应地选择承包商方的承包方式；支付类型则主要是根据业主方的项目风险高低选择相对应的对承包商方的支付方式。以下就市场上常见的建设合同支付类型分别予以讨论。

（1）固定总价合同：固定总价合同是指以固定的工程总价款支付给承包商的合同支付方式，这一固定总价款以设计图纸和工程说明书为依据，由业主和承包商共同确认得到。固定总价合同要求承包商要考虑项目各种风险因素。一般来说，如图纸和技术要求没有变化，则价款不做任何调整，但是当发生设计变更或业主要求的设计变更或工期变更时，则总价可做相应调整。

固定总价合同对业主方管理较为便利，合同结算比较简单，业主方的投资控制目标较易实现。但因为风险主要转移到承包商一方，故承包商在报价时将会充分考虑人工费、物价等各种风险因素，不可预见费用较高。固定总价合同主要适用于施工图设计完善、变更少、项目范围明确、规模小、技术简单、工期短的建设项目。

（2）可调总价合同：可调总价合同主要是降低修正固定总价合同中承包商的风险，是指在投标和合同签订时，承包商按照当时的人工费、材料费等价格水平进行报价。但合同条款中规定在项目实施过程中，如果由于通货膨胀引起工程实际成本增加达到一定比例的时候，合同总价可以进行相应的调整。

可调总价合同对风险进行了分摊，达到一定水平的通货膨胀的风险由业主进行承担，而承包商对合同中的工程量、工期等风险因素进行承担。可调总价合同适用于工程内容和技术经济指标明确，技术相对不太复杂的建设项目。

（3）单价合同：单价合同是指业主招标时提供工程量清单，投标单位根据工程量清单里的分部分项工程填报单价汇总总价，在签订合同时约定单价不变，总价可调的计价模式。这种模式实现了量价分离，是最常见的合同计价方式，适用范围非常广泛，如国际通行的 FIDIC 土木工程施工合同即单价合同。

单价合同的优点是风险分配合理，业主估算工程量即可进行招标，实施过程中工程量允许发生变化，合同结算时规则明晰，计算简单；缺点是对造价不易进行控制。单价合同又分为固定单价合同和可调单价合同，区别在于是否规定工程量在实际合同执行时变化超过一定百分比后，或者在物价发生变化达到一定程度后可以调整单价。单价合同适用于工期长、技术复杂、实施过程中不可见因素较多、业主方急于开工的建设项目。

（4）成本加酬金合同：成本加酬金合同是指将建设项目的实际投资分为直接成本费用和承包商应得酬金两部分来计价的合同。其中前者的费用由业主进行按实际发生结算支付，而再按照合同约定的酬金方式给予承包商额外的报酬。

成本加酬金方式中量、价风险均转移到了业主一方，承包商在项目施工时没有进行成本控制的积极性。该合同模式主要适用于项目范围不明确，急需发包，技术特别复杂，技术方案不确定性大，需要垄断性技术、经验，无法准确估价的建设项目。根据酬金方式不同，成本加酬金合同又分为成本加激励酬金合同、成本加固定酬金合同、成本加定比酬金合同三种类型，业主方的风险依次加大。

在选择合同承包模式时，主要考虑业主方自身项目管理的能力，项目管理能力越强，实施业主方集成管理的能力越强，对项目的控制度越大，可以选择更能发挥业主能力的合同模式；在选择合同计价模式时，主要考虑项目的复杂性，而项目的复杂性和业主风险往往成正比关系。因此，构建如图 4.17 所示的业主方合同模式选择判断矩阵。

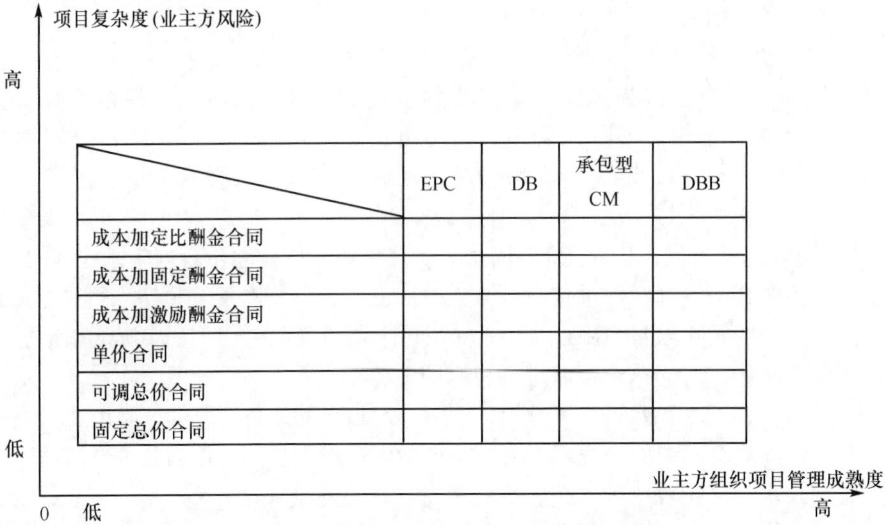

项目复杂度(业主方风险)

		EPC	DB	承包型 CM	DBB
成本加定比酬金合同					
成本加固定酬金合同					
成本加激励酬金合同					
单价合同					
可调总价合同					
固定总价合同					

业主方组织项目管理成熟度

图 4.17　业主方合同模式选择判断矩阵

该图设置了一个坐标系,x 轴为由低到高的业主方组织项目管理成熟度,即将业主方组织看作一个整体性组织,根据一套综合评价指标对其进行项目管理能力评估,依次定义为混沌级、规范级、优化级、持续改进级,该成熟度评价模型将在第 4 章第 5 节中进行论述;y 轴为由低到高的业主方风险,也可看做由低到高的项目复杂度。将常见合同承包模式和合同计价模式构建一个二维判断矩阵,置入该坐标系中。其中合同承包模式按 EPC、DB、承包型 CM、DBB 由低到高排列,合同计价模式按照固定总价合同、可调总价合同、单价合同、成本加激励酬金合同、成本加固定酬金合同、成本加定比酬金合同由低到高排列。由此,业主方可根据项目复杂度和自身项目管理成熟度进行综合判断,以确定采取何种承包模式和计价模式。

需要指出的是,图 4.17 只是一个较为简化的模型,而在具体的工程实践中,进行合同模式的选择还需要综合考虑社会环境、历史沿袭等众多影响因素,而实践中各种合同承包模式也各自存在其较为成熟的计价方式,因此不可机械地进行应用。这也是本书未将业主方组织项目管理成熟度的四个级别标注在 x 轴的原因,因为其与合同承包模式不存在一一对应的关系。而无论采取何种合同承包模式及计价模式,业主方都应努力提升自身的项目管理水平,以全生命周期的集成管理为手段,实现项目目标。

4.6　本章小结

本章主要就复杂建设项目如何在业主方主导下进行全生命周期的集成进行探讨。首先运用 IDEF0 方法构建了复杂建设项目全生命周期过程集成模型,对每个阶段的输入内容和输出内容进行了详细分析。其次进行了业主方供应链的研究,构建了包含 14 个阶段、8 个链节的全生命周期业主方供应链模型,对每个链节上的主要供应链成员围绕该链节活动的信息流、资金流和物流的流向进行了分析，并分析了实现业主方供应链集成的四个阶段。然后，根据业主方供应链中对业主方工作任务的分析，结合业务流程再造理论，整合常用项目管理方法工具构建了业主方标准化方法流程，并进一步归纳了业主方的任务、采购、计划和监控四个工作流程，构建了复杂建设项目业主方业务流程。复杂建设项目业主方供应链的建立和业主方业务流程的重构，使得业主方在全生命周期的时间维度上的集成管理有了详细而具体的操作依据。最后构建了基于 BP-ANN 模型的业主方业务流程重构评价方法并给出了算例。

第5章 复杂建设项目的业主方组织集成

组织结构是分工与协作的基本形式。在管理系统中，组织结构起着框架作用，它决定了系统内部各个组成要素之间发生作用的联系方式，决定了组织系统中人流、物流、信息流是否能保持正常沟通，从而使得实现组织目标成为可能。实践证明，组织结构是影响组织效率的重要因素，组织结构的优劣，在很大程度上决定着管理活动的成败。

本章在分析复杂建设项目组织结构特点的基础上，探索如何通过业主方主导的组织集成更好地保障项目目标的实现。

5.1 复杂建设项目业主方组织集成概述

5.1.1 传统建设项目组织的缺点

项目组织是项目参与方按照一定的规则或规律构成的整体。与一般的组织相比，项目组织具有明显的特点：项目组织是为了完成项目目标和任务而设立的，具有明确的目的性；项目组织具有系统性，项目系统结构对项目的组织结构有很大的影响，决定组织结构的基本形态；项目各参与方来自不同单位（或部门），各自有独立的经济利益和权力，且参与方众多；项目组织是一次性的、临时性的，这也是它区别于一般组织的一大特点；项目组织有高度的弹性、可变性，很难像一般组织一样建立自己的组织文化。

按照集成管理的要求，需要项目的组织结构能够更好地协调处理各方的利益冲突，能够从全局角度对项目进行优化，能够充分利用项目各参与方的知识和经验为项目服务，能够有更强的资源集成能力和对复杂建设项目的驾驭能力。从系统方法论的角度，对建设项目组织有如下理解：

（1）建设项目组织是由对建设项目各项工作负责并承担管理和实施任务的个人、单位、部门（均可称为主体）汇聚而成的临时性、一次性群体。

（2）每个建设项目组织都具有其自身的组织架构和管理模式。组织架构是指根据项目环境和项目目标，由组织设计者确定的各参建主体在项目建设过程中的责、权、利益及彼此之间的指令和合作关系。

（3）建设项目组织的存在是为了完成建设任务，应具有有效的整合项目资源的能力，能通过组织运行协调项目建设中人员、设备、材料、方法、环境相互之间的关系，解决项目建设过程中出现的各种复杂问题。组织相当于建设项目的骨骼和框架，是项目建设管理能力的载体和表征。

（4）项目组织是基于项目参建各方特定合作关系以及特定项目环境的产物，因此随着项目参建方的变化以及项目环境的变化而呈现出不同的组织形态。而由于项目复杂程度的增加，必然对复杂建设项目组织的构建和运行产生深刻影响。

（5）狭义的建设项目组织包括业主、设计单位、施工单位、供货单位等与业主发生直接或间接合同关系的参建主体，广义的建设项目组织还应包括政府、金融机构、社区居民等项目利益相关者。

在建设项目中，组织结构一般应涵盖的主体包括业主、项目管理公司、设计方、监理方、施工承包商、材料供应商、设备供应商等。目前多数建设项目中，仍然延续着传统的工程建设项目管理的组织模式，即建立在分工与合作的基础上的"金字塔"式组织。图 5.1 是某建设项目的具体组织结构示意图，通过合同与项目制度的约束，将项目组织分为决策层、管理层、监督层和执行层四个层级。

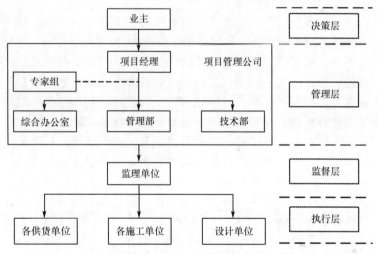

图 5.1　传统建设项目的"金字塔"式项目组织

这种传统的建设项目组织结构主要存在以下缺点：首先是这种项目组织结构层次过多，使得项目控制的难度很大，决策过程缓慢；其次是在项目管理过程中只存在命令和控制，而缺少合作的氛围；再次是存在大量的管理界面和过程界面，管理协调量非常大。另外，还存在项目参与各方在项目建设过程中的地位不平等；项目参与各方只顾自身利益，而忽略项目的总体利益；出现信息短缺、过载、扭曲、失真和延误，信息孤岛现象严重等问题。

随着经济的不断发展和技术的不断进步，仅靠传统的组织管理模式越来越难以适应其建设项目管理的要求。复杂建设项目的参与方众多，且在项目全生命周期内，参与方还常处在不断的变动之中。所以要实现集成管理的要求，就必须寻求新型的项目组织管理模式，充分利用现代信息技术提供的便利条件，将项目各参与方有效地集成在一起，以实现项目的管理目标。

5.1.2　复杂建设项目组织集成构成要素

前文已经分析过，组织复杂性是建设项目复杂性的重要体现。建设项目组织集成的目的是将项目所有参建主体突破沟通彼此之间刚性的组织边界，增强交流与合作，整合成为一个运转流畅、配合高效的整体，从而能够对建设项目的复杂性做出及时的调整和反应。因而进行组织集成的主体必须有高效的整合项目资源的能力，具有协调项目建设中人与人、人与物、物与物之间关系的能力，以及驾驭项目各种复杂性的能力。复杂建设项目中，业主方进行组织集成需要解决四个方面的问题。

首先是合理架构的问题。所谓组织架构是指一个组织整体的结构，组织架构决定了组织内部各个成员相互之间的指令和合作关系。传统的组织架构有直线制、职能制、直线-职能制、事业部制、矩阵制等，而复杂建设项目的参建方众多，相互关系错综复杂，很难用以上某种单一固定组织架构来进行构建。因此，如何进行合理、灵活的组织架构设计，是实现组织集成的基础。

其次是目标一致的问题。建设项目组织作为一个临时性组织，其与企业这种相对固定的组织之间的一个显著差异就是组织成员的目标不一致。不同参建单位，由于其角色不同，在项目中所处层次不同，加入项目组织后的项目目标存在着很大差异。首先，除业主之外的参建方，都以获得经济利益作为一个参与项目的根本目标，而业主对应的目标则是尽可能节省工程造价。其次，不同参建方在经济目标之外追求的目标也存在较大差异，如施工单位着眼于质量、安全、进度等，设计单位着眼于结构安全、功能与外观等，监理单位着眼于工程质量，造价咨询单位着眼于造价，而业主方则需要综合均衡这些目标做出决策。因此，组织集成就需要由业主方对不同参建单位根据其在组织中的位置和作用进行项目目标的统一，面对参建方基于不同目标的诉求，进行相应的权衡和决策，从而保证项目组织作为一个整体朝着目标一致的方向前进。

再次是良好沟通的问题。建立在合理架构基础上的组织，要想实现高效运转，及时有效的信息沟通必不可少，传统的项目沟通方式往往建立在会议沟通、书面沟通、口头沟通等形式的基础上，现代信息技术的兴起，使得全社会的信息传递、沟通方式发生了质的改变。但是在大量的建设项目中，却仍然沿用着传统的沟通方式，从而造成了沟通效率低下、信息失真等问题，大大影响了项目的进度、质量、投资等目标的实现。目前采用现代化的信息平台来进行有效信息传递和良好沟通已经成为业内共识，但只有业主方构建的信息平台才能从项目整体的角度来成为组织集成实现的纽带，如何实现简洁、易用的业主方项目信息平台将在后文进行深入探讨。

最后是项目组织集成的外延问题。目前对建设项目组织的认知多数停留在参建单位的范围内，然而，与项目未必发生直接合同关系的利益主体，如居民、专家、银行、政府等，对项目实施却可能会产生相当大的影响力，因此，业主方也需要从组织角度对项目其他利益相关方进行全面识别与管理，也需要考虑其他利益相关方的组织集成。这种集成不同于项目参建方构成的组织内部的"强集成"，而是一种"弱集成"，即识别其身份、特征以及对项目的需求，制定相关的措施和手段，使其行为尽可能符合项目利益。

综上所述，构建复杂建设项目组织集成构成要素模型如图 5.2 所示。

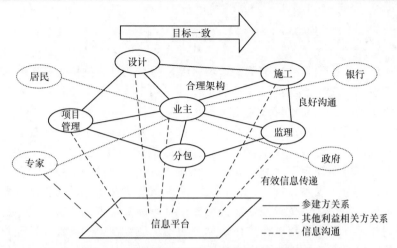

图 5.2　复杂建设项目组织集成构成要素模型

5.1.3　复杂建设项目组织集成运行机制

项目组织结构规定着项目成员在既定组织框架内要做的工作以及相互配合完成这些工作的方式，包括组织内的汇报关系、指令关系、工作程序、控制结构、授权和决策过程等（Hitt，2003）。复杂项目组织集成的运行应包括决策模式、协调机制、运行方式以及工作结构等几个方面。其运行机制如图 5.3 所示。

按照该框架，在决策模式上，建设项目组织集成应当实现中央性决策与分布式决策的有机结合，从而实现组织决策的层次性和及时性。在工作结构上，应当根据项目生命周期的不同阶段及时调整，通过分工与协作的融合，促进项目组织结构的优化和重组，强调专业化效率的同时，促进组织成员的合作，增强项目组织作业的灵活性。在运行方式上，应在保障业

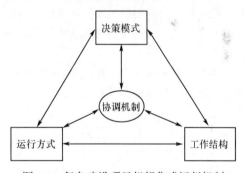

图 5.3　复杂建设项目组织集成运行机制

主方统一指挥到一定层次的前提下，实现组织成员的受控与自治的融合，保证组织成员行为符合建设项目整体利益的同时，充分调动成员的积极性，增强组织的活力。在协调机制上，建设项目组织集成应实现组织内成员联系的垂直机制和水平机制的融合。垂直机制是等级制组织中常见的基于指令的联系方式；水平机制则是基于双向沟通的协调机制，两者的集成缺一不可，既要保证指令运行的通畅和有效，又要保证成员联系的灵活性和协调性。

5.1.4　复杂建设项目业主方组织集成层次

建设项目组织的结构决定了建设项目参建主体相互之间的工作关系和项目管理的运行机制，直接影响项目管理的工作效率和工作绩效。建设项目组织与项目建设环境、项目目标、项目参建主体、项目管理能力都有着密切的关联。而复杂建设项目对项目组织提出了更高的要求。首先，复杂建设项目的参建主体增多，对建设项目组织在协调参建主体之间的冲突与矛盾，化解参建主体之间的价值观和文化差异等方面提出了更高的要求，必须通过组织建设确立更加有效的沟通机制。其次，复杂建设项目规模往往较大，环境不确定性增加，工程技术要求高，对建设项目组织在工程资源整合能力上提出了更高的要求。再次，复杂建设项目建设周期较长，对项目组织在生命周期中的动态适应性要求增加，对建设项目组织对各阶段进行衔接的能力要求也相应增加。可见，复杂建设项目对项目组织的结构、运行机制、效率等提出了更高的要求。

而集成管理是应对建设项目复杂性的重要手段，基于业主方主导集成管理的理念，复杂建设项目组织在构建时应重点考虑如下几点。

（1）业主应发挥其项目采购决策者的作用，在选择其他参建主体时，注重其项目团队的素质、能力、经验，以及协作意识，以确保其加入项目组织后能够有效沟通协作，从而使得项目组织涌现出更强的控制建设项目复杂性的能力。

（2）复杂建设项目的业主方应考虑全生命周期内的组织集成，即将项目全生命周期过程中所有的参与主体都包含进一个管理框架中，形成统一的组织结构体系。

（3）复杂建设项目的组织集成模型应在结构上有利于项目各参建主体在项目中发挥其角色的主动性，如资源需求的表达、项目信息的收发、问题的解决和目标体系的达成等。

（4）复杂建设项目的组织集成模型应与项目的流程集成体系契合，从而能够实现项目流程与项目组织结构的契合。

（5）理论上来看，任何建设项目组织的能力和其能调配的资源都是有限的，而项目的复杂性却可以无限增加，因此构建复杂建设项目的组织集成模型，除了自身要通过业主的选择尽可能拥有优质的参建主体资源，更重要的是解决其组织内的"有限性"问题，这就需要组织具有开放式的接口，能够通过有效手段及时地获取或整合组织外部的资源。因此复杂建设项目的组织结构必须是开放式的。

从业主方的组织集成来说，根据建设项目利益相关者的分类和各自与业主关系的疏密，可分为如下几个层次：首先是业主与项目管理公司、监理公司等进行业主方组织集成，其次是业主方与其承包商方进行参建方组织集成，再次是业主方与项目外的单位和专家进行知识集成，最后是业主方与其他利益相关者进行协调型组织集成，如图5.4所示。下文将分别对这三个层次进行分析。

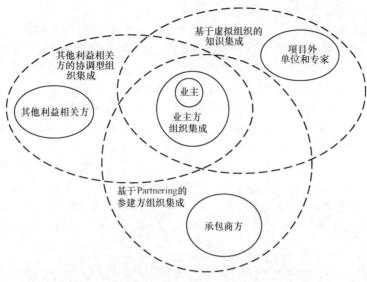

图 5.4　复杂建设项目业主方组织集成层次示意

5.2　基于 Partnering 的复杂建设项目业主方组织集成

5.2.1　Partnering 和业主方组织集成的关系

　　Partnering 是指项目参建各方在完成项目合同过程中建立的一种共赢合作的理念与关系，是适应复杂建设项目的一种管理模式。英国经济发展委员会（national economic development council）将 Partnering 定义为：两个或多个组织通过参与各方最大限度地发挥作用，以实现特定商业目标的一种长期承诺（2001）。台湾学者王明德和缪纪勋（1997）将 Partnering 译为合作管理，认为合作管理是鼓励项目团队之间的沟通，增加彼此之间的相互了解及信任，将参建方由传统的敌对关系转化为合作的团队关系，以风险分摊、利益共享的团队观念来避免纠纷的产生，从而促进目标的达成。美国建筑业协会（construction industry institute，CII）将 Partnering 定义为双方或者多方为了实现共同项目目标而使各方的资源达到最优配置而缔结的一种长期关系，它需要改变传统关系结构，使之成为不需要考虑组织边界的、建立在信任基础上的、对共同目标做出贡献的共享文化（Crowley，1995）。

　　传统建设项目领域存在着一种"输赢"观念，认为建筑产品的购买和生产类似于自由市场上购买商品时的讨价还价，一方的收益增加就是另一方的收益损失。而业主在建设项目中则往往存在一种"赢了地位，输了利益"的感觉，由于信息不对称、专业技术知识和经验缺乏，在项目决策时往往瞻前顾后，患得患失。而这种类似于零和博弈的观念，往往导致项目目标失衡。Partnering 的理念并不是鼓励妥协或者放弃，而是致力于通过沟通、协作，采用更有效、更有创造性的方式解决问题，实现项目参建各方共同获益（赵振宇等，2007）。

综合各方对 Partnering 的定义，本书认为 Partnering 的关键因素是项目各方的相互信任、承诺和对项目成就的共享，其目的是为了缓解和改善传统项目结构中的博弈、争斗和纠纷。Partnering 模式本身就是通过系统、整体的思维方式来理解建设项目：不仅关注项目成员的诉求，而且关注项目成员的合作；不仅关注项目系统内部，而且关注项目系统和环境的互动关系。而建设项目业主方集成管理的目标也是从系统的整体性出发，目标是将传统各自孤立、目标分散的组织结构调整为凝聚力强、沟通顺畅、配合默契的统一整体，即从项目组织重构入手在根本上解决传统上各方的对立关系（何伯森等，2007）。因此，Partnering 模式与建设项目业主方集成管理具有天然的内在一致性。Partnering 模式决定了建设项目组织结构必然是集成化的，而集成化的项目组织反过来也会促使 Partnering 模式更好地实施和实现项目目标。

Partnering 模式与传统模式的区别如表 5.1 所示。

表 5.1　Partnering 模式与传统模式的比较

类别	传统模式	Partnering 模式
目标	项目目标要素的评判差异较大。业主方与承包商方就成本、工期、质量、风险追求不尽相同，容易造成业主盲目压价，承包商追求低成本，重视工期忽视质量等问题	将建设项目各参建方集成为一个整体，在实现业主目标的同时，充分考虑其他参建方的利益，着眼于持续提高和改进。建立绩效评价体系和激励机制，使项目各方在共同目标前提下积极主动处理项目要素关系
信任	信任建立在完成项目建设的能力和诚意的基础上，每个标段均需组织招标确定实施单位	信任建立在共同目标、不隐瞒任何事实以及相互承诺的基础上，长期合作可以采取议标等方式选择实施单位
沟通	项目业主方与承包商方信息不对称，沟通不充分使得各方在项目实施过程中工作方向偏离	建立良好沟通机制，相关各方的信息尽量透明公开，借助网络化信息平台，实现信息及时准确的传递
冲突	随着项目进行，不断出现新的情况，引起项目范围、资源调配、工程量变更等方面变化，参建各方讨价还价，发生利益冲突，产生大量索赔，甚至导致仲裁和诉讼	项目参建各方着眼于长远关系，解决问题过程中考虑合作与理解。通过项目状态评价和冲突处理机制进行协调控制，预警潜在风险，及时化解冲突，尽量减少的争议和索赔
合同	传统的具有法律效力的合同	在传统的强约束力合同基础上增加具有软约束力的 Partnering 协议
期限	合同规定的期限，项目结束合作即结束	可以在一个建设项目中开展合作，更着眼于多个建设项目的长期合作
回报	根据建设项目的工期、质量等因素，进行相应的奖励或惩罚	达成共享建设项目结果的共识，着眼于各方价值的实现，着眼于长期的合作

基于 Partnering 模式的建设项目业主方集成化组织，需要在业主方的主导下实现以下目标：

（1）建设项目各参建方确立共同的项目目标，彼此认同、理解各自的期望和价值；

（2）建设项目各参建方形成超越传统组织便捷的项目团队，实现有效沟通和协调；

（3）建设项目中建立起有效的冲突处理程序，及时发现问题和矛盾，在业主方主持下有效解决；

（4）建设项目参建各方通过现代化的技术手段实现信息和重要资源的共享；

（5）建设项目参建各方在项目实施期间尽可能快地建立起共同认可的项目文化。

5.2.2　基于 Partnering 的复杂建设项目业主方组织集成模式

由于 Partnering 模式的特点，其实施必然会带来一定的管理成本的上升，因此，相对于普通建设项目来说，Partnering 模式尤其适用于复杂建设项目，即越是环境复杂、不确定因素多的项目，越是投资大、参建单位多的项目，越是新技术多、实施难度大的项目，越适合采用 Partnering 模式来重构组织结构，提升管理绩效。

管理的柔性化是当前管理实践的一个发展趋势，随着项目和项目环境的复杂化越来越突出，项目组织结构的柔性化特性也必然越来越明显。基于 Partnering 的复杂建设项目业主方集成化组织结构，很难像直线式、矩阵式、职能式等传统组织结构那样，用一个固定的组织结构图来展示，因为 Partnering 的最大特点是虚化了传统项目组织结构中的组织边界，通过重新定位、重组、调整资源结构和工作安排等方式实现组织的应变能力和管理效率。本书从具体建设项目的角度，针对具体各个参建主体的项目部相互之间如何通过 Partnering 进行组织集成，构建如图 5.5 所示的业主方组织集成模型。

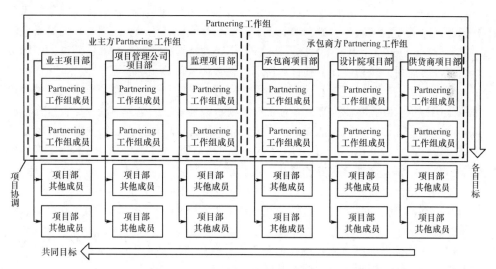

图 5.5　基于 Partnering 模式的复杂建设项目业主方组织集成模型

在该模型中，业主方与承包商方项目部的主要负责人员共同组成了项目的 Partnering 工作组，横向指挥线由业主方进行项目协调，纵向指挥线由各参建方项目部自行协调。这样，将业主方和承包商方各参建单位摆放在平行位置上，在传统的纵向指令关系基础上，增加了 Partnering 协议主导下的 Partnering 工作组为主要形式的横向为主的沟通关系，利用这样的制度化横向沟通措施来减少项目的内耗，提高项目管理的绩效。

利用该组织集成模型，还能够体现复杂建设项目中的自组织和分权化的特征。随着项目规模的扩大和技术难度的增加，复杂建设项目中工作任务和工作界面越来越多，尽管业主方负有指挥、决策、监控的责任，然而不可能将项目中的所有事件和沟通内容都事无巨细地一一过问并掌控。自组织是指没有外界的特定干预的情况下，系统获得空间的、时间或功能的结构过程，也是不断降低自身熵含量，提高其有序度的过程。通过建立合理的 Partnering 组织，搭建参建单位之间有序的沟通合作机制，使得这一集成化项目组织能够通过自我调整、自我改造，在耗散结构各要素的相互作用下逐渐克服系统混乱，通过协同和突变，增强组织系统的自组织和自适应能力，从而促使复杂建设项目管理系统的有序演化和适应进化（刘勇，2009）。而通过 Partnering 组织，使其成员可以具有传统项目组织所不具备的灵活性和适应性，及时地对项目中与其有工作界面关系的成员的需求做出反应，从而有利于解决项目冲突，加快决策，提高组织整体适应项目复杂性的能力。

5.2.3 Partnering 合作伙伴的评价指标体系构建

Partnering 模式能够顺利实施，其关键因素是具有能够理解并贯彻信任、合作理念的参建单位，从业主方来看，即选择理想的合作伙伴，包括设计单位、施工单位、分包单位、材料设备供应单位等。只有选择了适应 Partnering 模式的团队成员，通过签订 Partnering 协议做出承诺，明确 Partnering 协调和沟通机制，才能实现合理的风险分担和及时的矛盾解决，才能实现业主方的复杂建设项目组织集成目标。而对于已经加入到 Partnering 工作组中的成员，业主方也必须持续关注其在项目实施过程中的合作表现，通过科学合理的评价和管理协调，使合作伙伴关系不断调整优化，从而能够更好地适应复杂建设项目动态变化的特征。同时，通过合作伙伴在项目中的合作表现进行正确评价，也能够使得业主方对在后续项目中是否继续选择该成员进行合作做出正确的决策判断。因此，构建 Partnering 合作伙伴评价指标体系，对复杂建设项目业主方来说，无论对于 Partnering 合作伙伴选择的招标期，还是对于和 Partnering 合作伙伴的合作期，都具有非常重要的意义。

本书对 Partnering 合作伙伴评价指标体系的设计采取自上而下，逐层分解的方法。评价指标体系共分为 3 个层次，每一个层次分别选择反映其主要特征的要素作为具体评价指标。

第一层次是目标层（E），以适合业主方的复杂建设项目 Partnering 合作伙伴适应力水平为总目标，用来衡量被评价对象的总体特征。

第二层次是准则层（A），根据目标层的基本内涵，从投标表现 A_1、制度建设 A_2、合作力度 A_3 三个方面对被评价对象进行考察。

第三层次是指标层（B），根据准则层确定的内容和范围，选择 18 项具体评价指标。

（1）投标表现 A_1 准则层：主要考虑传统的招投标评分因素，分别赋予一定权重，以作为被评价对象 Partnering 合作的基本条件。

投标报价（B_{11}）——无论采取何种组织和协调模式，投标报价都是业主要考虑的重要因素。

施工工期（B_{12}）——工期是业主方关注的重要指标，但在复杂建设项目中，一个参建单位的工期往往受到其紧前工作、工作面等条件的影响和制约，而工期影响又要结合其所处是否为进度计划中的关键路径来分析。因此承包商在投标时的工期往往以响应招标文件为准则。

工程质量（B_{13}）——施工单位的工程质量在投标时往往以"合格""优良"等进行承诺，有的承包商会以"鲁班奖"等各级质量奖项作为投标质量承诺。但业主对承包商工程质量的考察主要以企业以往工程的业绩、获奖情况、业主评价等为考虑因素。

企业资质（B_{14}）——企业资质以及投标承诺的项目部人员资质情况，包括相关企业资质等级、人员相关资质证书拥有情况、各类人员的类似项目经验等。

企业信誉（B_{15}）——企业信誉包括企业社会评价、合同履行情况、其他项目业主方反馈等。

技术能力（B_{16}）——对施工单位来说，企业的技术能力往往体现在施工组织设计上，包括施工管理措施、组织机构配置、机械设备保障、质量保证措施、文明和安全施工措施、合理化建议等。

信息管理能力（B_{17}）——集成化项目组织实施的基本条件是现代化的信息通信手段，因此企业的信息管理能力和水平至关重要，如项目部计算机、网络配置情况，人员的计算机操作水平，信息和数据的搜集、整理、存储、上报能力等。

（2）制度建设 A_2 准则层：主要从企业管理和运行机制方面考察投标企业参与 Partnering 工作组的潜力和能力。

企业文化（B_{21}）——主要考察企业文化的特质，及其对员工工作作风、精神状态的影响，看是否有利于项目中与他人的顺畅沟通。

激励措施（B_{22}）——对内部部门和人员是否有对其积极进行项目合作的激励措施。

考核制度（B_{23}）——企业对项目部成员的工作表现、工作效果考核评价的情况。

工作范围（B_{24}）——项目部工作范围是否明确，与其他参建方的工作界面是否清晰，工序搭接关系是否明确。

合作处理问题机制（B_{25}）——企业是否针对 Partnering 工作组建立一套合作处理问题的程序和沟通机制。

（3）合作力度 A_3 准则层：主要从企业及项目部在合作、信任、沟通、共享、分担等方面的合作意愿及主动性。

处理问题灵活性（B_{31}）——在项目中发生冲突时根据具体情况的变通程度，互相体谅、配合的诚意，是否朝着达成各方满意的目标提出解决意见。

主动沟通效率（B_{32}）——能否及时向相关方通报项目遇到的问题及变化情况。

建设性意见（B_{33}）——发挥各自优势提升项目水平的主动性，提出建设性意见的数量、质量和效果。

资源共享（B_{34}）——与其他参建方在信息、经验、知识、技术、设备等方面的互相支持情况。

项目经理合作能力（B_{35}）——项目经理本人的沟通能力、意愿，与他人的关系融洽程度，处理问题的判断力、决策力和执行力。

诚信程度（B_{36}）——项目部及人员诚实守信的程度以及与他人建立信任关系的能力。

综上所述，构建 Partnering 合作伙伴评价指标体系如图 5.6 所示。

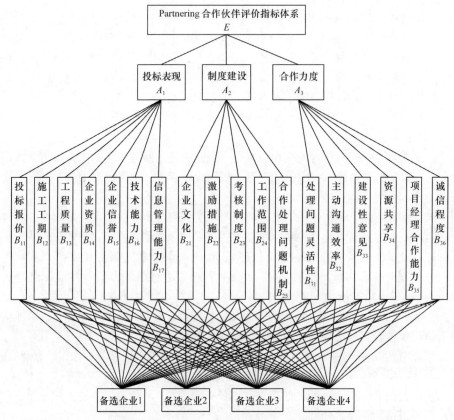

图 5.6　Partnering 合作伙伴评价指标体系

需要说明的是，合作伙伴评价指标体系并不适用于一般意义上的招标评标过程。因为招标往往有严格的程序和时间限制，且其制度设计往往是杜绝评标定标中的人为因素，这也包括业主的人为因素。而且本指标体系中有很多指标是无法在投标文件中呈现的。合作伙伴评价指标体系的着眼点是基于业主方与承包商单位拥有合作经历或者经过较深入了解有合作意向的关系，而其中的投标表现 A_1 也并非特指在具体选择合作伙伴时的投标情况，而是指基于自身了解或者市场调查对潜在合作单位在 A_1 的各项子指标的一贯表现作出判断的情况。

关于业主方对 Partnering 合作伙伴的选择，涉及一个问题，即业主究竟应不应该有一定的自主权？有多大的自主权？本书认为，作为一个非个人的法人组织，在不涉及工程腐败的前提下，业主应当保证有一定的选择权利，尤其是在曾经与某承包商有过愉快合作经历的情况下，业主在决策时倾向于使用合作过的单位无可厚非，"路径依赖"（path dependency）理论也可以解释这一点。当前建设项目公开招标时允许业主派出一定比例的评委，也是为了在一定程度上保证业主选择的权利。

因此，本书构建的 Partnering 合作伙伴评价指标体系，可以在两种情况下发挥作用。一种情况是尚未开标，业主方进行决策时，可根据对潜在合作伙伴单位的情况了解采用本评价指标体系进行评价判断，以确定自身的选择意向。另一种则是针对当前我国建设领域中大量的业主自行招标或竞争性谈判的情况，这种情况下往往是开标不定标，业主会对某几个评标结果投标单位进行业绩、实力考察后择日定标，这种时候本评价指标体系也可发挥重要作用。

5.2.4　基于 AHM 方法的 Partnering 合作伙伴评价指标权重确定

在确定了评价指标内容之后，就需要对各评价指标要素进行权重确定。确定权重常用的方法有层次分析法和多因素价值理论（效用理论）等方法。但这些方法都存在着一定的缺陷，如 AHP 法通过特征根法求解，因此必须检验判断矩阵的一致性，但在实际应用中，判断矩阵一致性很难满足要求。而多因素价值理论在确定效用函数时较为繁琐，主观性成分过多，影响了权重结果的可信度。

本书以属性层次模型（analytic hierarchical model，AHM）来进行风险预警指标的分析。AHM 是一种无结构决策方法，它是和层次分析法相近的一种层次分析模型（张云飞等，2006）。而 AHM 模型对一致性要求很低，只要 $a>b$，$b>c$，则 $a>c$，至于大多少则不具体要求。通常在 AHP 中一致性不能被满足时，对应到 AHM 中却可以得到满足，并且一致性可以通过比较判断矩阵 $(C_{ij})_{n \times n}$ 观察检验。

以图 5.6 为基础建立判断矩阵 $C = (C_{ij})_{n \times n}$。组织相应的专家评估小组评估出各评价指标因素的相对重要性，评价结果由 1~9 的自然数表示，评价标准参考如表 5.2 所示。经评分可得若干两两判断矩阵 $A = (A_{ij})_{n \times n}$，如表 5.3 所示。

表 5.2　风险因素评判准则

相对重要程度	定　义	解　释
1	同等重要	i 和 j 同样重要
3	略微重要	i 比 j 略微重要
5	相当重要	i 比 j 相当重要
7	明显重要	i 比 j 明显重要
9	绝对重要	i 比 j 绝对重要
2，4，6，8	介于两相邻重要程度间	

表 5.3　两两判断矩阵

	A_1	A_2	A_3	...	A_n
A_1	a_{11}	a_{12}	a_{13}	...	a_{1n}
A_2	a_{21}	a_{22}	a_{23}	...	a_{2n}

	A_1	A_2	A_3	...	A_n
A_3	a_{31}	a_{32}	a_{33}	...	a_{3n}
$\vdots$	$\vdots$	$\vdots$	$\vdots$		$\vdots$
A_n	a_{n1}	a_{n2}	a_{n3}	...	a_{nn}

然后应用公式（5.1）将 A 转换为 AHM 中的判断矩阵 C，并逐行检验一致性。

$$C_{ij} = \begin{cases} \dfrac{2k}{2k+1} & a_{ij} = k \\ \dfrac{1}{2k+1} & a_{ij} = \dfrac{1}{k} \\ 0.5 & a_{ij} = 1, i \neq j \\ 0 & a_{ij} = 1, i = j \end{cases} \tag{5.1}$$

公式（5.1）中，a_{ij} 是按照表 5.2 评判准则得出的第 i 个评价指标比第 j 个评价指标的相对重要值。

在建立的判断矩阵中，求出每一行各元素之和，即

$$\overline{W} = \sum_{j=1}^{n} \overline{C_{ij}} \qquad j = 1, 2, \cdots, n \tag{5.2}$$

根据 $\overline{W}$ 由公式（5.3）求出各因素对上一层某要素的相对权重向量。

$$W^i = \frac{2}{N \times (N-1)} \times \overline{W} \tag{5.3}$$

则 W^i 即为所求的特征向量，即本层次各因素对上一层的相对权重向量。上标 i 对应该层的层次结构名称。

根据 W^i，利用公式（5.4）可求各评价指标相对目标的合成权重 W^{ij}。这里 W^{ij} 是指第 i 层相对于第 j 层的合成权重，W^i、W^j 均为具体某一层的权重。

$$W^{ij} = (W^{i1}, W^{i2}, \cdots, W^{in}) \times W^j \tag{5.4}$$

通过上述 AHM 方法，可同时对定性与定量因素进行两两比较，获得比较接近实际的相对权重。

各层次的判断矩阵及相应权重见表 5.4、表 5.5。

表 5.4 E-A 判断矩阵

E-A 原始判断矩阵

E	A_1	A_2	A_3
A_1	1	1	1/2
A_2	1	1	1/2
A_3	2	2	1

E-A 转换后的 AHM 判断矩阵

E	A_1	A_2	A_3	W^E
A_1	0	0.5	0.2	0.233 3
A_2	0.5	0	0.2	0.233 3
A_3	0.8	0.8	0	0.533 3

表 5.5　A-B 判断矩阵

A_1-B 原始判断矩阵

A_1	B_{11}	B_{12}	B_{13}	B_{14}	B_{15}	B_{16}	B_{17}
B_{11}	1	2	1	1/2	1	1/3	1/2
B_{12}	1/2	1	1/5	1/2	1/2	1/3	1/2
B_{13}	1	5	1	2	2	1	2
B_{14}	2	2	1/2	1	1/2	1/2	1
B_{15}	1	2	1/2	2	1	1/2	1
B_{16}	3	3	1	2	2	1	1
B_{17}	2	2	1/2	1	1	1	1

A_1-B 转换后的 AHM 判断矩阵

A_1	B_{11}	B_{12}	B_{13}	B_{14}	B_{15}	B_{16}	B_{17}	W^{A_1}
B_{11}	0	0.8	0.5	0.2	0.5	0.5	0.142 9	0.125 8
B_{12}	0.142 9	0	0.090 9	0.2	0.2	0.2	0.142 9	0.046 5
B_{13}	0.5	0.909 1	0	0.8	0.8	0.5	0.8	0.205 2
B_{14}	0.8	0.8	0.2	0	0.2	0.2	0.5	0.128 6
B_{15}	0.5	0.8	0.2	0.8	0	0.5	0.2	0.142 9
B_{16}	0.857 1	0.857 1	0.5	0.8	0.8	0	0.5	0.205 4
B_{17}	0.8	0.8	0.2	0.5	0.5	0.5	0	0.157 1

A_2-B 原始判断矩阵

A_2	B_{21}	B_{22}	B_{23}	B_{24}	B_{25}
B_{21}	1	1/2	1/2	1/2	1/3
B_{22}	2	1	1/2	1	1/2
B_{23}	2	2	1	1	1/2
B_{24}	2	1	1	1	1/2
B_{25}	3	2	2	2	1

A_2-B 转换后的 AHM 判断矩阵

A_2	B_{21}	B_{22}	B_{23}	B_{24}	B_{25}	W^{A_2}
B_{21}	0	0.2	0.2	0.2	0.142 9	0.074 3
B_{22}	0.8	0	0.2	0.5	0.2	0.17

A_2	B_{21}	B_{22}	B_{23}	B_{24}	B_{25}	W^{A_2}
B_{23}	0.8	0.8	0	0.5	0.5	0.26
B_{24}	0.8	0.5	0.5	0	0.5	0.23
B_{25}	0.857 1	0.8	0.8	0.8	0	0.325 7

$A_3\text{-}B$ 原始判断矩阵

A_3	B_{31}	B_{32}	B_{33}	B_{34}	B_{35}	B_{36}
B_{31}	1	2	2	3	1	2
B_{32}	1/2	1	3	2	1	2
B_{33}	1/2	1/3	1	2	1	2
B_{34}	1/3	1/2	1/2	1	1/3	1
B_{35}	1	1	1	3	1	1/3
B_{36}	1/2	1/2	1/2	1	3	1

$A_3\text{-}B$ 转换后的 AHM 判断矩阵

A_3	B_{31}	B_{32}	B_{33}	B_{34}	B_{35}	B_{36}	W^{A_3}
B_{31}	0	0.8	0.8	0.857 1	0.5	0.8	0.250 5
B_{32}	0.2	0	0.857 1	0.8	0.5	0.8	0.210 5
B_{33}	0.2	0.142 9	0	0.8	0.5	0.8	0.162 9
B_{34}	0.142 9	0.2	0.2	0	0.142 9	0.5	0.079 1
B_{35}	0.5	0.5	0.857 1	0	0.142 9	0.166 7
B_{36}	0.2	0.2	0.2	0.5	0.857 1	0	0.130 5

合成权重亦可求出：

$$W^{B_{11}\sim B_{17}} = W^{A_1} \times W^E = (0.029\ 4,\ 0.010\ 9,\ 0.047\ 9,\ 0.03,\ 0.033\ 4,\ 0.047\ 9,\ 0.036\ 7)$$

$$W^{B_{21}\sim B_{25}} = W^{A_2} \times W^E = (0.017\ 3,\ 0.039\ 7,\ 0.060\ 7,\ 0.053\ 7,\ 0.076)$$

$$W^{B_{31}\sim B_{36}} = W^{A_3} \times W^E = (0.133\ 6,\ 0.112\ 3,\ 0.086\ 9,\ 0.042\ 2,\ 0.088\ 9,\ 0.069\ 6)$$

5.3 基于虚拟组织的复杂建设项目业主方组织集成

5.3.1 虚拟组织和 Partnering 的区别与联系

虚拟组织（virtual organization，VO）是指的两个或两个以上的企业、机构或者个人，在项目任务日趋复杂的形势下，为了更好更迅速地向用户提供产品或服务，需要形成一种相互信任的临时性合作组织。虚拟组织主要具有以下特点：

（1）虚拟组织是一种开放式的组织结构，它不具备法人资格，没有固定的内部管理系统，具有较大的灵活性和适应性。

（2）虚拟组织以组织结构扁平、组织效率高效、组成成员动态为特点，目的是利用现代化的信息通信技术，实现资源、信息、经验、知识的共享。

（3）虚拟组织是由一个项目或者某项工作任务组建起来的，参与者在各自的核心能力基础上进行协同工作。虚拟组织的价值在于能够整合各成员的核心能力和资源，从而降低时间、费用和风险，提高组织的服务能力。

（4）虚拟组织是一种动态的合作关系，组织成员随时进出，一旦项目或者任务结束，虚拟组织自动解散。合作是虚拟组织存在的基础，但它突破了以内部组织制度为基础的传统管理方法，各成员保持着原有的行为风格和习惯，因此虚拟组织的协调至关重要。

Partnering 模式强调的重点是将业主方与承包商方的对抗关系变更为合作关系，业主方主导建立 Partnering 工作组，通过签订 Partnering 协议做出承诺，兼顾各参建方利益，构建完善、快捷的沟通和协调机制，实现风险的合理分担和矛盾的友好解决。

Partnering 模式与虚拟组织的相似之处在于，Partnering 也是一种临时性的合作组织，也是为了某一个项目或工作任务而组建的，也是以实现组织结构扁平化、组织运转高效化、组织成员动态化为组建目标。从这个角度来看，可以说 Partnering 是虚拟组织的一种具体体现形式。

然而二者还是有一定区别的。首先，虚拟组织强调的是参与者在各自的核心能力基础上进行协同工作，目标是发挥各自能力之中最优势的部分；而 Partnering 模式所联结的是以工程合同为合作基础的复杂建设项目各个参建方，其合作目标是以合同规定的责任和义务为前提，并不仅限于发挥核心能力。其次，虚拟组织强调的是通过建立临时性合作组织来弥补某个实体组织自身能力上的不足，对于复杂建设项目来说，在项目生命周期不同阶段需要有不同的成员进出虚拟组织，而 Partnering 工作组的成员主要集中在项目生命周期的施工期内，因此就成员动态性表现来看，虚拟组织要远远比 Partnering 活跃得多。再次，Partnering 强调的是变"对抗"为"合作"，本身所关联的就是一批同处于一个建设项目中的利益相关方；而虚拟组织强调的是"不求所有，但求所用"，其关联的是由于能力或知识的短缺而临时性吸纳进组织内的单位或个人。

由此可见，对于业主方来讲，进行复杂建设项目的组织集成工作，Partnering 和虚拟组织各有其作用，二者不可互相替代。Partnering 模式反映了业主方对建设项目承包商方的合作化集成，目的是将项目参建方各自分散的目标和方向整合到项目整体利益上来，将所有参建方凝聚成一个具有统一思维和行为模式的整体性组织。而虚拟组织的特点使得它更适合有业主方进行主导，在项目全生命周期内根据不同阶段的业主方工作内容和特点，通过采取各种形式的合作，动态性、临时性地将复杂建设项目业主方所需要的能力和知识集成到自身。

5.3.2 虚拟组织与复杂建设项目业主方知识集成

管理大师德鲁克认为，21 世纪的组织，最有价值的资产是组织内的知识工作者和他们的生产力。在当今的知识经济时代，知识和创新已经成为财富的主要来源，而组织最重要的任务就是对知识进行管理。

知识可以分为显性知识（编码型知识）和隐性知识（意会型知识）两种类型。前者是指一般能够由计算机处理的、可以度量的知识，也称为典籍知识；后者是属于人的头脑中的经验、诀窍和灵感等，难以编码和度量，并且处于不断演变的进程当中，包含了对知识进行综合性的加工与创造。二者的区别如表 5.6 所示。

表 5.6　显性知识与隐性知识的比较

比较内容	显性知识	隐性知识
本质	可以编码化、显性化	个人的，特定情形的
存储方式	可存储在书籍、文件、数据库等实体介质中	存储在大脑中
形成过程	产生于对信息的解释和加工	产生于实践中不断尝试和错误的过程
转化过程	学习、吸收	通过隐喻或类推等外化方法
IT 支持	可以很好地被 IT 支持	很难用 IT 来管理、共享
需要媒介	需要丰富的沟通媒介	常规电子或纸质渠道即可传递

对于复杂建设项目，业主方与承包商方在知识的深度和广度上存在较大差别：业主方需要总览全局，对知识的广度要求较高，但无论在哪个领域，都很难比承包商方占有的知识更深、更全，这也是建设项目交易中信息不对称的根源所在。由于交易双方拥有的知识、资料、经验不同，造成了双方的利益失衡，从而影响了市场资源配置的效率，造成了交易成本的增加。具体体现在：

（1）在建设项目设计阶段，业主方对规划、设计的了解不够，不能够提出准确、合理的设计任务书，不能够充分考虑项目交付物使用需求对设计的影响，不能够及时掌控和监督设计方的图纸设计进度，不能够及时发现设计方案和图纸中存在的技术问题。

（2）在建设项目采购阶段，业主方对工程、设备、材料的专业知识掌握不够，不能够提出招标文件中的技术和参数要求，不能够编制无缺项漏项的工程量清单，不能够发现投标方投标方案、企业能力等方面的缺陷。

（3）在建设项目施工阶段，业主方对施工经验、常识以及相关规范、标准等掌握不够，不能够及时发现施工质量缺陷，不能够对项目进度以及发展趋势做出准确的评估和判断，不能够及时处理相关的签证和索赔。

（4）在建设项目竣工验收阶段，业主方对相关的验收规范、标准掌握不够，不能够发现并提出相关质量问题和整改要求，不能够准确评判承包商方的工作质量。

面对上述复杂建设项目繁重的管理工作和专业技术工作，业主方显然难以仅凭借自身组织内的力量将所有需要的显性知识和隐性知识汇聚齐备。因此，需要借助虚拟组织的构建，研究如何在不失去业主方自身对复杂建设项目的控制的前提下，如何获取、利用并管理外部的组织和人员的知识，即通过虚拟组织进行知识集成，目的是尽可能获得与承包商方的信息对等权，从而在项目全生命周期内更好地提升管理绩效。

基于虚拟组织进行复杂建设项目业主方的知识集成，目的是将包括知识的生产、分享、应用、创新等在内的知识管理全过程借助业主方能够整合的所有外部力量，将显性知识和隐形知识相互转化，对业主方和承包商方的知识进行有效的补充，将这些知识逐步汇聚，复合为项目共享、共用的知识。

基于虚拟组织进行复杂建设项目业主方的知识集成，首先要分析复杂建设项目业主方知识管理所涉及的范围。项目管理本身就是一个只是管理的过程。复杂建设项目知识，首先是项目管理知识体系，包括相关的管理理论、方法和工具，以及相应的财务、资金管理知识；其次是工程知识，如规划、设计、地质勘察、建筑、结构、强电、弱电、通风、给排水、暖通、空调等专业技术知识以及相关的规范、标准、工艺流程等，再次是建设项目本身的类型所限定的从使用方提出的需求知识，如医院、商业、住宅的层高、开间、进深、照明、通风、空气质量等的各自需求；最后还包括同类型建设项目实施经历带来的经验、直觉、判断力等隐性知识。这些知识种类繁杂，但都是建设好一个复杂项目的业主方所必然要求掌握的。无论是个人还是一个有明确组织边界的团队，乃至一个整合了各个参建方的 Partnering 工作组，显然都难以将所有需要的知识集于一体。因此，只有通过业主方的主导，建立一个泛边界的、开放式的虚拟组织，方可在项目生命周期内根据需要随时向项目相关方提供知识支持。

在复杂建设项目生命周期内，对上述知识的获取和使用一般要经历以下五个阶段：

（1）根据项目任务的需要，确定所需求知识的内容；

（2）寻找、发现知识源；

（3）获取相关的显性知识，如技术要求、规范、文件等；

（4）组织知识沟通，获取隐形知识，如经验、判断等；

（5）通过知识应用解决问题，积累知识管理经验，在本项目中沉淀相关知识。

5.3.3　复杂建设项目业主方知识集成虚拟组织体系构建

构建复杂建设项目业主方知识集成虚拟组织体系，就是要在项目全生命周期内，根据不同阶段的工作任务，由业主方根据该阶段的知识管理任务，分别整合项目内外的企业、专家，成立相应的虚拟组织，如项目策划 VO、施工技术与工艺 VO、项目设计 VO、材料与设备 VO 等，VO 与业主方形成"虚拟组织组建-虚拟组织工作建议-业主方决策-项目实施控制"的工作流程，如图 5.7 所示。

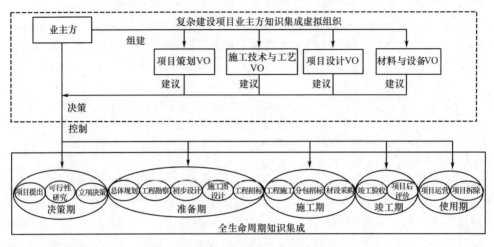

图 5.7　全生命周期复杂建设项目业主方知识集成虚拟组织

该虚拟组织的运作特性分析如下：

（1）利用业主方的主导实现专业分工和整合。能够发挥组织成员的核心专业能力，这是虚拟组织的最大优势。业主方在项目中处于主导地位，对项目的全生命周期和全要素的知识需求状态最为了解，因此能够了解自身项目管理知识和技术知识的缺陷。在此基础上进行项目外的虚拟组织成员的寻找，更能有的放矢。根据专业分工的原则安排相应虚拟组织成员的工作，然后对所有成员的工作成果进行整合。

（2）动态弹性组织。该虚拟组织的组建以建设项目实施期间的具体工作需要为基础，随着项目需求的变动，组织成员构成也随之变动，组织的成员数量、存在时间都是动态的、弹性的，一旦项目结束，该虚拟组织也随之宣告完成使命。

（3）跨空间的协同合作。现代信息技术和互联网的普及使得人们的沟通交流不再受到地域的限制，这也是虚拟组织产生的基础。依靠现代化的信息沟通手段，虚拟组织成员可以在不同城市乃至不同国家协同进行合作，共同完成建设项目业主方所安排的任务。

（4）资源、信息和知识的共享。为了有效实现虚拟组织协同完成建设项目的目标，组织成员之间需要事先对信息进行有效、及时的沟通和共享，为此，建设基于网络的项目管理信息平台是虚拟组织建设的必要条件。

（5）松散式契约化管理。虚拟组织相对比较松散，受控程度无法和传统组织形式相比，虚拟组织是泛边界化的，但每位成员与组织之间仍存在着责任与利益分配的问题，因此仍然需要以契约的形式明确规定成员的责任、权利、义务及利益分配等。建立起有效的激励与约束机制，对于调动成员的积极性、规避成员的道德风险将起到很大的帮助。

要实现知识集成虚拟组织，由业主方主导的信息平台是主要途径。信息平台具体的功能、结构和开发将在第 6 章详细论述，而知识集成是其功能之一。此处仅就信息平台实现知识集成的功能进行分析。复杂建设项目信息平台的知识集成功能应包括以

下模块:

(1)专家管理。业主方应通过信息平台建立参建方共享的专家库,通过跨部门、跨业务的专家库建设,使专家知识和经验在项目建设过程中随时发挥咨询、顾问的作用。

(2)知识内容管理。业主方应通过信息平台建立共享的、可由参建方共同维护的项目信息和知识库,针对复杂建设项目中的交叉领域、新技术实现参建方的知识共享和复合型知识的提炼。

(3)协同合作管理。业主方应通过信息平台使虚拟组织成员进行便捷、顺畅的沟通和合作,能够迅速地共享和交换各自的信息、知识和经验。

(4)业主方决策管理。就建设项目的决策事项,信息平台应能够汇总决策事项相关联的参建方和虚拟组织成员意见,为业主方决策者提供相应的信息和数据支持。

(5)使用支持管理。信息平台中应根据虚拟组织的运作流程,对虚拟组织成员的加入、发挥作用、退出等操作提供易用的操作支持。

(6)学习型组织管理。信息平台应根据知识集成管理的流程,使组织成员能够及时接收到与其工作相关的知识和技能提升的文献、资料、数据。

(7)搜索引擎。信息平台应提供面向全体参建方和虚拟组织成员用户的快速搜索引擎,便于用户及时查询到相关的信息。

(8)知识集成流程管理。信息平台应根据知识集成管理的流程,构建内在的"知识收集-知识管理-知识沉淀-知识分享-知识利用-知识创新"的知识管理价值链,使平台用户能够将自身的知识学习、利用和信息平台知识库的积累、建设紧密结合起来。

综上所述,复杂建设项目信息平台的知识集成功能模块如图 5.8 所示。

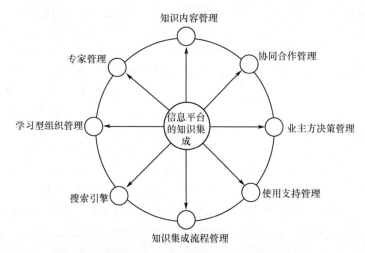

图 5.8　复杂建设项目信息平台的知识集成功能模块

5.4 基于协调管理的复杂建设项目其他利益相关方组织集成

5.4.1 建设项目协调理论

协调是对活动之间相互依赖性的管理。所谓"协"，是指"同心之和，从心，从力"，所谓"调"，是指"调节、调和"，所谓"协调"，就是协商问题和调节关系。管理中的协调，是指管理者采用一定手段和方法，对管理活动中的各个要素之间的关系以及存在问题进行协商和调节，使要素之间关系协调、配合密切，从而高效地实现管理目标的活动（郭峰等，2009）。协调既包括人与人之间的协调，也包括人与物之间的协调，还包括物与物之间的协调，但最关键的还是人与人之间的协调。

从系统论的角度看，协调本质上是系统内各元素相互关系的调整。在复杂建设项目系统中，项目生命周期各个阶段，项目各利益相关方、项目的各种目标、项目组织的各个成员都是这一系统的子系统，而协调就是对这些子系统进行时间、空间和功能结构的调节。协调意味着使建设活动相互配合、建设速度相互适应、参建单位相互合作，从而形成整体一致的同方向合力，实现项目目标。

而对于业主方来说，协调是实施业主集成管理的一种主要活动形式，协调的工作量往往与建设项目复杂度成正比。这是由于建设项目的界面管理特性决定的。所谓界面（interface），是指不同物体之间的分界之处，在建设项目的各类子系统中，如参建方子系统、目标子系统、组织子系统、专业子系统之间，以及子系统与外部环境之间都存在着复杂的界面，这些界面之间边界是否明确，相互之间连接是否顺畅，直接决定了建设项目这一复杂系统的运转效率。

在建设项目管理中，业主方的界面协调管理主要涉及三种，即实体界面、合同界面和组织界面（Pavitt et al.，2003）。其中实体界面是真实存在的，两个或多个建筑因素或部位的实体连接，其数量和复杂性取决于工程的详细设计以及施工组织设计的合理与否。对于实体界面来说，如果其产生于某一承包商内部，则不属于项目业主方协调层面的问题；而如果由于分标段发包产生不同承包商之间的实体界面问题，则可将其看作是由合同界面引起的。组织界面是项目参与各方之间的相互连接，不同组织之间的有效管理是项目成功的关键，组织界面的管理主要靠项目组织架构的合理构建、业主方的有效协调和项目的信息管理平台来实现。合同界面，指同一工程项目，不同工作包所签订的相互依赖和制约的合同之间，在空间位置和工作内容上的具体界定，不同工作包的合同界面必须在项目早期明确并在项目实施过程中加强管理。

复杂建设项目中，由于与业主方发生合同关系的承包单位数量增多，带来的协调工作量也随之增大。界面管理是效率的重要来源，建设项目本身就是一种跨组织的行为过程，项目参与各方之间的沟通和协调对于项目成败具有重大影响。如果界面管理协调不好，项目很容易由于各方利益冲突或相互协作出现失控而产生问题。在实施组织集成的建设项目中，由于参与各方需要有比之以往更加频繁和紧密的合作，界面协调管理更为重要。

5.4.2　业主方对其他利益相关方的协调型组织集成

业主方对建设项目利益相关方的协调管理主要包括两方面：一是对项目参建方的协调，如施工承包商、设计单位、供货单位、勘察单位等；二是对项目其他利益相关方的协调，如政府、社区、用户、媒体等。对参建方的协调和管理，业主方拥有较大的主动权和控制权，在 5.2 节中以 Partnering 模式为基础进行了研究。本节重点讨论对项目其他利益相关方的协调。

从组织的角度来看，传统上人们并不将其他利益相关方视作项目组织的成员，而是看作项目运行环境要素的一部分。但事实上无论是政府、主管部门还是银行、居民、媒体，都不自觉地参与到了项目建设的相关事项之中，且其行为究竟是促进还是阻碍项目的实施，很大程度上决定于业主方与其的协调措施和方法是否得当。因此，从建设项目业主方的角度来看，其他利益相关方的力量也是其需要集成的内容，如果将建设项目组织泛边界化，则完全有必要由业主方对这部分利益相关方以协调手段为主来进行组织集成，我们称之为业主方对其他利益相关方的协调型组织集成。图 5.9 表明了建设项目其他利益相关方的"力"在业主方的协调型组织集成下，对建设项目的顺利实施起到了正方向的促进作用。所谓协调型组织集成，即业主方对这些其他利益相关方不再具备主导方的优势，也无法控制或指挥其行为，因此只能详细分析对方的利益诉求以及其可能产生的对项目有利或不利行为，权衡后做出相应的自身行为决策，变冲突为和谐，以此来确保作用在传统项目组织边界上的"力"与项目目标保持最大一致性。

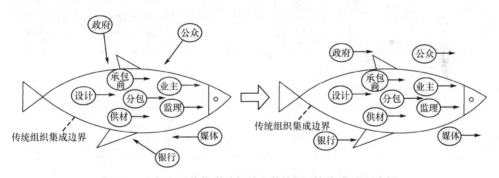

图 5.9　业主方对其他利益相关方的协调型组织集成示意图

1. 其他利益相关方的利益分析　参建方之外的其他利益相关方，可以看做是项目社会环境的重要因素，由于大多不与业主方发生合同关系，因此业主方对其影响力和控制力要较项目内的参建方弱。然而其对项目的影响力却往往不可忽视，如政府主管部门、周边居民等，如果关系协调处理不得当，可能对项目的顺利实施造成业主方无法控制的影响。

1）政府部门利益分析

在我国目前的市场经济体制中，政府对建设行业的管理责任部门众多，如发改委、规划局、土地局、建设局、人防办、消防部门、环保局等。各部门对建设项目负有各自领域的审批和监管职能；而各级政府本身对建设项目也有其进度、经济效益、社会效益、环境效益的需求。表 5.7 对政府及与建设项目相关的部分政府部门利益进行了具体分析。

表 5.7 政府及其有关部门对建设项目的利益需求分析

政府及有关部门	对项目的需求	有利于项目的行为	不利于项目的行为
地方各级政府	通过建设项目促进经济繁荣和发展,增加地方财政收入,提升城市形象,解决劳动就业,增加税收,丰富产业结构,促进相关产业发展等	督促有关建设主管部门,加快项目的行政审批,规范建设监管,保障项目顺利实施	对建设项目不予支持,部署有关主管部门加强审批和监管,对项目实施造成障碍
发改委	通过建设项目立项带动经济社会发展	尽早予以立项审批或备案	不予或拖延立项审批、备案。项目无法立项,无法开工
规划局	建设项目符合城市规划要求,项目外观符合城市形象及色彩要求	尽早予以规划方案审批,办理用地规划许可证、建筑工程规划许可证	不予或拖延规划方案、建设用地规划许可证、建筑工程规划许可证办理。项目无法开工
土地局	建设用地符合国家土地利用规划,土地使用权产权清晰无纠纷	尽早进行土地手续及土地证办理	延迟或不予进行土地手续及土地证办理。项目无法开工
建设局	建设项目质量、安全管理符合有关法规要求,无农民工工资拖欠现象,开工许可手续齐全	及时办理质量监督、安全监督、开工许可证等手续	延迟或找各种理由不予办理质量监督、安全监督、开工许可证等手续,建设期间发现有违规施工随时下令停工整改。项目无法开工或建设期间可能停工
人防办	建设项目地下人防设施符合相关人防法规要求或及时缴纳人防异地建设费	及时办理人防手续	不予办理人防手续,项目无法开工
消防部门	建设项目图纸设计符合消防要求,相关材料设备符合防火等级要求和验收标准	及时完成图纸消防审查,竣工后及时进行消防验收	消防图审和消防验收通不过,项目无法开工或竣工后无法使用
环保局	建设项目通过环境影响评价,污水、废水、废气等进行处理,排放符合国家环保法规定。施工期间噪声、扬尘等符合相关规定	及时组织专家,通过环境影响评价。协助协调噪声扬尘等扰民问题,确保项目顺利实施	无法通过环境影响评价,项目无法立项。因噪声、扬尘、排污等下达停工令,项目无法顺利施工

2）周边居民及用户利益分析

项目建设会促进所在地域的经济社会发展,但项目施工期间往往会给周边居民带来噪声、扬尘等困扰,项目占用土地还可能涉及周边居民的拆迁安置、补偿等问题,这些问题处理不好,周边居民有可能会采取各种手段干扰、阻碍项目顺利进行。而项目的用户对项目的功能、布局、设施配置以及交付后的相关物业管理、设施管理服务都有相应的具体要求,用户的需求决定了项目的存在价值。

3）银行等金融机构利益分析

复杂建设项目往往投资额巨大，资金来源以及投资风险是每一个项目业主方都要面对的问题。银行等金融机构往往是项目建设资金的主要来源。他们对项目的需求是希望通过贷款及融资能够保障项目顺利实施，及时回收贷款本金和利息，建立广泛的优质客户关系，使自身的信贷业务得到良性发展，同时也在客户群中形成良好的声誉和影响力。

4）新闻媒体利益分析

复杂建设项目往往为社会所关注，在项目论证、立项、建设、使用期间都可能得到报纸、电视、网络等各类新闻媒体的采访和报道。正面报道能够使项目获得更高的关注度，争取到更多的社会支持，使项目交付物产生更大的附加价值；负面报道则会使项目实施环境恶化，严重时还会影响项目顺利进行。新闻媒体对建设项目的关注点包括项目建成后的经济和社会效益，以及项目建设期间的正面和负面新闻事件。因此，建设项目业主方应及时、主动与新闻媒体进行协调、沟通，确保项目在媒体中的正面和积极形象。

2. 协调型组织集成中的利益平衡　复杂建设项目面对的其他利益相关方的类型、数量及其利益诉求的内容很多，协调型组织集成中，业主方必须意识到项目组织运行绩效与其他利益相关方的认同和支持息息相关，应通过主动行为使得其他利益相关方的利益要求与项目自身的利益要求在建设项目组织运行中实现平衡。所谓的利益要求平衡，不是对每一类其他利益相关方的利益要求都无条件地满足，而是在对其他利益相关方进行科学识别、分类的基础上，对项目影响较大的相关方需求予以优先重视，赋予更高的权重。

从前文分析可以看出，其他利益相关方对建设项目的利益需求可以分为两类，一类是诸如质量优良、竣工及时等与项目及业主方利益基本一致的需求；另一类是诸如贷款利率提高，因噪音扰民需要停工，额外的征地补偿，负面新闻报道等与项目及业主方利益不一致的需求。对于前者，业主方只需协调相关参建方按照项目目标体系实施即可，业主方与其他利益相关方相互作用产生的是叠加的项目推动力。而对于后者，则需要业主方认真分析项目利益诉求和其他利益相关方的利益诉求，寻求利益平衡点。

图 5.10 表明了业主方与其他利益相关方就"不一致需求"进行利益平衡的动态过程。以时间 T 为横坐标，利益 G 为纵坐标，分别作业主方能放弃的利益和其他利益相关方能接受的利益的变化曲线。就"不一致需求"，其他利益相关方的利益诉求往往最开始有一个较高的期望值，而对业主方来说，最理想的位置是原点 O，此时业主方利益为最大值。然而现实中业主方利益和其他利益相关方"不一致需求"的利益总是同时存在，且具有互逆性及相互矛盾，双方的博弈过程总是业主方逐步提高放弃利益的量，其他利益相关方降低获取利益的期望，其结果是在两条曲线之间存在一个交叉点 B，这个交叉点可称为业主方可接受的项目损失，即利益平衡点。形成利益平衡点的过程，是一个业主方进行比较、权衡的过程。如项目施工期间，某施工段大体积混凝土浇注需持续 48h，周边居民投诉夜间施工噪音扰民，投诉至环保局要求工地停工整改，业主方的需权衡自身利益曲线，自身利益有两种放弃的途径：一是停工整改，会导致工期拖延，还需支付施工单位窝工费，且大体积混凝土不连续浇筑则质量受损；

二是不停工，支付周边居民一定噪音补偿费。周边居民在项目夜间施工的现状下，其自身额外利益曲线上，利益的增加也有两种途径：一是要求对方停工，享受夜间宁静睡眠；二是允许对方施工，获取一定经济补偿，且认为该补偿超过了噪声带来的精神损害。若在 T 轴的 S 点，则业主方利益 $TS>US$；若在 T 轴的 R 点，则 $RD<RC$，业主方利益受损过大，无法接受；双方其实到达不了 R 点，随着 AD 曲线下降和 OC 曲线上升，在 E 点即可达到平衡，此时业主方与其他利益相关方的利益相互妥协得到一个平衡点 B，且业主方能放弃的利益等于其他利益相关方能接受的利益。

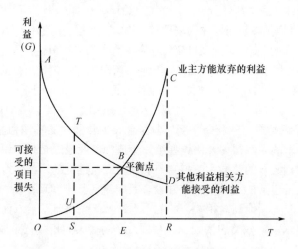

图 5.10　业主方与其他利益相关方利益平衡过程

5.5　本章小结

本章就复杂建设项目中业主方如何进行项目组织集成进行分析研究。首先解析了建设项目组织的定义，指出复杂建设项目中在业主方集成管理理念指导下构建项目组织应与业主角色、全生命周期、项目流程、组织有限性相结合。其次构建了复杂建设项目组织集成构成要素模型，并对项目组织运行机制进行了分析。

随后分别对项目参建方组织集成、知识集成和其他利益相关方组织集成进行研究。构建了基于 Partnering 的业主方对参建方的组织集成模式、基于虚拟组织的业主方知识集成模式和基于协调管理的业主方对其他利益相关方的组织集成模式。在对参建方组织集成的研究中，构建了业主方组织集成模型，解析了 Partnering 运行流程，构建了 Partnering 合作伙伴评价指标体系并建立了基于 AHM 的测定权重方法。在对知识集成的研究中，对 Partnering 和虚拟组织进行了对比，提出了基于虚拟组织进行业主方知识集成的方法，并分析了基于项目信息平台的知识集成功能模块。在对其他利益相关方组织集成的研究中，分析了业主方对其他利益相关方协调型组织集成的作用及利益平衡的过程。由此，复杂建设项目业主方组织集成的三个子模块：基于 Partnering 的参建方集成、基于虚拟组织的知识集成、基于协调管理的其他利益相关方集成全部构建完成。

第6章　复杂建设项目的业主方信息集成

信息集成是复杂建设项目集成管理的关键因素，是连接项目生命周期各个阶段、项目不同参建方、不同利益相关方、项目各管理要素的"神经中枢系统"。自20世纪70年代以来，人们运用计算机和网络技术，在项目管理信息系统方面进行了大量的研究与开发，不仅丰富了项目管理的理论，而且大大提高了项目管理的实际工作效率。然而，在我国的工程建设领域，项目管理最薄弱的工作环节往往还是信息管理。很多建设项目中的信息管理还相当落后，这种落后主要表现在对信息管理的理解存在偏差，信息管理组织混乱，信息传递、交流方法和手段落后等方面。

在复杂建设项目的信息管理过程中，由于各参建方在信息方面的不对称性和不充分性表现得更为明显，往往使得最终结果与用户需求存在着一定的差距。而业主方作为项目的总集成方，对项目整体信息的管理和组织是否科学合理，也对项目成败产生着巨大影响。本章旨在探讨业主方如何构建复杂建设项目集成化的业主方项目管理平台（owners project management platform，OPMP），使得信息成为集成项目全生命周期、项目组织、项目目标、项目管理要素等维度的畅通桥梁。

6.1　复杂建设项目信息集成内涵分析

6.1.1　建设项目信息概述

信息泛指人类社会传播的一切内容。组织复杂性的变化，归根结底是信息的变化和增加（苗东升，2000）。建设项目信息是指建设项目生命周期内产生的，反应和控制项目管理活动的所有组织、管理、技术和经济信息，其载体表现为有价值的文字、数据、图形、图表、录音、录像等。建设项目信息的功能是用来反应项目建设过程中各项业务在空间上的分布和在时间上的变化程度，为项目管理者提供有价值的数据资料。

建设项目信息包括各种类型：

1）按照来源不同划分：

（1）内部信息是指项目全生命周期内，项目组织内部产生的各类信息，如业主方的项目决策信息、项目管理信息以及不同参建单位施工现场产生的质量、进度、安全等信息。

（2）外部信息是指项目组织外部的环境和组织外单位产生的信息，如人工、材料、设备的价格波动信息，政府部门行业法律、法规、规范、标准等。

2）按照信息流向的不同划分：

（1）自上而下的信息。是指建设项目的决策层向管理层，管理层向作业层传递的信息，或者是在项目内分级管理的机构中，上级向下级发送的信息，如工作要求、工作安排、工作制度等。

（2）自下而上的信息。是指建设项目的作业层向管理层，管理层向决策层传递的信息，或是在项目内分级管理的机构中，下级向上级发送的信息，如项目进度、质量情况汇报等。

（3）横向流动的信息。是指同一层次的机构或人员相互之间传递的信息。横向信息是由同一管理幅度下的分工不同但彼此之间有需要进行沟通协作而产生的。

（4）集散信息。是指项目的信息管理部门向项目内有关人员发布的信息，这类信息根据工作需要，其传递对象可包括决策层、管理层、操作层，如统计、汇总、公告类的信息。

（5）项目内外流动的信息。主要指项目业主与政府、银行、公众、媒体以及项目参建方与各类与项目建设有关单位之间的信息交流。

从业主方的角度来看，为了满足其项目管理的需要，信息需求的种类和数量在所有参建方中是最多的，具体如表 6.1 所示。

表 6.1 复杂建设项目业主方信息类型

信息类别	信息形式
勘察设计类	地质勘察、规划设计、施工图设计、专项设计……
招标采购类	招标公告、招标文件、评标记录、中标通知书……
合同管理类	咨询合同、设计合同、分包合同、供货合同……
综合信息类	行政手续、通讯录、音像资料、规章制度……
投资管理类	概预算、资金需求计划、付款、决算资料……
计划报告类	年度计划、月度计划、周计划、监理月报……
进度管理类	进度计划、实际进度报告、进度分析报告……
沟通协调类	工作联系单、邮件、会议通知、会议纪要……

6.1.2 复杂建设项目信息集成的必要性

信息具有不完全性，物质系统的运动是永恒的，信息的产生也是源源不竭的，但人们的认识总是有限的，对客观物质世界的了解不可能包揽无余，因此对信息的掌控也总是片面和局部的。由于信息的不完全性，对于复杂建设项目，在业主方和承包商方之间，信息的不完全、不对称总是客观存在的。类似于理想的市场经济下，市场的有效运行要想靠价格这只"看不见的手"来自动调节，生产者和消费者都要以占有充分的信息为前提，在建筑市场中，业主方和承包商方只有在充分占有对方信息的情况下才能做出真正正确的决策，如承包商需要知道业主的建设意图、财务支付实力等，业主需要知道承包商的施工能力、信誉等。

然而现实中，建筑市场的信息总是不对称的。信息的不对称、不完全不但进一步加剧了本就容易脱节的建设过程，而且造成了项目建设时的信息孤岛现象以及不同参建主体的孤立工作状态，大大影响了管理的有效性，降低了管理绩效，更使得项目中的变更、返工、拆改、拖期、争执、索赔甚至诉讼等问题不断出现。由于承包商方是建设项目的实施主体，业主方是建设项目的采购和监控主体，因而在建设项目中，业主方往往是信息不对称的受伤害一方。无论是哪一方利用信息不对称的投机行为，都会导致参建方在项目知识和组织目标上的割裂，造成信息沟通和组织协调上的巨大困难。据统计，工程项目中 10%～33%的成本增加都与信息沟通问题有关，而在大中型工程项目中，信息沟通问题导致的工程变更和错误约占工程总成本的 3%～5%（王宇静等，2005）。这自然不利于建筑市场的长期良性发展，因而对建设项目信息管理的方法和手段进行变革和创新势在必行。

信息集成则是解决这些问题的根本途径，在建设项目中，信息集成是指在工程建设项目全生命周期的各个过程之间和项目参与各方之间实现数据共享，从而解决项目运作过程中大量的信息孤岛问题。信息集成不是简单地从技术上实现各部门之间的信息共享，而是要从系统运行的角度，保证系统中每个部分，在运行的每个阶段都能将正确的信息，在正确的时间，正确的地点，以正确的方式，传递给需要该信息的单位或个人。集成管理的总体目标应该是保证工程项目全生命期的数据得到合理的定义、组织和管理，使其在项目整个生命期内保持一致、最新、共享和安全（陈勇强，2004）。

6.1.3　复杂建设项目业主方信息集成的维度

根据前文提出的复杂建设项目业主方集成管理概念模型，信息集成管理的维度可按照时间维、目标维、要素维和主体维四个方面来讨论。

1）信息集成管理的时间维度

复杂建设项目实施期间，与项目有关的技术、经济、管理等各方面信息不断产生，经历的是一个从无到有，从粗到细，从少到多的复杂累积过程。但是由于其一次性和工作阶段性的特点，项目许多参建方（尤其是分包商和材料设备供应商，设计方、总包方也只处于项目中某一时间阶段）都是相继参与到项目中，掌握相应信息，产生新的信息，又相继在各自任务完成后离开，并将一部分不为别人所掌握的信息带走。整个建设项目的信息变化也呈现出一定的起伏，建设项目信息的完整性被割裂，系统性被破坏。每当一个阶段工作结束，下一个阶段工作开始时，项目人员都要投入大量人力物力和时间去尽力挽回丢失的部分信息。而且由于信息在不同项目参建方之间传递时的失真以及信息量的损失，往往可能造成工作衔接上的失误和经济损失，使得建设项目难以达到既定目标。

因此，如何使得信息变化曲线由传统的折线变为逐渐增长的曲线（图 6.1），是建设项目时间维度上最重要的工作。这并不是一项简单的工作，需要从项目组织、管理方法等多方面进行系统性变革，从而实现信息集成的目的，以从根本上消除信息缺失和失真造成的项目损失。为此，应采取建设项目全生命周期信息管理（building lifecycle integrated management，BLIM），提高信息在各阶段之间不同主体之间的共享程度，减少时间界面、组织界面之间的交流障碍。

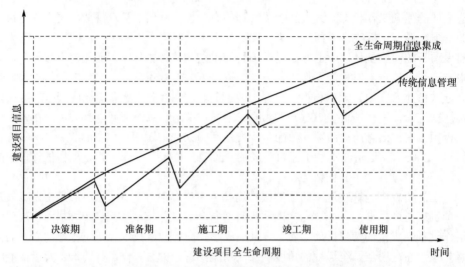

图 6.1　建设项目全生命周期信息集成的信息积累变化曲线

要想实现 BLIM,业主方必须是实施的主导方,集成化的项目管理信息平台 OPMP 是实施基础,在时间维度上需要涵盖决策期、准备期、施工期、竣工期、使用期等项目生命周期过程的各个阶段,对于项目运作过程中的各类信息进行有效存储、对比分析、实时更新和替换,如图 6.2 所示。

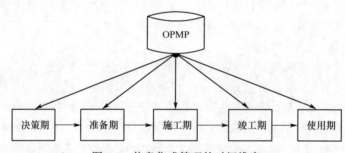

图 6.2　信息集成管理的时间维度

之所以要求以业主方为主导来建立信息平台,一方面是由业主方在复杂建设项目全生命周期管理中所处的主导地位决定的;另一方面,业主方在复杂建设项目中的角色可以涵盖全生命周期的各个阶段,承包商方主导建设信息平台尽管从施工管理的深度上来讲往往比业主方信息平台深入,但对于项目决策、规划、设计、使用等阶段与施工期的衔接往往力不从心。对于反复有项目的业主方,业主方主导建设信息平台更具知识经验积累的优势,即不但集成本项目的管理知识和经验,而且可以将多个项目的管理知识和经验进行叠加、整合,增强复杂建设项目知识管理的力度。

2)信息集成管理的目标维度

随着项目的进行,项目的状态信息与资源信息不断得到更新,同时,这也是复杂建设项目在生命周期各个阶段的既定目标实现的过程。项目的状态信息与资源信息的集成与项目目标体系之间呈现出映射的关系。工程项目的目标是一个完整的目标体系，但基于利益相关者满意的原则，其在项目实施期间各分目标并非是一成不变的。由于内、外部环境的不断变化或不可预见事件的发生，会导致项目目标因素的变化，故目标系统应随着复杂建设项目的不断实施进行相应的调整、优化、完善，使其适应不断变化的内、外部环境，更符合客观实际的要求。在工程项目的具体操作上，即对于相关信息的有效存储、及时更改与实时发布上的要求，对于相关信息及时传递、处理、加工上的要求，以反映复杂建设项目目标系统与工程运作情况的动态性特征。因此，信息集成在项目目标维度上要体现出其动态性。

3）信息集成管理的要素维度

在复杂建设项目实施集成管理的过程中，业主方的工作对象之一就是项目实施过程中产生的各种信息，其工作过程也就是对有关信息进行采集、分析、处理的过程。对这些信息进行管理的过程，也就是对项目的范围、进度、质量、投资、风险、资源、采购、沟通等项目管理要素管理的过程。因此，对于信息的集成在很大程度上是对于项目相关要素管理实现的过程，项目在管理功能上的实现方式都是以信息交换的方式来表达的。无论是哪一种要素管理过程，项目信息集成应能够对于其中那些重复性的活动尽可能赋予自动化运作的过程，使得项目管理人员从那些简单而繁琐的活动中解放出来，充分发挥项目管理人员具有的创造性思维能力，并为这种创造性活动提供强有力的支持。

4）信息集成管理的主体维度

业主方主导建设的 OPMP 涵盖了整个项目实施过程中的各个参建主体，对项目各参建方之间的沟通起到重要的桥梁作用，因此信息集成是项目组织集成的重要基础。本书第 4 章分别建立了基于 Partnering 的参建方组织集成模式、基于虚拟组织的业主方知识管理集成模式和基于协调管理的其他利益相关方集成模式，无论对于项目的直接参建方还是其他利益相关方，信息集成都对组织集成起到有力的支撑作用，尤其是虚拟组织的建设，离开现代信息技术的支持更是无从谈起。

传统的项目管理是分散式的管理，信息产生于不同主体，不同主体之间的信息传递往往处于无序和混乱的状态，由工作需要产生业务联系的不同主体之间的信息沟通也经常存在鸿沟和壁垒。如果参建单位数量较少，业主方还尚可管理和控制，但对于参建单位数量众多的复杂建设项目，其信息的数量往往是几何级增长，再强势的业主方对于项目信息的处理也往往力不从心。通过业主方建立基于现代网络技术的信息平台并实施信息集成管理后，综合的信息集成方式代替了原来繁琐的网状传递方式，将能够充分克服传统项目信息管理中的信息延迟、信息失真等问题，实现了不同主体和人员间的横向信息交流，包括：数据、文件和资料的保存、共享和传递，为整个项目工作人员提供实时交流、讨论、决策和协作完成某项工作的信息平台，如图 6.3 所示。

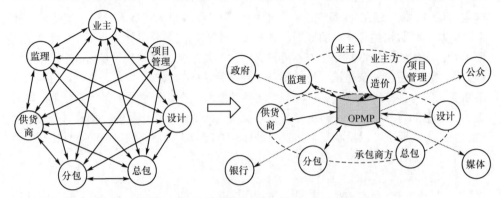

图 6.3　复杂建设项目信息集成的主体维度

6.2　复杂建设项目信息集成中的现代信息技术和理念

　　信息集成离不开现代信息技术的支撑，现代信息技术主要包括计算机、计算机软件、互联网、无线通信、移动计算技术等。从全球范围来看，现代信息技术正在飞速发展，在工程建设项目中的应用也日新月异，许多大型或超大型建设项目中都采用了诸多最新的信息技术作为工程管理的有效手段。总体来看，现代信息技术在建设项目中的应用主要体现在三个方面：首先是互联网和基于网络系统的广泛应用，这改变了传统计算机单机作业的局面，使得信息共享成为可能；其次是知识管理和沟通协作，这使得信息管理到知识管理的屏障被逐步消除；再次是数据交换和软件集成，这使得信息管理从功能上真正和项目要素管理紧密结合，逐步朝着智能化管理的方向迈进。

　　以下列出了在复杂建设项目的信息集成管理中可能应用到的现代信息技术和理念，包括基于本体的知识管理、内容管理系统、Web2.0、无线通信技术、云计算技术等，尽管它们不属于同一种类型、同一个层面，但一个共同特点就是都能够为复杂建设项目中庞杂信息更好地进行交换、共享、集成服务。业主方项目管理人员，尤其是信息平台的开发者和需求提供者，要想实现良好的信息集成，应对它们的原理和特征有一定了解。

6.2.1　内容管理系统

　　内容管理系统（content management system，CMS），是一种运用服务器端脚本语言对网站的栏目、内容及模板进行维护、管理、更新的系统。它能够很好地将网站内容维护工作和网站设计工作区分开来，不需要由计算机专业人员代为进行文档更新或者修改网站栏目、格式等。内容管理系统解决了各种非结构化或半结构化数字资源的收集、存储、管理、利用、共享等问题，并能有机结合到结构化数据的互联网环境中。

　　目前国内建设项目数量众多，但其中真正应用信息技术的项目并取得成功的占总体比重很小。其原因可主要归结到信息技术应用所需要的专业性和工程建设行业人员普遍存在的计算机和互联网技术的薄弱性之间的矛盾上来。许多建设项目初期设立了项目门户网站,却无法有效利用,甚至长期不更新成为摆设。主要是因为网站维护专业性强,往往不能满足复杂建设项目大量信息处理的需要,用户界面繁琐,网站灵活性差,调整时工作复杂。网站用户始终陷入一个高成本、低效率的循环中。而 CMS 可以有效解决这一矛盾,使得一个复杂建设项目中大量的非计算机专业用户对项目信息门户的操作和应用成为可能。

6.2.2　Web2.0

Web2.0 是相对于 Web1.0 而言的。自从互联网兴起以来,Web1.0 时代,人们上网时的主要活动是通过浏览器获取信息,用户多数情况下是网站内容的浏览者。而 Web2.0 则更注重用户的交互,人们既是网络内容的浏览者,也是网络内容的制造者,不仅在网上"冲浪",同时也是"波浪制造者"。Web2.0 这一概念是 2004 年 O′Reilly 出版社副总裁 Dale Dougherty 在一场头脑风暴论坛中提出的。Web2.0 不是一种具体的网络技术,而是一种理念和思想。Web2.0 模式下的互联网有如下显著特点:

(1)用户分享。在 Web2.0 模式下,用户可以不受时间和地域的限制,既能得到自己想要的信息,也能随时发布自己的观点。如博客、网络相册等网络应用形式,在微博与以手机上网为主的移动互联网相结合后,其普及速度更是惊人得快。

(2)信息聚合。在 Web2.0 模式下,信息在网络上不断积累,呈现"众人拾柴火焰高"的态势。如 Wiki,作为一种多人协作的写作工具,其开放的特点使得用户可以更便捷地共享某领域的知识。

(3)以兴趣为聚合点的社群。在 Web2.0 模式下,聚集的是对某个或某些问题感兴趣的群体,这使得互联网用户群体不断细分。

(4)平台开放,用户活跃。用户由于相同的兴趣而对互联网的应用保持了比较高的忠诚度,从而乐于在开放的平台中积极参与。与 Web1.0 网站主要有专业人员制作发布不同,Web2.0 网站通常由用户自己发布,比如博客网站和 Wiki 都是典型的用户创造内容,而标签(tag)则将传统网站中的信息分类工作移交给用户来完成。

Web2.0 的理念与复杂建设项目信息集成以及网络环境下的知识管理是不谋而合的。在复杂建设项目中,由于项目具有技术复杂性、组织复杂性、任务复杂性等特性,没有任何一个人可以成为通晓所有知识的专家,每个人都需要去了解他人的信息,分享他人的知识和经验。而由于工作任务的整体性要求,又需要项目管理者个人或者团体具备一个近似于"全才"的管理能力,因此在项目信息沟通中渗透 Web2.0 的理念,使得信息和知识更加便捷地为项目内尽可能多的人员所创造和共享,便成为复杂建设项目业主方信息集成管理的必然要求。

6.2.3　无线通信技术

建设项目的任务往往在一个较广阔的空间内展开。建设项目信息化开展状况不理想的一个重要原因就是传统的互联网技术无法适应建设项目随时随地进行信息沟通的需要,过去的项目人员往往只在施工现场办公室和其公司办公室内使用台式电脑,而即使对管理人员，现场也往往有大量事务需要处理，这大大限制了现代信息技术在项目管理中作用的发挥。而无线通信技术在建设项目中最大的优点是减少了项目人员为了传递信息和文件在现场与办公室之间的反复奔波劳碌。英国承包商 Laing O'Rourke 经过测算得出结论，在项目中广泛使用移动无线技术可以提高20%～30%的生产率（Williams，2006）。目前人们使用的手机中，带有 Android，IOS，Windows Phone 等操作系统的智能手机已经成为主流，利用 3G 等移动运营商提供的网络服务，可以低成本地将建设项目信息管理的地点由办公室转向工地现场。

6.2.4 云计算与云存储技术

云计算（cloud computing）是一种通过互联网以服务的方式提供动态可伸缩的虚拟化资源的计算模式。云计算是一种改变了数据存储和访问方式的革新。在云计算出现之前，数据大多分散保存在每个人的个人计算机中、每家企业的服务器中。云计算，尤其是公用云计算，把所有的数据集中存储到"数据中心"，也即所谓的"云端"，用户通过浏览器或者专用应用程序来访问，如图6.4所示。

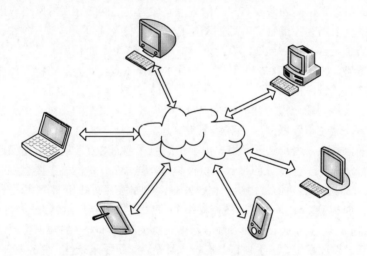

图 6.4　云计算示意图

根据美国国家标准和技术研究院的定义，云计算服务应该具备以下几条特征：

（1）随需自助服务；

（2）随时随地用任何网络设备访问；

（3）多人共享资源；

（4）可被监控与测量的服务；

（5）基于虚拟化技术快速部署资源或获得服务；

（6）减少用户终端的处理负担；

（7）降低了用户对于 IT 专业知识的依赖。

云存储是在云计算基础上延伸和发展出来的一个新的概念，是指通过集群应用、网格技术或分布式文件系统等功能，将网络中大量各种不同类型的存储设备通过应用软件集合起来协同工作，共同对外提供数据存储和业务访问功能的系统。当云计算系统运算和处理的核心是大量数据的存储和管理时，云计算系统中就需要配置大量的存储设备，那么云计算系统就转变成为一个云存储系统，所以云存储是一个以数据存储和管理为核心的云计算系统。

项目管理的过程就是基于分工基础上的合作过程，在复杂建设项目中，由于项目的任务复杂性和技术复杂性，管理层和操作层的人员数量必然随着项目的规模增大而增多。项目人员的信息管理工作依赖于计算机，但即使有了互联网，多数人就其本职工作的文档、数据却仍是以个人的计算机存储为主，相互之间难以实现 24h 在线的信息、文档、数据的共享。而利用云计算和云存储，使得项目人员都能实现在线的工作与存储，这样就能够使得所有人像是在用一台计算机工作，实现了信息的集中式存储和应用。

6.2.5　建筑信息模型技术

建筑信息模型（building information model，BIM）技术最早由欧特克公司于 2002 年率先提出，目前已经在全球范围内得到广泛认可和高度重视。美国国家 BIM 标准将 BIM 定义为："BIM 是一个设施（建设项目）物理和功能特性的数字表达；BIM 是一个共享的知识资源，是一个分享有关这个设施的信息，为该设施从概念到拆除的全生命周期中的所有决策提供可靠依据的过程；在项目不同阶段，不同利益相关方通过在 BIM 中插入、提取、更新和修改信息，以支持和反映其各自职责的协同作业。"

BIM 将建设项目中的交付物成果中的单一构件或物体作为基本元素，将描述基本元素的几何数据、物理特性、工艺要求、施工方法等相关信息有机地组织起来，形成一个数据化的建筑模型，作为整个建设项目的数据资料库或信息集合。这些围绕虚拟建筑实体组织起来的数据不仅反映了建筑元素的空间特征、物理属性，同时相互之间还保留了作为建筑整体的空间关系以及施工过程的逻辑关系，作为虚拟空间的数字化建筑物，形成了有层次的、完整的信息结构。BIM 可以将建筑的设计、施工、运营等过程整合于一个三维模型信息数据库中，使得项目的设计单位、施工单位、运营单位等都在此基础上进行协同工作，从而实现信息的有效集成。

BIM 主要包括如下特征：

（1）BIM 不仅局限于设计中的应用，它可以应用在建设项目的全生命周期内；

（2）用 BIM 进行设计属于数字化设计；

（3）BIM 的数据库是动态变化的，在应用过程中不断更新；

（4）BIM 提供了一个项目参建方协同工作的平台。

BIM 在建设项目中的应用领域包括（Smith，2007）：

1）决策阶段的项目策划

项目策划是项目决策的重要依据，尽管此阶段不是正式的规划或施工图设计，但项目策划中仍需要对项目建设规模、具体内容、技术经济指标乃至建筑形态、功能布局等提交明确设计成果。项目团队在策划阶段业主方讨论需求、选择和分析方案时，借助 BIM 及相关数据分析可以帮助决策。策划阶段的 BIM 数据还可以为后续建筑规划和设计阶段提供相关依据，使得设计工作更加连贯。

2）方案论证

在方案论证阶段，业主方可以使用 BIM 来评估设计方案的布局、流线、采光、声学、色彩、人体工程学、安全等是否满足业主要求，还可以对建筑局部的细节进行推敲，并分析施工中可能面临的困难，进行可施工性研究。对不同方案进行比选时，BIM 可以方便地提供数据对比和模拟分析，找出不同方案的优缺点，便于业主决策。

3）可视化设计

三维可视化设计能够弥补业主因缺乏读图能力、空间想象力不足造成的与设计师之间的沟通障碍，传统三维软件如 3Dmax 或 Sketch up 等在设计理念上有所局限，且不易为设计师所掌握。BIM 与设计师通常最习惯的 CAD 平台相结合，在平、立、剖三视图的基础上建立三维可视化的设计工具，直观明了，对业主和设计师都提供了巨大的帮助。

4）协同设计

复杂建设项目中需要深化设计和二次设计的专业往往很多，这些专业往往都是在传统建筑施工图的基础上由专业公司或专业设计院来完成，与建筑设计单位之间往往需要进行反复的沟通与协商。协同设计可以使分布在不同地域的不同专业人员通过网络协同开展设计。传统的协同设计主要基于 CAD 平台，但 CAD 文件仅仅是点线面的图形描述，很难加载其他附加信息，从而使得不同专业之间的关联性较差。BIM 为协同设计提供了底层支撑，使得不同专业之间的设计工作衔接更加方便。

5）管线综合排布

复杂建设项目的专业和使用功能复杂度都使得机电水暖管线排布难度更大。CAD时代，采取将各专业图纸进行叠加的方法来进行管线综合，但由于二维图纸的信息缺失，即使经过了繁琐的图纸叠加，实际施工过程中的管线碰撞、冲突还是难以避免。利用 BIM 技术，通过搭建各专业的 BIM 模型，在虚拟的三维环境下，设计方很容易发现管线冲突，从而大大提高管线综合的可施工性，显著减少后期施工的变更和返工，提高了项目建设施工期的工作效率。

6）竣工模型交付

本书之所以将建设项目生命周期中的竣工期单独进行阶段划分，主要是因为复杂建设项目的竣工验收和收尾工作较一般建设项目要更加繁重：一是验收、检测工作涉及专业多、周期长、不确定因素多，二是项目从施工者到使用者之间有大量的交接、培训工作。BIM 技术能将建筑空间信息和设备参数信息有机地结合起来，为业主获得完整的建筑信息提供途径，甚至实现包括隐蔽工程资料在内的竣工信息集成，从而为项目竣工验收，以及后期的设施管理、物业管理过程提供有效的历史过程信息。

7）建筑系统分析

随着全球能源日趋紧张，环境污染进一步加剧，进行绿色施工，建造绿色建筑，减少能源消耗已成为人们的共识。建筑系统分析包括能耗分析、光照分析、人流分析、内外气流模拟、冷热负荷计算、声学模拟计算等，传统上各专业的分析都是独立进行的，BIM 结合专业的建筑系统分析软件，避免了重复建立模型和采集参数，通过分析模拟，最终确定、修改系统参数，调整设计条件，以提高整个建筑物的性能。

8）灾害应急模拟

对于成本高昂的复杂建设项目，其建设和使用期间都需要考虑各种自然和人为灾害因素的影响。例如，美国 911 事件后，上海环球金融中心在设计和施工期间就对建筑物如何应对恐怖袭击进行了论证，每隔 12 层设置了防火防烟避难区。利用 BIM 及相关的模拟软件，可以在灾害发生前模拟灾害发生的过程，分析灾害产生的影响，制定避免灾害发生或者降低灾害危害的措施，以及制定发生灾害后人员疏散、救援的应急预案。

此外，BIM 在后期设施管理、物业维护计划、建筑空间管理等方面也都可以发挥巨大的作用。BIM 与本章重点讨论的 OPMP 相类似的是都可以作为项目全生命周期信息集成管理的载体，但是 BIM 是以虚拟交付物为工作核心，OPMP 是以项目管理活动为工作核心，前者偏重于技术，后者偏重于管理。BIM 为设计单位解决了"设计的内容如何建造"的问题，为施工单位解决了"施工组织是否合理"的问题，为业主方和承包商方管理者解决了"如何去管理和控制的问题"，BIM 作为一个技术载体，可以更好地承载建设项目全生命周期的各个元素，能为 OPMP 提供一个有力的支持。越是复杂的建设项目，BIM 越能发挥作用。目前 BIM 应用存在的障碍主要是其对实施人员的专业技术能力要求较高，实施成本较高，要大面积推广，还需要业主方提高对 BIM 的认知，根据项目的复杂程度积极应用。

6.3　信息集成载体选择分析

6.3.1　项目信息门户

在复杂建设项目中，参建方之间可能会交换数以万计的文件，项目信息门户（project information portal，PIP）是一种能够加强参建方合作文件交流的方式。项目信息门户是在项目主题网站和项目外部网的基础上发展起来的，是工程建设领域一系列基于 Internet 技术标准的项目信息交流系统的总称（李东云，2007）。项目信息门户的理论基础是项目控制论、项目协同学和互联网电子商务思想，其目标是在对建设项目全生命周期内，对各参建方产生的信息、文档、图纸、知识等进行集中式存储和管理，各参建方在互联网平台上提供一个项目信息的单一出入口。从而为项目参建方提供项目信息共享、交流，协同和创新工作的平台。项目信息门户具有以下作用（乐云，2004）：

（1）项目信息门户有利于增进项目参建方之间的沟通，并因其服务器一对多的属性大大提高沟通效率，避免因沟通不畅引起的工期延误、任务脱节、效率低下等问题，另外门户网站可以减少项目所需的纸质文件的数量。

（2）项目信息门户提供了信息交换的枢纽。复杂建设项目参建方众多，如果没有门户网站，相互之间沟通方式依然很多，比如会面、电话、电子邮件、书面文件、传真、网络即时沟通工具等，但这样的沟通显然是无序的、混乱的、业主方不可控的。

有了门户网站后，业主方对参建各方的沟通内容、沟通时间、沟通结果都可以很便利地了解。

（3）项目信息门户为项目文件提供了一个存储库，用户可以通过门户网站交换各种文件，如项目图纸文件、工作联系单、会议纪要、工程款支付请求、工程签证、检查报告等。并且能够追踪文件走向，了解查看、修改过文件的用户及其操作时间。这对于复杂建设项目非常重要。

（4）项目信息门户能够实现项目全生命周期的集成。无论是项目立项、规划、设计还是施工、验收、使用，建设项目各阶段都存在一定的输入和输出，这些输入和输出大都以文档的形式呈现，且都成为下一阶段的工作基础，通过门户网站实现不同阶段的文档交接，对各阶段的问题进行有效追踪，以实现项目全生命周期内的集成。

项目信息门户通常主要功能如图 6.5 所示。

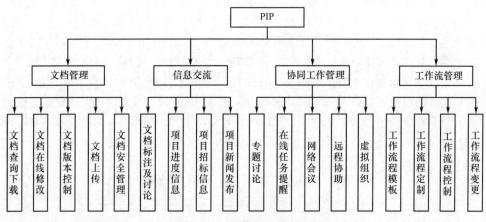

图 6.5　PIP 系统功能结构

6.3.2　项目管理信息系统

项目管理信息系统（PMIS）是随着项目管理理论实践和信息技术的发展而产生的，在互联网技术产生前已得以应用，为项目业主、设计方、承包商、供货商和咨询机构等某参建方的项目管理工作，提供相应的信息处理结果和依据，为实现项目管理的目标控制而服务，是项目管理人员进行信息管理的必要手段。PMIS 与企业管理信息系统（enterprise management information system，EMIS）有明显的区别。EMIS 服务于企业的人、财、物、产、供、销等的管理，进行信息的收集、传输、加工、存储、更新和维护，以人事管理、财务管理、设备管理等为目标，支持企业高层决策、中层控制、基层运作的集成化的人机系统；而 PMIS 主要是运用动态控制原理，对项目管理的投资、进度和质量方面的实际值与计划值相比较，找出偏差，分析原因，采取措施，从而达到控制效果。PMIS 主要包括项目投资控制、进度控制、质量控制、合同管理和系统维护等功能模块①。

PMIS 的通常主要功能结构如图 6.6 所示。

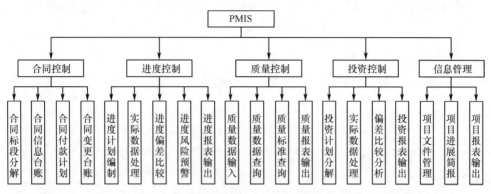

图 6.6　PMIS 的功能结构

6.3.3　项目信息平台

关于项目信息平台，目前并没有一个明确的、公认的定义，在很多时候"平台"与"系统"这两个名词应用起来都比较混乱。在此处根据作者理解，仅就建设项目信息管理应用这一领域试做一辨析。

"平台"这一术语，在计算机学科中一般是指计算机硬件或软件的操作环境。计算机领域平台的概念主要包括三种：第一种是基于快速开发的技术平台，第二种是基于业务逻辑的业务平台，第三种是基于系统自维护，自扩展的应用平台。项目信息平台一般属于第二种，在建设项目中往往指的是项目信息管理的操作环境，包括与信息管理相关联的硬件与软件。

项目信息平台可以包括项目信息门户、项目管理信息系统，以及其他相关软件和操作系统，再加上由服务器、存储、计算机、网络系统等硬件系统。其中 PIP 是项目信息平台的核心，经过 PMIS、项目管理软件处理的信息与项目其他信息一起纳入 PIP 管理下的交流和共享范围，从而使得 PIP 真正成为项目信息集成的枢纽。

项目信息平台的主要组成如图 6.7 所示。

由 PIP、PMIS 和项目信息平台三种载体的分析可以看出，从功能上最能够满足复杂建设项目业主方信息集成需要

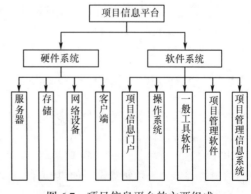

图 6.7　项目信息平台的主要组成

---

① PMIS. 百度百科[EB/OL]. http://baike.baidu.com/view/1238381.htm.

的是项目信息平台。每一个具体项目对信息集成需求的侧重点都不同，本书试从业主方对项目信息平台的功能的普遍性要求出发，构建复杂建设项目业主方集成管理信息平台。

6.4 OPMP 框架模型构建

6.4.1 复杂建设项目的业主方信息需求层次

复杂建设项目中的信息内容，从论证、决策到设计、施工，再到竣工、使用，可谓浩如烟海，而业主方的任务并不是具体对项目交付物进行施工作业，因为工作性质的不同，所以对信息的要求自然与承包商方有所不同。对业主方来说，没有必要拥有和保留项目建设过程的所有信息，必须在信息的海洋中有所取舍。

在市场经济下，建设项目的交付物也同样有商品属性，与一般的批量商品不同，建设项目大多类似于按订单制作的单件商品。曹萍认为，业主真正关心的只是花多少钱能从"制造商"手中购得自己满意的产品，并将业主信息需求总结为来自于项目合同支付的信息需求，包括质量、进度及与承包商工作表现有关的信息。对此本书并不完全认同，建筑产品尽管属性是商品属性，但即使与按照订单制作的单件商品相比，也有其特殊性：对于普通商品来说，购买者下了订单后无需为厂家的生产过程负责，比如厂家生产过程中违反国家法规进行排污，下订单者无需为此担责；而建筑产品则不同，业主在项目内部不负责生产，但对外界来说，业主方和承包商方却是一个整体，共同为建设项目的实施过程承担其相应的责任，业主方有责任为其生产创造一个符合规定的实施环境，在项目实施期间对安全事故如自身有过错还需承担相应责任。因此，业主并不能只关心自己花多少钱购得满意的项目交付物，还需要为项目实施创造良好环境，并对项目建设过程承担相应的诸多具体责任。

讨论业主方的信息需求，还需从建设项目中业主方与承包商方的工作类型进行区分。在复杂建设项目中，业主方并不直接参与项目的设计或施工，但在实施过程中却要起到整体的协调和控制作用，对工程项目的设计和施工动态情况需要比较深入的了解和掌握。而且业主方存在管理层次区别，对项目信息的需求也有层次区别。整体来看，信息的需求和供给都应呈现出一个金字塔式的结构，图 6.8 给出了业主方不同管理层次对项目信息需求的不同层次和类型。

6.4.2 复杂建设项目的信息标准化

复杂建设项目参建方数量众多，且相互之间信息交换过程和交换状态均呈多样化的态势，各方进行信息沟通时信息标准往往并不一致，这就为项目实施信息集成管理带来了困难。而业主方在复杂建设项目中处于一个信息的集散中心的位置。建设项目的信息种类繁多、数量庞杂，如果没有信息标准化的支持，再专业的业主方也很难将信息进行有效地识别、分类、筛选和使用，更谈不上信息集成管理。

信息标准化有助于工程项目信息中相关要素的统一、简化、协调和优化，同时还可以促使以往的信息成果和信息资源得到重复使用，实现资源共享，用较小的代价取

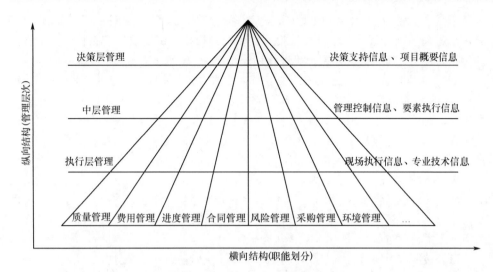

图 6.8　业主方对项目信息的需求层次

得更大的效益，在较短的时间内求得更快的发展。积极推行信息标准化是项目信息集成管理的重要保证。在复杂建设项目中，业主方应是项目信息标准化规则的制定和要求者，只有制定相应信息标准并要求项目参与各方按照标准执行，项目信息的标准化才能真正贯彻实施。交付物分解结构和工作分解结构是项目建设各参建方共同使用的项目语言，也是实现信息标准化最基本最有效的工具之一。

1. DBS 和 WBS 的作用及意义　前文已经介绍过 DBS 和 WBS 的区别。对业主方来说，DBS 是将整个建设项目按照交付物分解成可认知、可控制的单元，从而作为造价估算、WBS、合同策划等诸多活动的基础性文件。而 WBS 是以工作为分解对象来进行分解，20 世纪 70 年代以来，国外就将 WBS 作为工程项目管理的基本方法。1997 年，ISO/TC176/SCI 国际标准化组织质量管理和质量保证技术委员会、质量体系委员会将其写入《质量管理——项目管理的质量指南（ISO10006）》国际标准，并指出"在工程项目管理中应将项目系统分解成可管理的活动"，分解的结果被称为工作分解结构，即 WBS。WBS 的分解结果是业主方进行任务工作流的基础。传统的 WBS 分解方法往往将项目工作对象和项目活动相混淆，分别对应结构化分解方法和过程化分解方法，但是实际应用起来对项目管理者的工作造成很多困扰，分解成果想要做到不重、不漏非常困难。将其区分为 DBS 和 WBS 之后，分解工作有了层次性和逻辑性，对项目管理工作的开展以及项目各方的信息沟通都奠定了良好基础。

2. 分解方法　DBS 的分解往往采用结构化分解方法。任何建设项目的成果系统都有它的结构。例如国内建筑工程的分类，一个独立建筑物或构筑物是一个单位工程，单位工程内一般有地基与基础工程、主体结构工程、建筑装饰装修工程、建筑屋面工程、建筑给水排水及采暖工程、建筑电气工程、智能建筑工程、通风与空调工程、电梯工程等分部工程，复杂建设项目的分部工程则更多，如医院建筑的单位工程还有医用气体工程、物流传输工程、空气净化工程、射线防护工程、辐射屏蔽工程等。分部工程的分解结果往往和招标采购的项目具有一定的对应关系。分部工程向下则可划分为若干分项工程，如主体结构工程中可分为模板工程、钢筋工程、砼工程等分项工程。分项工程向下则分解为若干个检验批，检验批则根据施工及质量控制和专业验收需要，按照楼层、施工段、伸缩缝等进行划分。

DBS 分解的层次性与上文的业主方信息需求的层次性具有一定对应关系。如决策层对 DBS 分解一般需要掌握到分部工程，因为其中诸多分部工程可能要单独进行招标采购；而管理层则一般应掌握到分项工程，因为涉及如质量控制、进度控制、工程款结算等问题都需管理层了解。而操作层，如监理单位的现场旁站监理工程师，因为涉及现场质量监控、隐蔽工程质量验收等工作，都需要掌握到检验批层次。

WBS 分解难度比 DBS 要大很多，往往采用过程化分解方法。项目有许多活动组成，活动的有机组合形成过程，过程可以再分解为相互依赖的子过程或者阶段。项目管理本身就是以任务为中心的过程管理，因此过程化分解是 WBS 的关键。按过程分解可从不同角度进行：

（1）按照项目实施过程分解，将生命周期不同阶段进一步细分。

（2）按照要素管理工作过程分解，如投资管理、合同管理、进度管理、质量管理等，每一种要素管理工作都可以分解为多个管理活动。

（3）按照专业工作的实施过程分解，这一种分解往往需要和 DBS 分解成果相结合来进行，如主体结构工程中的模板工程、钢筋工程、砼工程，假如其中的钢筋、商品砼由业主方供应（甲供），则业主方 WBS 需要将钢筋和商品砼的采购供应工作分解到位。

（4）按照行政工作过程分解，这主要是指项目实施过程中各类行政许可手续的办理工作，因为涉及政府各类主管部门，工作流程和进度往往业主方不可控，但对项目进度影响极大。

对应任何一个复杂建设项目，实际进行 WBS 分解时，往往需要以上四种角度综合运用。分解结构的合理与否，很大程度上决定了这个项目的管理绩效水平。其分解往往依靠于项目管理者的技能和经验，即属于隐性知识范畴。WBS 分解结果的优劣很难在一开始就能做出准确评价，只有在项目的计划、实施、控制过程中方能逐步体现出来。这也是本书在前文业主方工作流（图 3.6）中将 WBS 区分为总体 WBS 和滚动 WBS 两部分的原因，总体 WBS 用来总控项目过程和活动，项目任一时间点的具体活动则由滚动 WBS 来进行具体指导。

DBS 和 WBS 的分解结果要想成为项目信息平台上的通用语言，还必须设定一定的编码规则进行编码，从而保证信息识别、查询、存储、共享时的通用性，在此不做赘述。

6.4.3　OPMP 的功能分析

在复杂建设项目中，业主方应是组织集成和信息集成的核心机构，因此 OPMP 也应主要根据业主方的集成管理需求来进行开发设计，以满足相应功能的实现。具体来讲，OPMP 应具备以下几方面的特征。

1）OPMP 应体现集成管理的特征

OPMP 要实现对复杂建设项目参建各方及利益相关者的信息分析与管理、项目全生命期各个阶段的数据信息的收集、存储和处理以及各管理要素的综合分析，所以应突破传统信息系统的设计思想，将现代项目管理思想和信息技术相结合，保证 OPMP

为实现项目集成管理服务。

2）OPMP 应体现复杂建设项目的组织集成

无论是 Partnering 模式，还是虚拟组织或知识管理，OPMP 都应充分考虑复杂建设项目组织集成的功能需求，保证虚拟组织各方信息的顺畅传递，保证各方能够通过 OPMP 方便地进行虚拟交流与合作。

3）OPMP 应是基于互联网的网络化系统

数据通信网络主要有局域网（LAN）、城域网（MAN）和广域网（WAN）组成，由于建设项目参建单位地域上的分散性，要求 OPMP 能满足分散在不同地域的终端访问和使用的需要，因此 OPMP 应建设成为基于互联网的信息处理平台，从而实现项目参与各方之间的信息交流、协同工作和文档管理。

4）OPMP 应符合通用性、工程化和标准化要求

OPMP 的开发需要一定周期，耗费大量人力、物力和财力。即使是业主方自行开发，也不可能希望投入大量成本的平台只应用于一个项目就束之高阁。因此设计的时候需要满足一定的通用性、工程化和标准化要求，能够可持续利用，在项目转换时，能够方便地改造和扩充。

5）OPMP 应具有良好的可扩展性

OPMP 开发过程应实现敏捷开发，即采取迭代、循序渐进的开发方法，将复杂的平台开发任务分解为若干个子项目，各个子项目的成果都经过测试，具备集成和可运行的特征，在此过程中使平台一直处于可使用状态。这样方能使平台具有良好的可扩展性，在需要的时候随时增加专业性模块。

6）OPMP 应具有良好、易用的用户界面

Apple 公司的 iphone 手机之所以能风靡世界，主要原因是流畅、强大的功能和简洁、易用、人性化的操作界面。为使平台能够为更多用户所接受，OPMP 应具有简洁、美观、易用的用户界面，便于操作，易于维护。

7）OPMP 应具有不同终端的自适应功能

目前互联网接入服务已经通过 3G、WLAN 等形式在大多数地方实现了无线覆盖，上网终端也呈现出多样化的趋势：台式机、笔记本电脑、平板电脑、手机等，分别具有不同的操作系统和不同的屏幕分辨率，OPMP 应对各种系统和屏幕分辨率都有自适应功能，避免反复开发的低效率和成本浪费。

6.4.4　OPMP 网络体系结构选型

目前，建设项目管理信息平台主要有两种不同的选型模式：一种是传统的 C/S（client/service，客户端/服务器）模式，通过它可以充分利用两端硬件环境的优势，将任务合理分配到 Client 端和 Server 端来实现，降低了系统的通信开销。传统的 C/S 体系结构虽然采用的是开放模式，但这只是系统开发一级的开放性，在特定的平台应用中无论是客户端还是服务器端都需要特定的软件支持。由于没能提供用户真正期望的开放环境，C/S 结构的平台需要针对不同的操作系统开发不同版本的软件，再加上软件产品的更新换代很频繁，已经很难适应数量较多的网络用户同时使用，而且开发代价高，效率较低。另一种是

B/S（browser/service，浏览器/服务器模式）。B/S 采用基于 Web 数据库技术的多层架构应用模式。在这种结构下，用户界面完全通过 Web 浏览器实现，一部分事务逻辑在前端实现，但是主要事务逻辑在服务器端实现。浏览器通过 Web Server 同数据库进行数据交互。对于建设项目信息平台来说，B/S 显然有着更好的适用性。这主要体现在以下几点：

（1）B/S 架构成本低，用户只需要利用 Web 浏览器就可以使用平台提供的各种服务，大大简化了客户端工作量，减轻了系统维护和升级的成本和工作量，降低了平台的总成本。

（2）跨层级跨地域。B/S 结构平台可以摆脱地域限制，不同单位、不同部门的人员可同一时间进入平台执行操作。不同管理层级之间也可顺利沟通，从而保证信息的横向和纵向实时共享。B/S 最大的优点就是可以在任何地方进行操作而不用安装任何专门的软件，只要有能上网的电脑就能使用，客户端零安装、零维护，系统的扩展非常容易。

（3）扩展性好，可升级。B/S 结构可以直接连入互联网，有很好的扩展性。同时由于不需要专用客户端，只需要在服务器端对系统更新版本，即可保证所有用户都用上最新版本的平台产品。

（4）接口性能好。B/S 结构采用标准的 TCP/IP、HTTP 协议，可以与其他的项目管理软件接入，能够充分利用现有资源，实现不同平台和系统的项目管理功能的整合。

（5）安全性高。从商业角度来看，B/S 意味着软件由一种产品变为一种服务，更能体现软件即服务（software as a service，SAAS）、云计算、云安全的理念，有效保护知识产权，杜绝盗版。

6.4.5　OPMP 的框架模型

根据前文分析，本书试建立的 OPMP 核心内容主要有两部分组成，其中 PIP 作为项目信息门户，主要提供项目信息的集成功能；PMIS 作为项目管理信息系统，主要提供项目要素管理的内在关联性服务功能。简单来说，PIP 为表，PMIS 为里，共同为复杂建设项目实施业主方主导的集成管理提供信息服务。而二者的功能又存在一些交集，这种交集只是理论划分时存在，并不影响实践中的平台功能安排与使用。

建立科学合理的 OPMP 并非易事，然而这并非从软件开发的技术角度来讲的。现在互联网技术和数据库技术发展已经比较成熟，B/S 结构模式为跨平台、跨区域的工程项目管理提供了良好的基础。真正需要认真考虑、精心设计的还是通过信息集成促使建设项目集成管理的实现，如何使各个孤立的管理功能模块之间产生有机联系并能够汇总成能够为决策提供支持的有用信息。

OPMP 中的 PIP 作为项目信息门户，其需要发挥的作用如图 6.9 所示。

OPMP 中的 PMIS 部分则主要是建立在项目的 DBS 和 WBS 的基础上，根据业主方工作流展开的。OPMP 的目标是为了从业主方的角度对建设项目进行全生命周期、全要素、全参建单位的集成管理，而不是要取代承包商方各自的项目管理信息系统或信息平台，OPMP 和承包商方的信息平台完全可以共同存在，在各自的侧重点上发挥不同作用。

PMIS 中，主要任务一是满足项目各类要素管理的信息集成需求；二是在对项目进行恰当的分解的基础上，实现对人和部门的任务的分配、跟踪、考核管理；三是对项目总体的基准计划和实际完成情况的对比纠偏管理，根据项目总体的基准计划（baseline scheme/plan），建立基准计划实际进程的反馈渠道，通过对收集上来的项目实际进程信息与基准计划的不断比较，从而项目管理者可以采取应对措施以达到对项目进程控制的目的。项目在实施过程中是不断发生变化的，项目计划再周全再完善，也不可能一劳永逸。随着项目的启动和展开，设计要求、工作分解结构、实施规范、费用预算等都可能会受主观和客观条件的影响而发生变化，这些变化又在不同程度上影响着项目目标的实现。因此，在 PMIS 中，必须建立项目基准计划的反馈和调整机制，从而使得 PDCA 循环贯穿项目的实施过程。

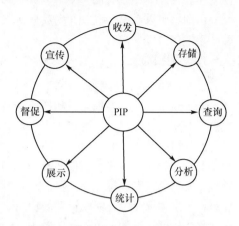

图 6.9 信息平台中 PIP 的主要功能

基于以上认识，提出如图 6.10 所示的 OPMP 框架模型。

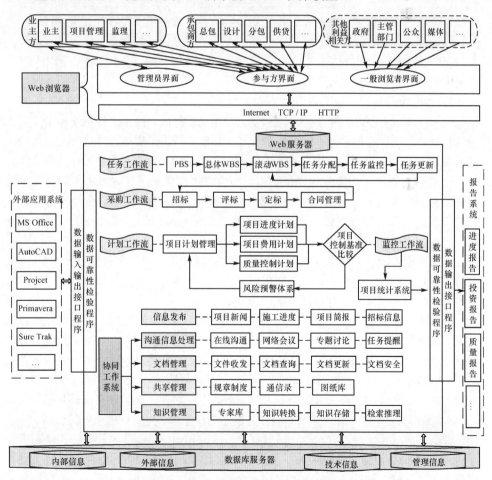

图 6.10 复杂建设项目 OPMP 框架模型

由图中可以看出，OPMP 由数据库服务器、Web 服务器和 Web 浏览器共同组成，整个系统包含以下内容：

1. 功能模块

1）OPMP 初始化功能模块

此模块主要包括系统用户的登录管理与账号管理，能够根据不同参与方、不同使用者，分别定义各级用户的可查看内容和账号权限。

2）PMIS 模块

此功能模块中，没有按照传统的 PMIS 子模块如项目质量管理、进度管理、投资管理、安全管理等进行分别设置，因为那样的设置割裂了各项目管理要素之间的内在联系，无法体现业主方集成管理的功能要求。本模块按照本书构建的业主方工作流来进行设置，即通过任务工作流、采购工作流、计划工作流、监控工作流的流程标准化在平台中的固化，使得项目的范围管理、进度管理、投资管理、风险管理、采购管理、质量管理等实现一体化集成。其中监控工作流通过将项目计划与收集到的实际完成情况的信息进行比较，从而实现追踪项目进程、动态调整、更新项目计划、风险预警等功能，并可根据项目的里程碑计划，定期编制阶段性项目系统报告，如进度报告、投资报告等，为业主方提供决策依据。通过四个业主工作流的整合，实现以业主方的项目管理带动承包商方的项目管理，从而使参建方各司其职、各负其责，紧密协作，真正实现复杂建设项目集成管理。

3）PIP 模块

此模块中，主要以协同工作系统和信息发布功能组成。协同工作系统包括项目沟通信息处理、项目文档管理、信息共享管理和知识管理等，实现项目信息的进行分类存储与查询，为实现项目参建方 Partnering 模式和虚拟组织集成提供网络基础平台。

2. 参建方界面　该部分软件帮助项目参建方通过互联网从 Web 服务器获取项目相关信息和任务，向项目管理方提出要求和建议，报告任务执行状态，并提交任务完成情况。参与方根据其在项目中的任务和分工分别被系统管理员授予不同的访问权限。

3. 管理员界面　管理员界面用来实现业主方管理员对平台的后台系统管理，主要是对各模块功能进行维护，对系统执行启动、挂起、恢复或删除，随时查询平台运行状态，更改账号权限，进行各类系统操作等。

4. 一般浏览者界面　一般浏览者界面充分体现了 OPMP 集成化、开放性的特点。一般浏览者包括政府机构、社会公众、宣传媒介等其他利益相关者。这让建设项目处于社会监督之下，有利于项目的透明化管理，另外，也是建设项目业主方进行协调型组织集成的重要手段。在该界面中还可设置留言板系统，听取各方对于建设项目的意见和建议，对有关利益相关者的问题及时了解、及时解决，保障项目实施环境。

5. 数据库服务器　数据库服务器作为网络的信息库，提供对信息库的访问，并且保证数据的前后一致性和安全性。可执行物理输入和输出、缓冲区管理、存储和索引管理、查询管理/访问/更新等功能。数据库服务器由模型库和实例库两个模块组成。模型库用来存储工程项目各阶段的立项、计划、实施、控制和收尾模型，模型包含了每个过程的相关信息，并给每个阶段的过程模型一个唯一的 ID 号，以供工作流引擎查询和使用。实例库用来载入从模型库中提取的过程记录的时间、人员信息等，并由管理者确定该过程的运行状态。

数据库中的信息可分为四类：管理信息、技术信息、外部信息和历史信息。其中管理信息主要包括项目实施中的管理计划、合同、费用、进度、风险等信息；技术信息主要包括技术规范标准、质量验收、材料检验、施工图纸、设计变更等信息；外部信息主要是指对项目实施有影响的信息，如政府的政策法规、材料价格、汇率等信息；历史信息是指可供项目参考的信息，如标准合同文本、以往项目资料、可参考的案例信息等。

6.5　本章小结

本章主要探讨复杂建设项目中业主方如何借助现代信息技术实现以信息为纽带集成项目的时间维、主体维和要素维的问题。首先介绍了建设项目信息集成的内涵和外延，探讨了业主方进行信息集成的必要性，按照本书构建的复杂建设项目业主方集成管理概念模型的四个维度对应给出了业主方信息集成的四个维度。然后就 PIP、PMIS、信息平台等项目信息集成的载体进行了性质和功能的辨析，认为业主方进行复杂建设项目信息集成需要的载体应是涵盖了 PIP 和 PMIS 功能的信息平台 OPMP。最后在系统分析的基础上进行了 OPMP 的框架模型构建。

第 7 章　复杂建设项目的业主方管理要素集成

美国 PMI 于 1984 年开始颁布项目管理知识体系指南 PMBOK，至今已经历了 1984 年/1987 年/1996 年/2000 年/2012 年五个版本在建设项目中。PMBOK2000 版中将项目管理划分为九大范围，即项目综合管理、项目范围管理、项目时间管理、项目费用管理、项目质量管理、项目人力资源管理、项目沟通管理、项目风险管理、项目采购管理，PMBOK2012 版将其扩展为十大范围，增加了项目干系人管理。这十大项目管理范围中，前文就项目综合管理、项目沟通管理、项目干系人管理等内容已进行了一系列分析。而按照本书构建的复杂建设项目业主方集成管理概念模型，其中要素维指的是项目范围、时间、费用、质量、人力资源、风险、采购等要素的集成。从业主方的角度，无论是人力、物力、财力等资源都是稀缺的，对这些要素如何进行权衡、分配，方能使项目整体的目标达成度更高，是一个复杂而庞大的命题。本章仅就其中一部分要素管理与业主方集成的关系进行探讨。

7.1　复杂建设项目业主方风险集成

风险管理是项目管理知识体系中的重要组成部分，复杂建设项目中的风险无处不在。从业主方的角度出发，风险集成就是考虑如何实现对建设项目风险的全领域控制和全过程跟踪，尽量避免和减少由于风险事件导致项目执行情况与计划目标产生偏离，从而确保项目既定目标全面实现。而风险管理在要素管理中比较特殊，本质上进行风险管理的过程就是进行项目管理其他要素集成的过程。

7.1.1　业主方风险集成三维模型

任何工程项目，都不可避免地受到某些不确定因素的影响，即存在不确定性和风险性的问题。风险的产生，主要是人们认识客观事物的能力具有局限性和信息本身的滞后性造成的（王卓甫，2005）。国内外很多学者对风险从不同角度进行了定义，如 Williams 等（1985）认为风险是在特定情况下的可能结果的差异性，Mowbray（1994）认为风险是一种不确定性，Crane（1984）认为风险是未来损失的不确定，郭波等（2012）认为风险是活动或事件中人们不希望的消极后果发生的潜在可能性。建设项目的风险可定义为在建设项目实施过程中，实际建设情况与预期建设目标之间的差异程度。

风险一般由风险源（risk resource）（因素）、风险事件（risk event）、风险后果（损失）三个要素构成。风险源是风险事件发生的潜在原因，也称作风险因素（risk factor），风险因素只有在具备了一定条件时才会发生风险事件，这一条件称为转化条件。转化条件是风险事件的必要条件但非充分条件，风险事件的发生还需要有触发条件。一个风险源可能引发多个风险事件，一个风险事件也可能由多个风险源引起。例如，由于设计不当，这一风险源引发的风险事件可能包括工期延误、费用超支等，而工期延误这一风险事件的发生可能是由于设计失误、资金不足、人员不足等风险源引起。风险后果（损失）指的是项目非计划的、非预期的、非故意的目标价值的减少，一般包括直接损失和间接损失，直接损失是指由风险事件发生导致的财产损失、人员伤亡的价值、工期延长、质量下降、投资浪费等，间接损失是指直接损失以外但与风险事件有关联的额外财物损失、费用增加及第三方损失等。

对建设项目来说，风险管理是对项目目标（投资、进度、质量、安全等）有可能出现的偏差进行有效管理的一种技术手段，风险管理的过程是一个系统过程。美国 PMI 将风险管理描述为：系统识别和评估风险因素的形式化过程，识别和控制能够引起不希望变化的潜在事件的系统方法。金长宏（2011）认为风险管理是针对现实或未来的风险、显见或潜在的风险问题的认识和分析，考虑到种种不确定性和限制性提出供决策者决策的方案，并将该方案付诸实施的系统分析方法，其目标是以较少的成本获得较多的安全保障。

风险管理主要步骤包括对风险的辨识、估计、分析评价、防范以及对整个项目风险进行有效控制的五个子过程。风险管理贯穿于整个项目管理生命期，从项目的发起、可行性研究阶段开始，到项目建设的完成，乃至整个项目的运营阶段，都需要不断反复地进行风险管理，从而有效控制风险，实现项目目标。

国外关于项目风险管理的研究起步较早，国内近些年也取得了长足的进步，风险分析的理论方法和实践应用都有较大的发展。目前，风险管理中风险辨识一般采取问卷调查法、德尔菲法、头脑风暴法等，风险分析方法则主要有基于概率论的方法和模糊逻辑方法两大类，这两类方法各有其优缺点。基于概率论的方法从理论研究上已较为深入，但在实际应用时往往会遇到两方面的困难：首先是对风险发生的概率和所产生的后果估计不准确，这往往需要大量历史数据和风险管理人员的丰富经验作基础，在现实中量化后的准确与否很难判定；其次是很难对风险因素进行严格准确的定量描述。这两方面困难可以说是概率方法在实际应用中难以克服的障碍（Dey et al., 1994）。而基于模糊逻辑的风险分析方法，在对风险因素的估计难以用数字精确描述时，需要风险管理人员和有关专家做出主观估计，其估计结果一般用"大小、强弱、高低"等表述，隶属度函数不易建立，在实际应用中也有一定困难（Mustafa, 1991）。而关于风险管理中的风险分析，国内外学者也研究了大量方法，如层次分析法、模糊集理论、影响图方法、灰色系统理论、粗糙集、熵权法等，但这些方法大多停留在理论层面，在具体建设项目中应用得较少，主要原因是定量方法使用起来较为复杂、繁琐，对项目管理者的能力要求较高，而且风险分析所需要的大量数据难以收集。

用本书第 3 章建立的复杂建设项目业主方集成管理概念模型包含的四个维度——时间维、主体维、要素维和目标维去审视业主方风险管理，尽管风险管理属于要素维中的一个元素，但其与其他诸如质量管理、投资管理等要素不同，是属于用来监控其他要素管理效果的一个衡量工具，而风险管理本身就是对实现建设项目目标体系偏差程度的管理，因此，在构建复杂建设项目业主方风险管理维度模型时可将目标维去掉，将风险管理从要素维中其他要素管理中剥离出来，以时间、主体和要素三个维度视角来分析业主方的项目风险管理，从而构建出复杂建设项目业主方风险集成三维模型如图 7.1 所示。

该模型表述的复杂建设项目业主方风险集成有三层含义：其一是指业主方将复杂建设项目的全生命周期内分布于各个阶段的、相对独立和封闭的风险管理活动，通过一定的控制方法和手段进行整合，从而实现风险管理的连续性和一致性；其二是指业主方将项目参建方各自独立的风险管理进行整合和协调，从而上升至项目整体的风险管理；其三是指业主方将风险管理作为项目管理各要素集成的突破口，运用风险管理来整合项目的质量管理、进度管理、投资管理和安全管理。以上三层含义，共同构成了复杂建设项目业主方风险集成的三个维度，分别对应时间维、主体维、要素维，可分别称其为全生命期风险集成、参建方风险集成和要素风险集成，如图 7.1 所示。而目前国内外对于工程项目风险管理的一般流程和识别、评价、应对方法著述很多，对于与本书中风险管理内容没有明显差别的部分在此不再赘述。

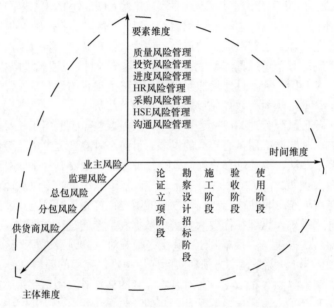

图 7.1　复杂建设项目业主方风险集成三维模型

1. 时间维——全生命周期风险集成　建设项目全生命周期风险集成的核心是业主方基于项目时间跨度的整体性视角，运用管理集成思想，在风险管理理念、风险管理目标、风险管理组织、风险管理方法及手段等各方面进行有机集成，运用统一的管理规则及业主方集成项目管理平台（OIPMP）对工程项目在整个生命期内的风险进行识别、规划、管理和控制，从而能够更好地实现工程预定目标（张亚莉，2004）。

项目各阶段风险的划分和界定是建设项目管理中的一项重要内容，也是进行风险集成管理必需的前奏工作。关于风险的识别，比较典型的看法认为：在工程项目全生命期的各个阶段，分别面临着许多风险；就建设项目整体而言；也存在着系统的风险。从项目管理的角度来看，整个生命期内的风险主要可分为技术风险、进度风险、费用风险、计划风险与保障性风险等几类；而从项目作为一个复杂系统的角度来看，产生系统故障的风险主要来自硬件系统、软件系统、组织、人与外部环境等五个方面；系统风险之间存在相互的影响，而这种相互的影响始终存在整个项目生命期的各个阶段。

建设项目各阶段与各项风险之间的关系如图 7.2 所示。各阶段的参与主体不同，也对应着不同的风险种类，但都应在业主。为了克服条块分割的情况，避免风险管理的连续性被割裂，应进行持续的风险管理，在对风险系统认识不断深入的基础上，借助于风险管理理论方法、业主方主导的 Partnering 团队的组织管理及现代信息技术来完成从识别、分析、计划、跟踪和控制的反复循环的动态过程。

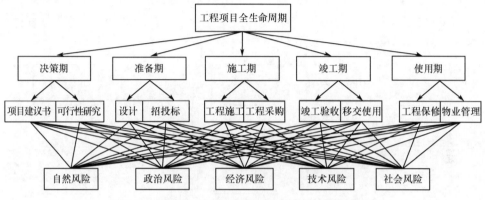

图 7.2　工程项目生命周期各阶段及其主要风险联系

2. 主体维——业主方主导的参建方风险集成　在传统模式下，业主方、承包商方各参建单位为了争取各自的利益最大化，分别进行各自的风险管理。这样虽然各自都能取得一定成效，但未必能够实现最终项目整体的利益最大化。而有些风险对某一方也许得到了控制，但往往只是转移到了项目中的另一方，各自为战的后果是导致风险对项目整体的损害未必减少多少，更谈不上实现项目利益相关方都满意的项目目标。

这一点同博弈论中经典的"囚徒困境"问题非常类似。如图 7.3 所示，囚徒 1 和囚徒 2 代表博弈中的两博弈方，每个人都有坦白和不坦白两种可选择的策略。这两个囚徒被隔离开，其中任何一人在选择策略时都不可能知道另一人的策略。矩阵中的数字表示各自对应的所得利益。结

图 7.3　囚徒的困境

果二人根据自身利益最大化原则的选择策略为（坦白，坦白），但这是对应得益是（-5，-5），而如果沟通渠道畅通，二人可以商量后做出选择的话，其最佳结果显然是（不坦白，不坦白），此时对应得益为（-1，-1）。项目实施中其实也能遇到类似的情况，当各参建单位都只为自身利益打算时，最终却未必能实现自身的最佳利益及整体利益最大化。因此需要有一方力量来起到沟通整合、协调各方利益的作用，业主方的利益和项目整体利益往往能够吻合起来，因此业主方应承担起协调、整合各参建方利益的责任。

随着社会的不断进步，人们能够更加理性地倾向于追求项目整体利益的最大化。业主方处于项目核心的管理协调位置，如果从建设项目整体角度出发，实行风险的集

成管理，将各参建方的风险管理统一到项目层面的风险管理上来，将会使项目的实施收到前所未有的效果。

3. 要素维——要素管理的风险集成 项目管理按照 PMBOK 的划分包括九大领域（管理要素），分别是范围管理、时间管理、费用管理、人力资源管理、风险管理、质量管理、采购管理、沟通管理、综合管理。IPMA 及其知识体系（ICB）中还包括了安全、健康、环境、行销、生产管理等要素内容。二者综合起来，构成了工程项目管理的主要内容。在工程项目管理中，这些要素并非各自孤立存在着，而是彼此之间相互影响、相互作用，存在着千丝万缕的联系。图 7.4 可形象表示出工程项目管理中各要素之间的相互关系。

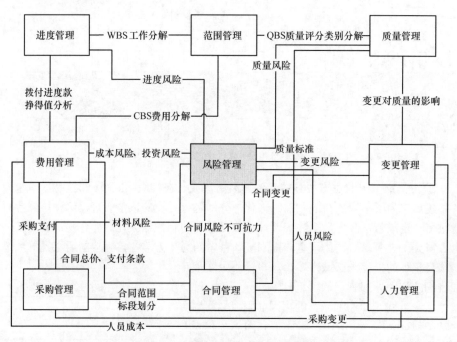

图 7.4　各管理要素之间关系示意图

人们很早就已经认识到项目管理各要素之间的关联性，尤其是在质量、费用、工期三大项目要素之间更是存在着对立统一的关系，片面强调某一个或其中几个目标都会造成项目缺陷，对任一目标的控制都不应是孤立的，而是考虑其他要素的综合性活动。因此才需要进行项目集成管理的研究，探索项目各要素之间的集成效应，从而使得项目的整体功效大于各要素功效的简单叠加效果。

在项目要素集成管理方面，人们的研究主要集中在质量、费用、工期三个要素之间的相互关系上。但是对于风险管理，却一直在工程项目管理的实际运作中处于一个较为尴尬的地位，与其他要素也没有有机结合起来。具体表现在风险管理在很多工程项目管理中并没有真正像理论上描述的那样进行科学的论证和评估，过于表面化和程式化；而且在项目管理实际过程中也不如质量、进度、费用等那样易于衡量和控制。因此很多项目经理只是按照常规做好一些突发事件的应急预案，而在风险事件真正发生时却措手不及。

基于以上观点，我们认为有必要重新对风险进行认识，即一切可能影响项目按照原计划进行的因素都视为风险，风险与质量、进度、费用、安全等相比，处于一个更高的层面，项目管理实质上就是对风险的管理。风险管理想要"落地"，进入实践应用环节，必须与其他要素管理的具体内容相结合，如同项目管理学科想要落地，进入实践应用环节，必须与某一具体行业的具体内容相结合一样，如图 7.5 所示。如果能够建立一套项目的风险预警体系，用统一的风险指标来量化项目各要素的执行情况和执行偏差，从而使得业主方能够更好地对项目进行整体的控制和协调，必将使复杂建设项目的管理效果产生质的飞跃。

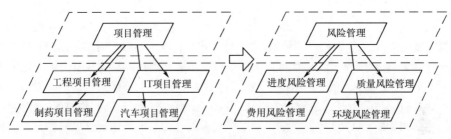

图 7.5　风险管理在项目管理知识领域中的地位

7.1.2　复杂建设项目业主方风险识别

1. 风险识别方法　风险识别就是运用一定的方法，在建设项目全生命周期的时间范围内和全要素的空间范围内，对与建设项目相关的大量信息进行分析，找出对项目目标可能产生影响的风险因素，分析风险产生的原因，根据项目特点对风险因素进行筛选、归类的过程。业主方进行风险集成的第一步，就是要从项目整体利益的角度识别相应的风险。

风险识别在风险管理过程中既是基础性的步骤也是决定性的步骤，从业主方角度来看，对于复杂建设项目的风险，应将其分为两大类，即对项目利益造成损害的风险和对某参建方利益造成损害的风险。需要强调的是，即使是对于某参建方的利益造成损害的风险，业主方也应充分重视，并将其尽可能纳入整体项目风险识别体系中来。在没有实施风险集成管理的建设项目中，项目各参与方的风险管理处于一种博弈状态。比如业主与施工承包商之间签订的施工合同类型，无论是单价合同也好，总价合同也好，其区别不外乎是合同双方对风险的分担程度不同而已。然而众多建设项目的发生质量、安全等重大问题的实际情况说明，这种项目内部的博弈其实并没有使得项目整体所面临的风险带来降低。因此，我们将复杂建设项目中的风险分为两级，第一级是属于从整个项目的角度各参与方都要面对的风险，称为项目风险；第二级是某参与方需要面对的风险，称为参与方风险。这两级风险的管理主体和管理深度有所区别，业主方应自始至终站在项目整体利益的角度出发来进行风险识别、评估和应对，同时将参与方风险纳入到项目层面进行统筹考虑与协调。这与利益相关方满意的项目总目标也是一致的。

风险识别过程业主方需要控制两方面因素，一是识别人员，二是识别方法。通常由业主方项目管理人员及有关专家共同进行，风险识别的过程往往具有较强的主观性，因此识别人员的知识和经验非常重要。前文建立的知识集成虚拟组织将对风险识别的全面、准确发挥作用。常用的风险识别方法主要包括以下几种：

1）定性风险识别方法

（1）头脑风暴法。其优点是可以充分发挥参与者的集体智慧，思维相互碰撞、启发得出结果；缺点是对会议组织者能力要求较高，与会者的思路容易受他人影响。适用于未知因素较多的复杂建设项目。

（2）德尔菲法。德尔菲法是采用背对背的通信方式征询专家小组成员的预测意见，经过几轮征询，使专家小组的预测意见趋于集中，最后做出一致的风险识别结论。其优点是可以集中专家意见，反复检查、修正识别结论，缺点是工作周期较长，专家主观因素影响较大。适用于缺乏足够的资料、数据的建设项目风险识别。

（3）情景分析法。情景分析法又称脚本法或前景描述法，是假定某种现象或某种趋势将持续到未来的前提下，对预测对象可能出现的情况或引起的后果做出预测的方法，是一种直观的定性预测方法。优点是能够通过分析展示项目可能的发展变化，缺点是专家多根据以往经验来构造情景，带有一定局限性。适用于可变因素较多的建设项目。

（4）故障树分析法。故障树分析法（fault tree analysis，FTA）是美国贝尔电报公司的电话实验室于 1962 年开发的，它采用逻辑的方法，形象地进行风险的分析工作，优点是直观、明了，思路清晰，逻辑性强，缺点是容易产生疏漏。适用于直接经验少的复杂建设项目。

（5）核查表法。核查表法是根据已经实施的建设项目建立一张核查表，表中列出项目成功或失败的原因，项目的范围、成本、质量、进度、投资等情况，项目经历过的风险事件及来源等，风险识别人员通过对照核查表，将拟实施的新项目的风险因素识别出来。其优点是清晰、明确，缺点是对隐含的新的风险因素识别不力。适用于有较多同类实施经验的建设项目。

2）定量风险识别方法

（1）因子分析法。因子分析法是从研究相关矩阵内部的依赖关系出发，把错综复杂关系的变量归结为几个综合因子的多变量统计分析方法。其优点是可以消除风险变量之间的相关性，识别出关键的影响变量；缺点是在样本数量不足和原始指标间相关性较弱的情况下，模型的应用较为受限。适用于风险变量之间相关性较强的建设项目。

（2）敏感性分析法。敏感性分析法是指从众多不确定性因素中找出对建设项目目标有重要影响的敏感性因素，并分析、测算其对项目子目标的影响程度和敏感性程度，进而确定项目风险因素的分析方法。其优点是可以找出敏感性因素，确定可承受的变动幅度，缺点是未考虑参数变化的概率问题。适用于方案选优及预测建设项目生命期内发生变化的临界条件。

（3）财务报表分析法。由以往类似的建设项目财务报表分析，可识别出各种重要的风险事件，但财务报表上反应的只是综合作用结果，无法清楚表示出哪类具体风险因素的影响。适用于有类似经验的建设项目的投资风险识别。

在实际应用中，建设项目的风险识别往往不仅限于一种方法，而是几种方法综合利用，从而得出较为满意的结果。

2. 复杂建设项目业主方的风险识别集成　从业主方的角度，需要从项目整体的层面上对生命周期内的风险因素有一个明晰的把握。项目风险的动态性体现在生命周期内不同阶段的风险之间的关联和变化、转换，也体现在不同相关主体之间风险的调整和转移，因此构建如表 7.1 所示的建设项目全生命周期的风险集，以风险相关方和生命周期各个阶段作为两个维度，可进行风险集判断矩阵的构建和识别。

表 7.1　建设项目全生命周期风险相关方的风险集

风险相关方	决策期	准备期	施工期	竣工期	使用期
业主	R11	R12	R13	R14	R15
咨询单位	R21	R22	R23		
项目管理单位	R31	R32	R33	R34	
监理单位			R43		
设计单位		R52	R53		
施工单位			R63	R64	R65
分包单位			R73	R74	R75
材料供应商			R83	R84	R85
设备供应商			R93	R94	R95
银行		R102	R103	R104	R105
物业管理单位				R114	R115
用户			R123	R124	R125

7.1.3　复杂建设项目风险预警体系

风险预警（early-warning）一词源于军事，是指根据系统外部环境及内部条件的变化，对系统未来的不利事件或风险进行预测和报警。预警管理则是利用预警系统进行风险管理，并进行风险防范的一种活动。复杂建设项目风险预警体系在全生命周期集成、参与方集成和要素集成的理论基础上构建，具体思路是首先建立风险预警指标体系，设定风险预警指标的阈值；由计算机系统根据输入的信息自动统计各指标值，当预警监控指标突破阈值时，系统将发出预警信息，并根据预警信息的类型、性质和警报的程度提示相应的预控措施，以供业主方进行决策。

复杂建设项目风险预警体系是建立在 OPMP 的基础上，通过对项目实时的进展数据的分析，对进度、质量、投资、安全等各管理要素的状态偏离预警线的强弱程度发出预警信号，从而使业主方能够及时采取防范措施，协调和督促相关参与方，从而预防和化解风险的发生，将风险造成的损失降到最低的有效手段。整个风险预警体系是一个通过循环不断获得提升的系统，包含五个子系统，如图 7.6 所示。

图 7.6 中横向箭头表示整个风险预警体系是建立在项目的全生命期基础之上的。而项目风险管理的组织集成是预警系统的保障，组织的成员随着项目的进行不断调整。而在 OPMP 中的风险预警体系又可分为五个子系统，分别是：风险识别子系统：通过各种有效途径，尽可能全面地辨识出影响项目目标实现的风险事件存在的可能性。风险分析子系统：对已经识别的风险进行分析处理，从而测算出风险的大小和发

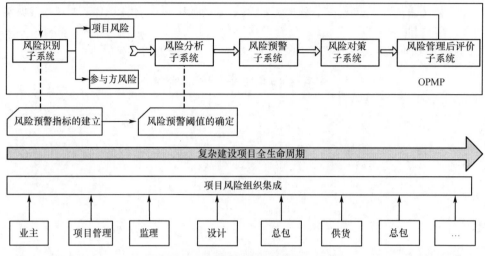

图 7.6　复杂建设项目风险预警体系

展态势。风险预警子系统：通过对测算出的风险程度与事先确定的预警范围进行比较，对超出警戒范围的风险进行预警。风险对策子系统：对预警的项目进行分析，寻求改进的对策并付诸实施。风险后评价子系统：对改进后的风险度进行测评，确定改进的效果，并为项目以后类似风险的预防和应对提供经验（刘艳玲，2003）。这五个子系统构成一个闭环式的动态循环结构，通过循环不断获得提升和改善。

在风险预警体系中，对最有可能出现的风险事件以及对工程项目活动有举足轻重作用的环节和领域如质量、进度、费用等进行监测是风险集成管理的基础。一方面，业主方通过 OPMP 对建设项目全过程各个环节的进展进行监控，准确地了解项目各项计划的执行状态及发展动向；另一方面，通过 OPMP 对收集到的大量监测信息进行整理、分类、分析和处理，将各项指标的偏差情况和分析结论提供给业主方进行相应的决策。

风险预警体系是由相互联系、相互依存、相互作用的诸多部分有机组成的复合体，因此各组成部分能否协调工作将最终决定风险管理的绩效。风险预警体系的生命力在于其系统全面地考察风险因素的能力和动态更新以及全程监测风险因素变化的优点，开放性是风险预警体系最重要的特征。在复杂建设项目中，开放性表现在项目参建各方对各自风险因素的识别和风险计划的制订在项目实施全过程中始终处于不断更新状态并为 OPMP 所支持，业主方则负责处理判断风险类别和等级，划分项目风险和参建方风险分别进行管理和协调，同时负责保证预警系统的正常运行。从这个角度来说，风险预警系统是集合智能程序处理作业性事务与管理人员从事创造性劳动的优化组合。

7.2　复杂建设项目业主方工期、投资、质量三要素集成

复杂建设项目中各管理要素集成的难点体现在要素之间的矛盾上，决策者往往是以某一要素指标的降低来换取另一要素指标的提高。要进行要素集成，就要在分析各要素对业主方项目目标影响的基础上，对项目的范围、进度、质量、费用等进行综合权衡，确定折中方案，做出最优或可行选择。

然而项目管理要素相互之间不是简单的此消彼长的线性关系，集成管理的核心思想即要体现 1+1＞2 的效应，即使各个管理要素之间实现优化组合，形成和谐有序的运行结构，从而达到优势互补、聚变放大的效果。

7.2.1　业主方三要素与承包商方三要素的区别

前文已经分析过风险管理要素在十个基本项目管理要素中的特殊性（图 7.5），除了风险管理以外，其他要素中最特殊的当属进度管理、费用管理和质量管理三要素。这是因为以项目最终交付物的实体交付的结果属性来看，工期、费用和质量属于结果性要素，其他的属于过程性要素。因此，自项目管理学科诞生以来，人们就意识到项目目标最基本的三重约束是工期、费用和质量，通常将这三个要素比喻为相互约束和关联的三角形。当调整三个边之中的任意一边时，必然会对其他边产生一定影响。因此在每一次计划或资源投入调整时，都应考虑到另外两个要素的影响。

目前关于工期、费用、质量三个要素的管理目标也称为建设项目的三重约束。对于这三者之间的定量集成，学者们进行了大量的研究。这方面比较经典的研究如关键路径法、挣值分析方法等，主要研究的是工期和费用目标之间的集成问题，而将质量目标同时集成进来的研究虽然也涌现一些，但大多数是从承包商方的角度来进行研究，且真正能够广为认可并得到实践应用的还少之又少。而且同样是三要素，对业主方来说其关注角度与承包商方关注角度有所不同。承包商方的三要素可以表述为：工艺质量、工艺进度、成本控制。而业主方则可以表述为：交付物质量、项目进度、投资控制。如图 7.7 所示。

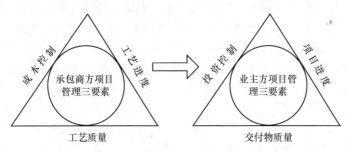

图 7.7　业主方与承包商方项目管理三要素的区别

工艺质量主要是指承包商方的质量是以满足设计规范、施工图纸、施工规范、国家或地方质量标准等要求，影响工艺质量的因素通常被定义为"人、机、料、法、环"，也就是说只要控制好这五大因素，承包商方无论是设计、勘察，还是施工、供货，都可以得到质量保证。对业主方来说，交付物质量除了满足工艺质量的相关要求外，包含的内容则要更广，比如交付物对使用者的生理和心理满足程度、交付物对自然环境的影响程度、交付物与周边环境的协调等，都属于业主方特有的质量控制范畴。

工艺进度是指承包商方的工作之间的逻辑关系确定而开展的速度，如设计工作的顺序一般是控制性规划-修建性规划-单体方案-扩初设计-施工图设计,犹如结构施工顺序一般是绑扎钢筋-支模板-浇筑砼。对承包商方来说，在资金到位、工作条件具备的情况下，工艺进度一般较容易保证。而承包商方的进度总是与成本综合考虑，在考虑资源消耗的均衡性和工作节奏的前提下，往往会选择一个"最低成本工期"，即既不求最快，也不无原则拖延。而对业主方来说，需要协调更多的工作进度来确保承包商方的工艺进度，如项目设计任务书的提出、三通一平施工条件的准备、开工许可的办理等，这些工作进度往往难以精确计算和控制，因而业主方进度管理也比承包商方要更为复杂，更难以定量分析。

成本控制是指承包商方的费用管理目标往往是在保证满足工艺质量的前提下，减少支出，降低工程的实际造价，从而获取更多利润。承包商方对利润的追求往往会影响业主方的质量和进度利益。而对于业主方的费用管理来说，目的是在保证质量的前提下降低工程的支付费用，业主方保证质量的前提不会被破坏，但承包商方却有可能片面追求成本而忽视质量，这也是成本控制和投资控制最大的不同。

7.2.2 复杂建设项目业主方三要素集成的定性分析

关于项目管理三要素的集成问题，可以看做是项目质量、工期、投资目标的统筹协调问题。有时项目的某个目标是确定的，不可突破的，一旦突破会造成项目的整体性失败，如北京奥运会鸟巢、上海世博会场馆建设等项目，由于奥运会、世博会开幕时间已经确定，最晚竣工时间目标就属于绝对不可突破的目标。再如质量目标中的消防工程质量目标，如果通不过消防验收则交付物无法投入使用，也是属于绝对不可突破的目标。一旦将某要素的目标恒定后，三要素的集成问题就可简化为二维集成问题。

1. 工期确定——项目质量要素和进度要素的集成 这种情况在现实中比较多见。图 7.8（Harold，2001）给出了工期确定时投资与质量的函数关系曲线。*OAD*、*OBD*、*OCD* 分别代表三种不同的投资随质量不同程度发生的变化。对于三条曲线，最理想的情况当然是曲线重点由 *D* 点移动到 E 点，此时质量、投资和工期均达到既定目标。然而现实中往往出现难以目标均衡实现的情况。*OAD* 表示如果项目达到投资上限，则质量目标完成了 *OJ*，而不是 *OI*，此时业主方需要比较质量目标欠缺的差额部分 *JI* 是否在可接受的范围，如能接受则适当降低质量目标标准，可控制住投资目标，否则将使投资大幅度提高；*OCD* 表示如果项目达到投资上限，质量目标完成了 *OL*，与 *OAD* 曲线相比显然质量目标完成了 *OL*，距离 *OI* 相去甚远，此时大幅度增加投资情况肯定要发生；*OBD* 则介于两者之间。在实际建设项目中，如果不能出现曲线终端到达 E 点的情况，业主方应对投资和质量目标进行权衡，即计算一个"性价比"，对应图中三条曲线，显然 *HE/ED*＞*GE/DE*＞*FE/DE*，最值得增加投资提高质量的是 OCD。

2. 质量确定——项目投资要素和工期要素的集成 建设项目的质量标准往往是一个满足相关质量规范的底线，相较于投资和工期的浮动范围不大，假设质量目标固定不变的情况下，项目投资和工期的函数曲线如图 7.9 所示（James，2010）。在这条曲线中，应该存在一个使得投资最低的曲线最低点 *D*，在 *D* 点左侧，如果试图缩短工期，则项目投资会开始上升，因为承包商方加快工期往往是以增加人员和设备来实现的，而且，受制于工作面、施工工艺等限制，这条曲线左侧是有一个工期最短点，即无论如何增加投资，工期都不会早于某一个时间点。这个最短点与投资上限并没有对

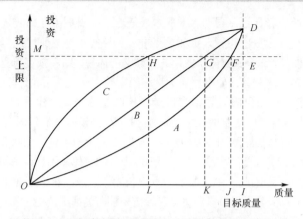

图 7.8　工期确定时项目质量要素和进度要素的关系

应关系，即在图中最短工期可能是 *OA*、*OJ*、*OH*，此时的投资可能是突破上限的 *AF*，也可能是等于或者小于上限的 *JI* 或 *HG*。在最低点 *D* 的右侧，随着工期的延长，项目投资也会逐渐增加，这主要是因为项目的投资分为直接投资和间接投资，直接投资与项目工作量有关，间接投资如设备、设施租赁费、行政人员工资、办公经费等，都会随着工期延长而增加，但在最低点右侧，一般来说曲线上升的速度要缓和一些。而且与 *D* 点左侧曲线不同，右侧的曲线理论上是没有终点的。

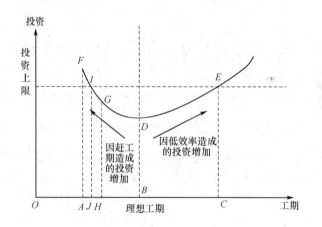

图 7.9　质量确定时项目投资要素和进度要素的关系

　　对业主方来说，理解质量确定时投资与进度的关系非常重要。如我国的建筑工程领域，国家级质量奖励有鲁班奖和国家优质工程奖，各省、自治区、直辖市也都有其省级质量奖励，如浙江的钱塘杯、山东的泰山杯、天津的海河杯等，除此之外还有质量评定等级的合格、优良等。不同等级的质量奖项有不同的质量标准，承包商方投入的成本也不同，这部分额外支出往往需要业主支付。因此从业主方的角度来看，质量管理一般是根据项目建设目标在招标及合同签订阶段就确定一个要达到的标准，并以承包商方的投标报价和合同价格作为与该标准对应的费用管理目标。在此基础上，再来考虑项目工期的问题。因为在合同条款确定的情况下，承包商方会根据成本最低的目标均衡配置其人员、设备、资金等资源计划，自动寻求成本最低点 D。此时业主方需进一步分析不同工作在项目总体进度计划中的位置，如果属于非关键路径工作，则可适当允许承包商方调整进度安排，这也是 Partnering 合作伙伴共赢理念的体现，即不损害自身利益的前提下允许甚至帮助对方多争取利益；如果属于关键路径上的工作，则不允许其进行工期的延长。

3. 投资确定——项目质量要素和进度要素的集成 许多建设项目都会遇到资金的限制，此时只能在质量和进度要素目标之间进行权衡。假设在投资目标固定不变的情况下，项目质量和进度的函数曲线如图 7.10 所示。与图 7.8 类似，这里也有斜率不同的曲线如 OAD、OBD、OCD 分别代表质量随着时间不同程度的变化，因为投资不变，所以项目工期也不可能无限延长，因此图中曲线均为有限长度。理想的状态是业主方的目标质量为 ON，目标工期为 OI。但若出现质量和进度目标需要权衡的情况，如业主方质量目标为 OM，或业主方工期目标为 OL，则 OCD 曲线到达同样质量目标所需工期最短，或达到同样工期目标时质量标准最高，显然较之 OBD 和 OAD 要理想。如果三条曲线分别对应不同承包商，业主方在选择时需要考虑单位时间内质量水平增加最快的作为优先选择。

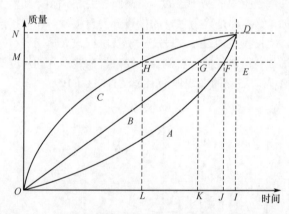

图 7.10 投资确定时项目质量要素和进度要素的关系

4. 项目三要素均不确定下的要素集成 实际建设项目的投资、质量、工期三要素往往比上述情况复杂，最常见的情况是三个基本要素目标都不确定，此时要素目标集成就成

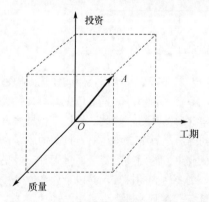

图 7.11 建设项目三要素的三维集成

为一个三维空间内的均衡问题，如图 7.11 所示，业主方需要综合考虑三个因素，从而确定满足三维目标的 OA，这里 OA 是直线段表示项目最终指向，但实际项目实施中随着项目的动态进展，在生命周期不同阶段有不同的要素目标侧重点，实际从原点 O 到达 A 点则是一个曲线过程。

关于三要素之间集成的定量分析模型，Babu（1996）和 Suresh 最早利用三个相关的线性规划模型进行了研究，汤燕群（2009）、高兴夫（2007）、陈勇强（2010）、单绘芳（2011）等分别建立了基于费用、进度、质量三维目标要素集成的定量模型，但这些模型大多是进行的线形分析，且没有考虑项目干系人需求等其他制约因素，因此对于业主方的项目管理要素集成难以做到真正应用于实践。对三要素集成进行定性分析，仍可按照参数曲线的方法进行。即仍然建立二维要素坐标系，将另一个要素分不同水平分别作曲线，如图 7.12 所示，这样就可将三维空间的最优点寻找问题转化为二维坐标系内的平面问题。

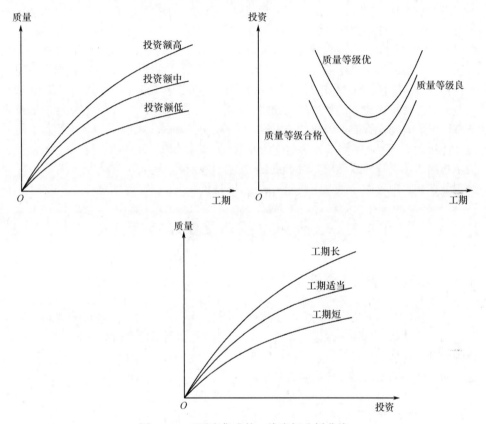

图 7.12　三要素集成的二维坐标分析曲线

7.3　本 章 小 结

本章对复杂建设项目业主方集成管理的要素维度如何集成进行了分析。首先分析了复杂建设项目业主方的风险集成问题，从业主方角度构建了风险集成三维模型，分别从时间维、主体维和要素维三个维度对全生命周期风险集成、参建方风险集成和要素管理的风险集成进行了分析，提出了风险管理在项目管理知识领域处于统领地位的观点。随后分析了业主方进行风险识别的方法，构建了风险集判断矩阵，提出了复杂建设项目风险预警体系的构想。其次对复杂建设项目业主方的工期、投资、质量三要素集成进行了分析，辨析了业主方三要素与承包商方三要素的区别，并对业主方在考虑三要素的集成问题时如何决策进行了定性分析。

第8章 复杂建设项目的业主方集成能力提升

复杂建设项目中业主方实施集成管理是一项复杂的系统工程，存在一个"知"和"行"的问题，即不但应知道如何去执行，还应具备执行的能力。因此要想从业主方角度对复杂建设项目实施集成管理，就需要提升业主方的集成管理能力。业主方在建设项目中的能力应包括两部分，一是业主方自身的项目管理能力，包括对自身应完成工作的计划、执行、监督、改进的能力和对承包商方工作的监督、检查、协调的能力；二是业主方对承包商方进行选择的能力。前者是业主方进行项目整体有效控制的必要条件，但后者同样重要，因为具体实施建设的是承包商方，如果选择了水平低、能力差、协作意识不强的承包商，再优秀的业主方也难以保证项目的顺利实施。本章试从业主方组织项目管理成熟度、对 Partnering 合作伙伴的单独选择和组合选择三方面来探讨复杂建设项目中业主方集成能力的提升问题。

8.1 业主方组织项目管理成熟度模型

8.1.1 项目管理成熟度模型

目前国际上对项目管理水平的评价有三个层次：一是对个人项目管理能力的评估，二是对具体项目管理水平的评估，三是对组织的项目管理成熟度的评估。其中对组织的项目管理能力评估，是反映组织级项目管理水平的重要标杆。目前比较流行和通行的方法是采用项目管理成熟度模型。

20 世纪 90 年代以后，对于项目管理的研究开始从针对单个项目的管理转向企业和组织如何运用项目管理来达到其战略目标（Andersen et al.，2003）。除了研究单个项目管理的方法和技术以外，企业和组织需要一套完整的系统、理论和方法，选择正确的项目，并通过不断提高自身完成项目的能力和水平，保持竞争力，获得战略成功。项目管理成熟度模型正是在这种背景下被开发出来，用于评估企业现有的项目管理能力，并且帮助企业持续改进自身的管理。

一个好的项目组织成熟度模型，应该能够提供一系列核心要素，并能根据要素的不同情况把一个组织的项目管理成熟度划分为不同的阶段，并对每个阶段提出清晰的特征和要求。这样，组织就可以根据项目管理成熟度模型各个阶段的特征和要求来评价自己现在处于哪个阶段，今后还需要在哪些方面提升，从而在组织各个管理层面统一认识，以便于不断推动组织级项目管理体系的持续优化和提升。

到目前为止，已经被企业和组织使用的项目管理成熟度模型有 30 多种，新的模型还在不断地被开发出来，但是还没有一种模型得到广泛认可，作为标准确立下来。其中比较有影响的是组织级项目管理成熟度模型（organization project management maturity model，OPM3）。OPM3 是一个三维模型，由美国项目管理学会从组织级项目管理层面提出，如图 8.1 所示。OPM3 模型在评估体系、模型框架及应用领域都有较突出的优越性。

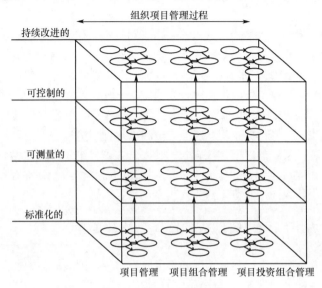

图 8.1　OPM3 模型框架

OPM3 的第一维是成熟度的四个梯级：标准化的、可测量的、可控制的、持续改进的；第二维是项目管理的 9 个领域（项目整体管理、项目范围管理、项目时间管理、项目费用管理、项目质量管理、项目人力资源管理、项目沟通管理、项目风险管理和项目采购管理）和 5 个基本过程（启动过程、计划编制过程、执行过程、控制过程和收尾过程），这两个维度的内容是项目管理理论的要点，其他模型也有涉及；第三维是组织项目管理的三个版图层次，也是区别于其他模型的关键所在，包括：单个项目管理、项目组合管理和项目投资组合管理。OPM3 扩展了项目管理的范围，不仅包括单一项目的成功交付，还包括项目组合管理和项目投资组合管理以及把整个组织作为一个项目的管理，从而将项目管理的概念由战术层上升到战略层[①]。

PMI 对 OPM3 的定义是：评估组织通过管理单个项目和项目组合来实施自己战略目标能力的方法，也是帮助组织提高市场竞争力的方法。OPM3 是目前国际上最具影响力的项目管理成熟度模型之一，从组织的战略与战术两个层面定义了通过项目实施组织战略的过程能力。OPM3 的目标是"帮助组织通过开发其能力，成功地、可靠地、按计划地选择并交付项目而实现其战略"（田莉等，2004）。但由于没有考虑我国的政治、经济及文化环境和我国企业的项目管理实际情况，从实际应用效果看，现有的项目管理成熟度模型还不能很好地对我国的组织级项目管理能力进行有效评价和改进。

---

① PMI. Organizational project management maturity model program plan[R]. OPM3 Program Plan，2000，9: 221-239.

8.1.2　建设项目业主方项目组织成熟度评价的必要性

传统上对组织级项目管理水平的评价只在人员固定、组织架构稳定、组织边界清晰的企业领域内展开，而对于项目级的临时性项目组织，却少有人从项目管理成熟度的视角来审视项目组织的能力。这当然是由于项目组织作为一个临时性、一次性的组织，其存在时间比长期性组织要短得多，而且组织结构、人员随时变化，很难用"成熟度"来考量这一组织整体的项目管理能力。但是按照本书业主方和承包商方的划分，业主方组织的主要单位成员相对较为固定，一般有"业主+监理"或者"业主+项目管理+监理"两种模式，而且相对于承包商方的各参建单位进出项目组织的时间在项目生命周期中较为滞后的情况，监理单位和项目管理单位进入项目组织的时间往往较早，存在于项目组织的时间往往较长，其人员在项目组织中往往相对固定，与业主项目管理人员在项目建设期间作为一个相对固定的整体性组织往往存在较长时间，因此，存在对其进行组织项目管理成熟度考量的可能性。

8.1.3　业主方组织项目管理成熟度模型构建原则

（1）系统性原则。组织项目管理成熟度应考虑各种因素的相关性、整体性和目标性，且在能力指标之间应具备有序性，而不是指标的简单组合，构成一个能全面、合理地反映评价对象本质特征的完整体系。

（2）独立性原则。构建指标时应尽量减少各指标间的重叠区域，将相关性降到最低限度。

（3）动态性原则。尽管业主方项目组织仅存在于具体建设项目的生命期内，但其依然会经历常态化组织的形成期、振荡期、规范期、执行期和解散期这五个时期，其动态性表现更为明显。应从发展变化的角度来考察该组织的项目管理能力的情况，揭示项目管理的行为表现。

（4）可比性和可测性原则。关键能力指标应较易测量且便于进行纵横向比较。

（5）灵活性原则。能力体系的结构应具有可修改性和可扩展性，针对具体建设项目的业主方组织的项目管理能力要求，可方便地对指标进行修改、增添和删除，依据不同的具体情况将指标进一步具体化。

8.1.4　业主方组织项目管理成熟度模型构建

通过对中国项目管理体系、国际项目管理专业资质标准等内容进行分析，结合目前建设项目业主方组织的现状，本书将其成熟度模型划分为 2 个层面，其中业主或业主+项目管理公司作为一个层面，监理公司作为另一个层面。业主或业主+项目管理公司层面：由于目前代业主的项目管理在多数地区和多数项目中都不是强制性的，因此本书只把项目管理公司的职能看作业主方自身能力的一个补充，从应担负的职责上二者可以看作一体来考虑。监理公司层面：目前，工程监理已经逐渐成为市场经济下新型建设项目管理体制的主体之一。按照工程监理范围，至少应包括对建设项目的进度、投资、质量的全方位全过程监理，以及对信息、合同的管理。

1) 业主（项目管理）层面成熟度的考核指标主要包括：

（1）项目负责人。业主或项目管理公司的负责人，其个人能力、管理水平和业务素质对项目组织运作效率具有举足轻重的影响。

（2）专业管理人员数量、知识结构和经验。业主（项目管理）层面的专业管理人员的要求相对于监理层面来说其广度要大得多，除进度、投资、质量外，还需有专人负责前期手续、规划设计、工程和设备采购、合同、信息、行政档案等，专业管理人员数量是否满足项目规模和复杂度的要求，相应的知识结构是否合理，项目经验是否丰富都是业主组织层面要考核的指标内容。

（3）项目管理体系。从业主方的角度，需要将建设项目全生命周期内所有参建方的工作通过规范的项目管理体系整合到一起，其中最根本的就是对项目生命周期的定义和阶段划分，定义项目管理流程与规范、项目里程碑，明确项目涉及的参建方资质要求和各自职责，明确各阶段应完成的主要工作及参考标准，将工作落实到具体单位、部门和人员。良好的项目管理体系建立后，项目管理不会因为项目人员更换而存在很大的差异。这是因为通过统一的项目管理方法，严格定义了工程项目的生命周期、各阶段的流程、各阶段的主要工作和项目交付物，不同项目之间建立了共同语言、公用工具和模板，因而具有良好的可复制性。

（4）项目管理信息系统。复杂建设项目的业主和项目管理公司，面对的通常是数量非常多的子项目同时进行，如果单靠人工方式对其进行费用、进度、质量、安全等管理，将是非常吃力且低效率的。这就需要建立业主方项目管理信息系统，通过系统来收集和处理信息和动态数据，同时通过系统在不同部门和人员之间交换和沟通信息，实现不同人员的跨地区、跨项目协作。组织级项目管理信息系统还有一个重要使命就是进行知识管理。通过知识管理，可以随着项目进行，把项目的经验和教训、行业知识、风险清单、实际数据等一并积累下来，作为重要项目管理过程资产，使项目后续工作中和人员变更时能够分享项目经验和教训，避免犯同样的错误。

2) 监理公司层面考察的成熟度包括如下指标：

（1）项目总监。项目总监是一个监理公司派驻建设项目进行监理的总负责人，全面负责监理公司职责内的各项工作，其自身能力、素质、责任心对建设项目监理的水平起到至关重要的作用。一般来说，项目总监要求包括：对工作的高度责任心、与建立项目所适应的技术水平和能力、清晰的工作思路和方法、较强的领导和管理能力。

（2）监理人员数量、知识结构和经验。项目监理机构配备的监理人员应根据项目规模、投资额、复杂程度予以相应的配备。数量不是以绝对数值越多越好，对于同一个建设项目，高水平的监理单位可以投入较少的监理人员完成监理任务，而低水平的、经验不多的监理单位却需要投入较多的监理人员。此处所说的监理人员数量是指与项目复杂程度、投资额、规模相匹配的具有相当管理素质的人员数量。项目监理机构的人员必须根据所监理的建设项目的专业特点进行配备，人员相应的职业资格证书、技术职称、类似项目经验都必须与具体项目相匹配。

（3）监理项目部管理制度。监理项目部管理制度往往是一个监理企业的业务水平和能力常年积累的成果，集中体现在两个方面，一是监理公司现成的适用于所有项目的规章制度；二是针对具体项目编写的监理大纲、监理规划和监理实施细则。

（4）监理项目部组织协调。监理工作的主要形式是监督、组织和协调。组织协调体现在项目部内部和项目部外部，从内部来讲包括人员安排的量才使用、工作分配的责权对等、成绩评价的实事求是、矛盾调解的到位及时等；从外部来讲包括与业主及其他参建方的关系融洽，及时沟通，坚持原则，争取支持等。

一个好的业主方组织项目管理成熟度模型应基于特定的项目管理核心要素，将组织的项目管理成熟度划分为不同的阶段，并且每个阶段具有清晰的特征和要求。结合对目前建设项目中业主方组织项目管理能力发展严重不均衡的现状，本书认为可将其组织级项目管理成熟度模型划分为混沌级、规范级、优化级和持续改进级四个阶段。图 8.2 是建设项目业主方组织项目管理成熟度模型示意。

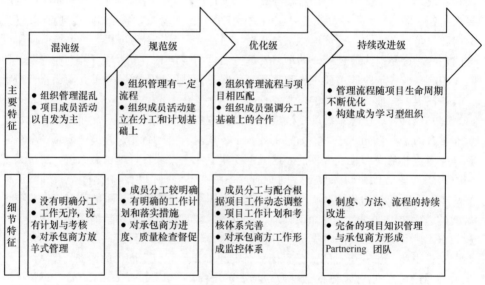

图 8.2   建设项目业主方组织项目管理成熟度模型

该模型的 8 个考核指标与组织级项目管理成熟度的四个等级相对应，表 8.1 列出了业主方项目组织在不同等级下各个层面的项目管理成熟度的表现情况。

表 8.1   建设项目业主方组织项目管理成熟度模型等级和指标描述

指标	混沌级	规范级	优化级	持续改进级
业主+项目管理 项目负责人	项目负责人无项目管理专业知识，对项目团队建设、项目目标体系、项目范围认识不清，对承包商方无管理及监督措施	项目负责人具备一定项目管理专业知识，能组建团队并合理分工，了解工期、质量、费用的三重约束	项目负责人具有相当的项目管理知识和经验，能够构建项目整体的管理体系和工作流程，能够清楚识别项目干系人及其利益需求	项目负责人能够结合自身项目管理知识经验构建项目管理体系并随生命周期不断调整优化，具备权衡项目目标及获得项目内外充分资源的能力

续表

指标		混沌级	规范级	优化级	持续改进级
业主+项目管理	专业人员数量知识经验	专业管理人员数量不足,没有与项目相适应的知识结构和管理经验	具备一定数量有管理和专业技术经验的人员,分工较为明确	专业管理人员数量、知识结构合理,项目经验较为丰富,具有较合理的人力资源计划	专业管理人员数量、知识结构合理,项目经验丰富,人力资源计划随项目生命周期动态调整
	项目管理体系	没有形成项目管理体系	形成了一套与项目管理相对应的管理制度	具有成熟的项目管理体系,涵盖项目业主方和承包商方工作范围,具备管理复杂项目平行分包的能力	项目管理体系完善,且具有持续改进优化机制,具备管理复杂建设项目数量较多的平行分包的能力
	项目管理信息系统	没有建立项目管理信息系统	通过项目管理系统进行文件传达和项目状态信息传递	通过项目管理信息系统共享项目信息和动态数据	通过项目管理信息系统进行知识管理,总结积累项目实践经验成为组织经验
监理	项目总监	项目总监经验少,知识结构单一	项目总监掌握一定工程经济、法律、管理理论,对项目涉及专业技术较熟悉	项目总监具有丰富的工程监理经验,具备复合型的知识结构,组织管理能力突出	项目总监经验丰富,能正确、灵活处理工程监理与项目管理的关系,与业主及项目管理配合默契
	监理人员数量知识经验	专业管理人员数量不足,没有与项目相适应的知识结构和管理经验	具备一定数量有管理和专业技术经验的人员,分工较为明确	专业管理人员数量、知识结构合理,经验丰富,具有较合理的人力资源计划	专业管理人员数量、知识结构合理,经验丰富,人力资源计划随项目生命周期动态调整
	监理项目部管理制度	没有成型的监理项目部管理制度	具有较为规范的管理制度	具有较成熟的监理管理制度,具有主动为业主服务的管理措施	监理管理制度完善,与业主项目管理制度相融合,且具有持续改进优化机制
	监理项目部组织协调	组织协调管理处于较无序的状态	能结合项目目标对参建单位开展组织协调工作	组织协调形式规范,方法多样	组织协调注重系统方法,围绕项目目标体系不断改进流程和方法

8.1.5　业主方组织项目管理成熟度模型的应用

建设项目业主方组织项目管理成熟度模型能为建设项目在生命周期内不断提高项目管理水平提供一系列的引导,帮助业主方找出项目管理中存在的缺陷,引导业主方组织在认识自身管理水平的等级上进行改进。

1）基于业主方组织项目管理成熟度模型的评估，一般有三种不同模式：

（1）依靠自身力量来进行业主方组织项目管理成熟度的评估。这种方式的优点是业主方基于对自身组织的充分了解，可以有针对性地制定评估流程和方法，缺点是有可能对有些问题难以发现，公正性有所不足。

（2）外部力量（专业咨询公司或项目管理专家）与自身力量相结合进行业主方组织项目管理成熟度的评估，这种方式的优点是可以把外来优势和自身优势结合起来，从而得出的评估结论比较客观。

（3）完全依靠外界力量进行组织级项目管理成熟度的评估。这种模式的优点是可以保证评价主体的客观性，但缺点在于外部力量进行评估所需时间会较长，有些时候对业主方组织难以深入了解。

2）对于想要在项目管理成熟度方面有所改进和提升的建设项目业主方组织来说，运用本成熟度模型，主要有以下几个步骤：

（1）研究模型标准：首先应了解该模型所依托的概念，研究比较标准的含义，熟悉业主组织项目管理成熟度内涵及模型的组成等。

（2）决定改进重点：对照各个层面级别的状态，结合业主方项目组织自身情况，识别本组织目前在项目管理方面已经具备的基本特征，分别在四个级别中处于哪个位置。这样就可以根据预期要达到的整体级别，将重点放在需要改进的那些特征上来，并制定适当的改进计划。

（3）编制改进计划：根据业主方组织在各个层面上的评估结果，确定需要提高的内容，对评估结果反映的各指标所需能力进行优先程度排序，编制改进计划。

（4）执行改进计划：这一步骤是业主方组织开始实施变革的一步，一旦计划制定，业主方负责人必须协调组织内业主、项目管理、监理等各方，根据改进计划的要求，一步步将其贯彻下去。

（5）重复过程：完成了计划中的一系列改进活动后，应重新评估当前的业主方组织项目管理成熟度状态，即回到第27步，从而更新改进计划，进行下一个更高层次上的循环。

3）在提升业主方组织项目管理成熟度时，有几点需要注意：

（1）业主方组织项目管理成熟度的提升是一个渐进的过程，但这个过程必须融入到项目生命周期内，对成熟度提升的时效性有较高的要求，否则组织成熟度提升太晚无法为本建设项目带来收益，其提升则是无意义的。当然对于着眼于长期合作的Partnering合作伙伴来讲，各方可以在后续项目中得到提升的收益。

（2）应建立根据项目规模、复杂度、项目工期和业主方各单位项目部的具体情况确立适当的业主方组织的成熟度目标。不是每个项目中业主方组织都必须要达到最高水平，必须结合项目特点和各单位项目部现状，来确定一个有一定挑战性且能够在项目生命周期的某一时间节点前顺利实现的成熟度目标水准。

（3）必须着眼于连续的提高和持续的改进。项目管理成熟度强调连续不断的提高，即使业主方组织达到了设定的最高的目标成熟度水平，也还是有空间去提高和成长的。

（4）定义级别并不是项目管理成熟度模型的目的，关键在于通过模型确定自身的不足。每个建设项目具体的技术和管理特点都不同，因此也不存在具体的措施适用于任何建设项目来改进业主方组织的不足。业主方负责人应有自主意识，不断地审视组织自身，积累经验，这样才能将模型为己所用，为建设项目管理绩效的提升发挥最佳作用。

8.2　基于多层次灰色综合评价法的 Partnering 合作伙伴选择

传统建设项目管理模式下，承包商方各个单位的选择是孤立进行的，在招标时考虑最多的是投标报价、工期承诺、企业实力（质量体现）等基本要素问题。而如果考虑建设项目组织集成的需要，考虑 Partnering 工作组的组建，则需要在重视费用、工期、质量的基础之上，将承包商方的"乙方"角色变更为"业务伙伴"角色，需要综合考虑业务伙伴的合作意愿和能力，综合考虑各业务伙伴的相互关联和影响，综合考虑业主方与业主伙伴的长期合作可能性，其选择因素更多、更复杂，是一个典型的有限方案下的多目标决策问题。前文中已经构建了 Partnering 合作伙伴评价指标体系，业主方需要考虑如何利用该指标体系进行科学的量化评估考核，从而选择出理想的合作伙伴，或者做出选择意向的决策。

业主方对 Partnering 合作伙伴的选择是一个典型的主观指标评价问题，本书构建的 Partnering 合作伙伴评价指标体系是一个多层次的定性指标体系。对这类评价问题，传统上人们都已认识到评价结果的模糊性，即评价结论并非具有"非此即彼"的明确边界性，因此往往采用模糊综合评价方法进行评价。但是还需认识到，这种评价结果主要建立在参加评价者的个人主观认识和判断基础上，即使采用模糊综合评价方法，也只能解决指标评价结论优劣的隶属度问题。而且，采用模糊综合评价方法，当指标集较大时，在权向量和为 1 的条件约束下，相对隶属度权系数往往偏小，权向量与模糊矩阵不匹配，往往会出现分辨率低、隶属度难以区分的现象，造成评判失效。

为了尽量避免人为因素带来的偏差，且使评价结论具有更高的分辨率，本书采用多层次灰色评价法进行 Partnering 合作伙伴评价。在多层次灰色评价中，评价过程可以循环进行，前一过程的评价结果，可以作为后一过程评价的输入数据。因此，通过进行多层次的灰色评价，比模糊综合评价具有更高的分辨率，可以满足复杂系统的评价要求。

8.2.1　多层次灰色综合评价模型

本书建立的 Partnering 合作伙伴评价指标体系是一个由多个评价指标按照属性不同进行的分组指标体系，每组作为一个层次，最高层为评价输出指标 E，中间层为一级评价指标 A_i（$i=1, 2, \cdots, m$），最低层为二级评价指标 B_{ij}（$i=1, 2, \cdots, m, j=1, 2, \cdots, ni$），设共有 S 个受评价对象，$S=1, 2, \cdots, q$，$E^{(s)}$ 代表第 s 个受评价单位的综合评价值。A 为一级评价指标 A_i 的集合，记为 $A=\{A_1, A_2, \cdots, A_m\}$，$B_i$ 为二级评价指标 B_{ij} 的集合，记为 $B_i=\{B_{i1}, B_{i2}, \cdots, B_{ini}\}$。多层次灰色评价方法如下：

1）评价指标 B_{ij} 的评分标准并组织评分

评价指标 B_{ij} 是最低层指标，参加评价者须对其作出定性评价，本书将其划分为四个等级，由参评者按照"优"、"良"、"中"、"差"分别打分，将其量化为 4、3、2、1 分，为更加精确反映评价情况，在设计问卷时可在每两个等级之间设置中间选项，将中间选项量化为 3.5、2.5、1.5 分。组织参评者按照评价标准对被评价单位的每一个评价指标 B_{ij} 进行打分。

2）确定评价指标 A_i 和 B_{ij} 的权向量

设一级评价指标 A_i（i=1，2，…，m）的权重为 w_i（i=1，2，…，m），各指标权向量则为 W=（a_1，a_2，…，a_m），其中任意 $w_i>0$，$\sum_{i=1}^{m} w_i=1$。

二级评价指标 B_{ij} （i=1，2，…，m，j=1，2，…，n_i）的权重为 w_{ij}（i=1，2，…，m,j=1,2,…,n_i），各指标权向量为 W_i=（w_{i1}, w_{i2}，…，w_{ini}），其中任意 $w_{ij}>0$，$\sum_{j=1}^{n_i} w_{ij}=1$。

3）汇总评价矩阵

根据评分标准汇总得到评价样本矩阵。设评价者序号为 k（k=1，2，…，p），则第 k 个评价者按照评价指标 B_{ij} 对第 s 个受评价单位给出的评分为 $d_{ijk}^{(s)}$，第 s 个受评价单位的评价矩阵为 $D^{(s)}$。

$$D^{(s)} = \begin{bmatrix} d_{111}^{(s)} \cdots d_{11k}^{(s)} \\ \vdots \qquad \vdots \\ d_{ij1}^{(s)} \cdots d_{ijk}^{(s)} \end{bmatrix} \qquad (8.1)$$

4）确定评价灰类

设 e=1，2，3，4 分别对应"优""良""中""差"四个灰类，其对应的灰数和白化权函数如表 8.2 所示（李惠玲等，2013）：

表 8.2　评价灰类一览表

灰类	灰数	白化权函数	灰数与白化权函数关系
优 e=1	$\otimes_1 \in [4,+\infty]$	$f_1(x) = \begin{cases} x/4, & x \in [0,4] \\ 1, & x \in [4,+\infty] \\ 0, & \text{其他} \end{cases}$	
良 e=2	$\otimes_2 \in [0,3,6]$	$f_1(x) = \begin{cases} x/3, & x \in [0,3] \\ (6-x)/3, & x \in [3,6] \\ 0, & \text{其他} \end{cases}$	

灰类	灰数	白化权函数	灰数与白化权函数关系
中 $e=3$	$\otimes_3 \in [0,2,4]$	$f_1(x) = \begin{cases} x/2, & x \in [0,2] \\ (4-x)/2, & x \in [2,4] \\ 0, & \text{其他} \end{cases}$	
差 $e=4$	$\otimes_4 \in [0,1,2]$	$f_1(x) = \begin{cases} 1, & x \in [0,1] \\ (2-x), & x \in [1,2] \\ 0, & \text{其他} \end{cases}$	

5）计算灰色评价权系数

对于评价指标 B_{ij}，计算第 s 个被评价单位属于第 e 个评价灰类的灰色评价系数 $x_{ijk}^{(s)}$，有 $x_{ijk}^{(s)} = \sum_{k=1}^{p} f_e d_{ijk}^{(s)}$。则第 s 个被评价单位属于各个灰类的灰色评价系数是

$$x_{ijk}^{(s)} = \sum_{e=1}^{4} x_{ije}^{(s)}\,。$$

6）计算灰色评价权向量和灰色评价权矩阵

将评价指标 B_{ij} 对第 s 个被评价单位主张第 e 个灰类的灰色评价权表示为

$$r_{ije}^{(s)} = \frac{x_{ije}^{(s)}}{x_{ij}^{(s)}} \tag{8.2}$$

则评价指标对于各个灰类的灰色评价向量为 $r_{ij}^{(s)} = (r_{ij1}^{(s)}, r_{ij2}^{(s)}, r_{ij3}^{(s)}, r_{ij4}^{(s)})$。

这样对所有指标逐个计算，最后得到第 s 个被评价单位的 B_i 所属指标 B_{ij} 的灰色评价权矩阵：

$$R_i^{(s)} = \begin{bmatrix} r_{i1}^{(s)} \\ r_{i2}^{(s)} \\ \vdots \\ r_{ini}^{(s)} \end{bmatrix} = \begin{bmatrix} r_{i11}^{(s)} & r_{i12}^{(s)} & r_{i13}^{(s)} & r_{i14}^{(s)} \\ r_{i21}^{(s)} & r_{i22}^{(s)} & r_{i23}^{(s)} & r_{i24}^{(s)} \\ \vdots & \vdots & \vdots & \vdots \\ r_{ini1}^{(s)} & r_{ini2}^{(s)} & r_{ini3}^{(s)} & r_{ini4}^{(s)} \end{bmatrix} \tag{8.3}$$

7）计算 A_i 的灰色评价权矩阵

根据指标权重向量 W_i 得到综合评价结果 $Z_i^{(s)}$：

$$Z_i^{(s)} = W_i \cdot R_i^{(s)} = (Z_{i1}^{(s)}, Z_{i2}^{(s)}, Z_{i3}^{(s)}, Z_{i4}^{(s)}) \tag{8.4}$$

由 B_i 的综合评价结果 $Z_i^{(s)}$ 得到第 s 个受评价单位的 A 所属指标 A_i 对于各评价灰类的灰色评价权矩阵 $R^{(s)}$：

$$Z^{(s)} = \begin{bmatrix} Z_1^{(s)} \\ Z_2^{(s)} \\ \vdots \\ Z_m^{(s)} \end{bmatrix} = \begin{bmatrix} z_{11}^{(s)} & z_{12}^{(s)} & z_{13}^{(s)} & z_{14}^{(s)} \\ z_{21}^{(s)} & z_{22}^{(s)} & z_{23}^{(s)} & z_{24}^{(s)} \\ \vdots & \vdots & \vdots & \vdots \\ z_{m1}^{(s)} & z_{m2}^{(s)} & z_{m3}^{(s)} & z_{m4}^{(s)} \end{bmatrix} \tag{8.5}$$

8）计算综合评价值

对第 s 个受评价单位的 A 做综合评价，其结果记为 $Y^{(s)}$，则

$$Y^{(s)} = W \cdot Z^{(s)} = W \cdot \begin{bmatrix} W_1 \cdot Z_1^{(s)} \\ W_1 \cdot Z_1^{(s)} \\ \vdots \\ W_m \cdot Z_m^{(s)} \end{bmatrix} = (z_1^{(s)}, z_2^{(s)}, z_3^{(s)}, z_4^{(s)}) \tag{8.6}$$

最后，根据评价灰类等级值化向量 $P = (4, 3, 2, 1)$ 计算得到第 s 个被评价单位的综合评价值 $E^{(s)}$

$$E^{(s)} = Y^{(s)} \cdot P^{\mathrm{T}}$$

将所有被评价单位的 $E^{(s)}$ 均计算完毕后，即可按其数值大小确定合作伙伴候选人。

8.2.2 算例分析

根据本书构建的业主方对 Partnering 合作伙伴评价指标体系，总评价值即 1 级指标为 E，二级指标 A 为投标表现、制度建设、合作力度三个；三级指标中，对应 A_1 为 7 个，对应 A_2 为 5 个，对应 A_3 为 6 个，已经通过 AHM 方法确定了各个指标的权重如表 8.3 所示。

表 8.3　Partnering 合作伙伴评价指标体系及其权重

1 级指标	2 级指标	权重	3 级指标	权重
	投标表现 A_1	0.233 3	投标报价 B_{11}	0.125 8
			施工工期 B_{12}	0.046 5
			工程质量 B_{13}	0.205 2
			企业资质 B_{14}	0.128 6
			企业信誉 B_{15}	0.142 9
Partnering 合作伙伴 评价指标 E			技术能力 B_{16}	0.205 4
			信息管理能力 B_{17}	0.157 1
	制度建设 A_2	0.233 3	企业文化 B_{21}	0.074 3
			激励措施 B_{22}	0.17
			考核制度 B_{23}	0.26
			工作范围 B_{24}	0.23
			合作处理问题机制 B_{25}	0.325 7

续表

1 级指标	2 级指标	权重	3 级指标	权重
Partnering 合作伙伴 评价指标 E	合作力度 A_3	0.5333	处理问题灵活度 B_{31}	0.250 5
			主动沟通效率 B_{21}	0.210 5
			建设性意见 B_{33}	0.162 9
			资源共享 B_{34}	0.079 1
			项目经理合作能力 B_{35}	0.166 7
			诚信程度 B_{36}	0.130 5

对于某建设项目某标段业主方有三个可选择的合作伙伴，针对这三个候选单位，由 5 名评价者根据 22 个评价指标独立做出评价，对每个指标给出"优"、"良"、"中"、"差"的评价，以第一个被评价单位为例，得到评价矩阵如下：

$$B_1^{\mathrm{T}} = \begin{bmatrix} 4 & 2 & 3.5 & 4 & 4 & 4 & 3 \\ 4 & 2.5 & 3.5 & 4 & 3.5 & 3.5 & 2.5 \\ 3.5 & 3 & 3 & 4 & 3.5 & 3.5 & 2.5 \\ 3 & 3 & 3.5 & 3.5 & 3.5 & 3 & 3 \\ 4 & 3 & 4 & 4 & 3.5 & 3.5 & 3.5 \end{bmatrix}$$

$$B_2^{\mathrm{T}} = \begin{bmatrix} 3.5 & 3 & 4 & 3.5 & 4 \\ 4 & 2.5 & 4 & 4 & 3.5 \\ 3.5 & 2 & 3.5 & 3 & 4 \\ 3 & 3 & 3.5 & 3 \\ 4 & 3.5 & 4 & 3 \end{bmatrix}$$

$$B_3^{\mathrm{T}} = \begin{bmatrix} 3.5 & 2.5 & 3.5 & 3 & 4 & 4 \\ 4 & 3 & 3 & 3 & 4 & 4 \\ 4 & 3 & 4 & 3.5 & 4 & 4 \\ 3 & 3 & 3 & 4 & 3.5 & 3.5 \\ 3 & 3 & 4 & 3 & 3 & 3.5 \end{bmatrix}$$

对指标 B_{11}，计算第一个被评价单位属于第 e 个评价灰类的灰色评价系数：

$e=1$

$$x_{111}^{(1)} = \sum_{k=1}^{5} f_1(d_{11k}^{(1)}) = f_1(d_{111}^{(1)}) + f_1(d_{112}^{(1)}) + f_1(d_{113}^{(1)}) + f_1(d_{114}^{(1)}) + f_1(d_{115}^{(1)})$$

$$= f_1(4) + f_1(4) + f_1(3.5) + f_1(3) + f_1(4) = 1 + 1 + 0.875 + 0.75 + 1 = 4.625$$

$e=2$

$$x_{112}^{(1)} = \sum_{k=1}^{5} f_2(d_{11k}^{(1)}) = f_2(d_{111}^{(1)}) + f_2(d_{112}^{(1)}) + f_2(d_{113}^{(1)}) + f_2(d_{114}^{(1)}) + f_2(d_{115}^{(1)})$$

$$= f_2(4) + f_2(4) + f_2(3.5) + f_2(3) + f_2(4) = 0.666\ 7 + 0.666\ 7 + 0.833\ 3$$

$$+ 1 + 0.666\ 7 = 3.833\ 4$$

$e=3$

$$x_{113}^{(1)} = \sum_{k=1}^{5} f_3(d_{11k}^{(1)}) = f_3(d_{111}^{(1)}) + f_3(d_{112}^{(1)}) + f_3(d_{113}^{(1)}) + f_3(d_{114}^{(1)}) + f_3(d_{115}^{(1)})$$

$$= f_3(4) + f_3(4) + f_3(3.5) + f_3(3) + f_3(4) = 0 + 0 + 0.25 + 0.5 + 0.25 = 1$$

$e=4$

$$x_{114}^{(1)} = \sum_{k=1}^{5} f_4(d_{11k}^{(1)}) = f_4(d_{111}^{(1)}) + f_4(d_{112}^{(1)}) + f_4(d_{113}^{(1)}) + f_4(d_{114}^{(1)}) + f_4(d_{115}^{(1)})$$

$$= f_4(4) + f_4(4) + f_4(3.5) + f_4(3) + f_4(4) = 0 + 0 + 0 + 0 + 0 = 0$$

计算总灰色评价数：

$$x_{11}^{(1)} = \sum_{e=1}^{4} x_{11e}^{(1)} = x_{111}^{(1)} + x_{112}^{(1)} + x_{113}^{(1)} + x_{114}^{(1)} = 4.625 + 3.833\ 4 + 1 + 0 = 9.458\ 4$$

计算灰色评价权

$e=1$， $r_{111}^{(1)} = \dfrac{x_{111}^{(1)}}{x_{11}^{(1)}} = 4.625/9.458\ 4 = 0.489\ 0$，同样可得，

$e=2$， $r_{112}^{(1)} = 0.4053$； $e=3$， $r_{113}^{(1)} = 0.1057$； $e=4$， $r_{114}^{(1)} = 0$

由此可得，灰色评价向量 $r_{11}^{(1)} = (0.489\ 0,\ 0.405\ 3,\ 0.105\ 7,\ 0)$

同理可计算其他 $r_{12}^{(1)} \sim r_{17}^{(1)}$ 所有指标的灰色评价向量，从而形成 B_1 的灰色评价权矩阵 $R_1^{(1)}$：

$$R_1^{(1)} = \begin{bmatrix} 0.489\ 0 & 0.405\ 3 & 0.105\ 7 & 0 \\ 0.303\ 4 & 0.434\ 5 & 0.292\ 1 & 0 \\ 0.423\ 1 & 0.444\ 4 & 0.123\ 5 & 0 \\ 0.565\ 2 & 0.405\ 8 & 0.028\ 9 & 0 \\ 0.473\ 6 & 0.421\ 0 & 0.105\ 3 & 0 \\ 0.448\ 6 & 0.425\ 5 & 0.127\ 7 & 0 \\ 0.314\ 0 & 0.447\ 7 & 0.238\ 3 & 0 \end{bmatrix}$$

对 B_1 做综合评价，结果为

$$Z_1^{(1)} = W_1 \cdot R_1^{(1)}$$

$$= [0.125\ 8 \quad 0.046\ 5 \quad 0.205\ 2 \quad 0.128\ 6 \quad 0.142\ 9 \quad 0.205\ 4 \quad 0.157\ 1] \cdot \begin{bmatrix} 0.489\ 0 & 0.405\ 3 & 0.105\ 7 & 0 \\ 0.303\ 4 & 0.434\ 5 & 0.292\ 1 & 0 \\ 0.423\ 1 & 0.444\ 4 & 0.123\ 5 & 0 \\ 0.565\ 2 & 0.405\ 8 & 0.028\ 9 & 0 \\ 0.473\ 6 & 0.421\ 0 & 0.105\ 3 & 0 \\ 0.448\ 6 & 0.425\ 5 & 0.127\ 7 & 0 \\ 0.314\ 0 & 0.447\ 7 & 0.238\ 3 & 0 \end{bmatrix}$$

$$= (0.444\ 3,\ 0.432\ 5,\ 0.134\ 7,\ 0)$$

同样可得

$$Z_2^{(1)} = (0.491\ 5,\ 0.440\ 2,\ 0.128\ 3,\ 0)$$

$$Z_3^{(1)} = (0.435\ 5,\ 0.427\ 4,\ 0.137\ 2,\ 0)$$

所以，由 $Z_1^{(1)}$、$Z_2^{(1)}$、$Z_3^{(1)}$ 得到第 1 个被评价单位的总灰色评价权矩阵 Z：

$$Z^{(1)} = \begin{bmatrix} 0.444\ 3 & 0.432\ 5 & 0.134\ 7 & 0 \\ 0.491\ 5 & 0.440\ 2 & 0.128\ 3 & 0 \\ 0.435\ 5 & 0.427\ 4 & 0.137\ 2 & 0 \end{bmatrix}$$

$$Y^{(1)} = W \cdot Z^{(1)} = \begin{bmatrix} 0.233\ 3 & 0.233\ 3 & 0.533\ 3 \end{bmatrix} \cdot \begin{bmatrix} 0.444\ 3 & 0.432\ 5 & 0.134\ 7 & 0 \\ 0.491\ 5 & 0.440\ 2 & 0.128\ 3 & 0 \\ 0.435\ 5 & 0.427\ 4 & 0.137\ 2 & 0 \end{bmatrix}$$

$$= (0.450\ 5,\ 0.431\ 5,\ 0.134\ 5,\ 0)$$

由此，计算第 1 个被评价单位的综合评价值 $E^{(1)}$ 为

$$E^{(1)} = Y^{(1)} \cdot P^{\mathrm{T}} = (0.450\ 5,\ 0.431\ 5,\ 0.134\ 5,\ 0) \cdot (4,\ 3,\ 2,\ 1)^{\mathrm{T}} = 3.365\ 5$$

用同样过程计算另外两个被评价单位的综合评价值：

$$E^{(2)} = 2.676\ 5,\quad E^{(3)} = 3.123\ 8$$

由此可比较 $E^{(1)} > E^{(3)} > E^{(2)}$，得出三家被评价单位的综合排序。

8.3　基于遗传算法的 Partnering 合作伙伴组合选择

上文解决的是业主方对单个标段的合作伙伴承包商的选择问题。而实际的复杂建设项目中，业主方往往要面临多个合同标段平行分包的局面，这些标段各自都要选择相应的承包商，标段之间存在着开始时间的先后和工序的搭接等关系；而且这些承包商之间往往存在着大量的工作界面，相互之间存在着一定的关联性。多个合作伙伴企业的共同工作，其相互之间的内在联系不仅会影响到各自标段的工作开展，也会影响到整体项目的绩效和成败。因此，仅就每个标段各自独立进行选择，显然无法确保各标段承包商之间的整体效应发挥到最大，也不能够适应建设项目业主方集成管理的需求。所以业主方需要考虑对承包商方多个合作伙伴的组合选择问题。

当然具体到一个建设项目中，不同合同标段进行招标发包的时间是不可能集中的，必然会随着项目的进行依次招标，如先进行规划设计招标，再进行施工招标，再进行装饰招标等。但对于旨在采用 Partnering 模式与合作伙伴建立长期合作关系的业主，其必然要根据项目以往合作的情况和自身掌握的企业信息建立相应的合作伙伴企业信息库，在对子项目依次进行招标之前，对潜在合作伙伴的能力应有所了解和评估，从而通过定量的选择模型在项目承包商方选择之前就进行一个合作伙伴方案的整体规划。基于以上假设，本书试用遗传算法来解决业主方对承包商方多个合作伙伴的组合选择问题。由于前文所建立的 Partnering 合作伙伴评价指标体系数量较多，将所有指标全部纳入则建模工作过于繁琐，此处仅就项目网络进度计划中的各企业费用、工

期、风险等指标进行考量。

8.3.1　遗传算法概述

遗传算法（genetic algorithm，GA）是模拟达尔文生物进化论的自然选择和遗传学机理的生物进化过程的计算模型，是一种通过模拟自然进化过程搜索最优解的方法，它最初由美国 Michigan 大学 Holland 教授于 1975 年提出，Holland 设计了遗传算法的模拟和操作原理，并运用统计决策理论对遗传算法的搜索机理进行了理论分析，建立了 Schema 定理和隐含并行性（implicit parallelism）原理。De Jong 对遗传算法性能进行了细致分析，提出了遗传算法的一系列执行策略，设计了遗传算法的性能评价指标。

遗传算法是一种模拟自然演化学习过程的求解问题方法，目前在人工智能与控制领域，对于一些经典优化方法不能有效求解的非线性系统具有较强的适应性。

遗传算法原理　遗传算法按照生物学的习惯，将问题的解称为"染色体"，用二进制编码串进行标志。在求解之前，先给出一群假设解，随后将其放置于问题所处的环境中，按照适者生存的法则，从假设解群中选择出比较能够适应环境的"染色体"进行复制，再通过遗传、交叉、变异等过程，使得"染色体"群得以更新换代，如此一代一代地优选、进化，直到系统最终收敛到最能适应环境的某一个"染色体"时终止，此时这个"染色体"即问题的最优解，如图 8.3 所示。

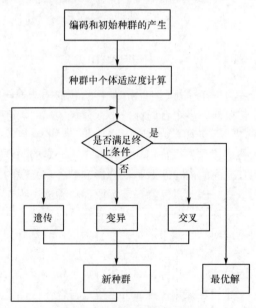

图 8.3　遗传算法解决问题流程

典型的遗传算法通常用来解决这样一类静态最优化问题：

一群长度为 L 的二进制串 b_i，有 $b_i \in \{0, 1\}^L$，$i=1, 2, \cdots, n$；给定目标函数 $f(b_i)$，且 $0 < f(b_i) < \infty$，同时 $f(b_i) \neq f(b_i+1)$；求满足 $\max(\min)\{f(b_i) | b_i \in \{0, 1\}^L\}$ 的 b_i。

遗传算法通过进化和遗传机理，从给出的最初染色体种群中，不断进化而产生新的染色体，最终收敛到特定的串 b_i 处，从而得到最优解。

一般来说，遗传算法有以下五个基本组成部分：

（1）将问题的解进行遗传表示；

（2）创建解的初始种群的方法；

（3）根据个体适应值对其进行优劣判定的评价函数；

（4）用来改变复制过程中产生的子个体遗传组成的遗传算子；

（5）遗传算法的参数值。

若以 t 代表遗传代数，则遗传算法维持有一群个体组成的种群 $P(t)$。每一个体均代表问题的一个潜在的解。每一个体都被评价优劣并得到其适应值。遗传操作的随机变换使得某些个体通过变异（mutation）或交叉（crossover）产生新的个体，变异是指将一个个体改变从而得到新的个体，交叉是指将两个个体的有关部分进行组合得到新的个体。对新产生的个体[后代（offspring）$C(t)$]继续进行优劣评价。在父代种群和子代种群中选择比较优秀的个体形成新的种群。依次反复，直到算法收敛到一个最优个体，即问题的最优解或次代解。

8.3.2　遗传算法模型

1. 变量设定　设某建设项目由 n 个子项目组成，这 n 个子项目相互独立，有一定时序关联。已知该建设项目的工期为 T_0；子项目集合表示为 $TK=\{TK_1, TK_2, \cdots, TK_n\}$；子项目之间的时序关系用 S_TK 表示，$S\_TK=\{(TK_i, TK_j)|i, j=1, 2, \cdots, n; TK_i, TK_j \in TK, TK_i \neq TK_j\}$，其中 (TK_i, TK_j) 表示子项目 TK_i 是 TK_j 的紧前工作。对于某子项目 TK_i, $i=1, 2, \cdots, n$，存在 m_i 个候选企业，$CEi=\{ce_{ij}| j \in [1, m_j]\}$ 表示候选企业的集合；Q_i 表示子项目 TK_i 的总工作量，q_{ij} 表示候选企业 ce_{ij} 在单位时间内能完成子项目 TK_i 的工作量；v_{ij} 表示候选企业 ce_{ij} 完成单位工作量的费用；r_{ij} 表示候选企业承担子项目 ce_{ij} 失败的概率（失败指项目验收不合格、过程中止合同等情况）；b_{ij} 表示候选企业 ce_{ij} 的承担子项目给项目整体带来的风险。

将优化目标定为：将工作量为 Q_i 的任务 TK_i 分配给第 j 个候选企业 ce_{ij}，工作量为 q_{ij}，使得业主方实现总体项目的最小费用 C、最短工期 T、最小风险 B 和最小失败率 R。

定义变量：

$y_{ij} = 1$ 表示第 j 个候选企业 ce_{ij} 中标任务 TK_i；

$y_{ij} = 0$ 表示第 j 个候选企业 ce_{ij} 未中标任务 TK_i。

2. 目标函数

$$\min C = \sum_{i=1}^{n} \sum_{j=1}^{m_i} v_{ij} Q_i y_{ij} \tag{8.7}$$

$$\min T = \sum_{i=1}^{n} \sum_{j=1}^{m_i} \frac{Q_i y_{ij}}{q_{ij}} \tag{8.8}$$

$$\min B = \frac{\sum_{i=1}^{n}\sum_{j=1}^{m_i} b_{ij} y_{ij}}{\sum_{i=1}^{n}\sum_{j=1}^{m_i} y_{ij}} \tag{8.9}$$

$$\min R = \frac{\sum_{i=1}^{n}\sum_{j=1}^{m_i} r_{ij} y_{ij}}{\sum_{i=1}^{n}\sum_{j=1}^{m_i} y_{ij}} \tag{8.10}$$

约束条件：

$$T \leqslant T_0 \tag{8.11}$$

$$Q_i = \sum_{j=1}^{m_i} q_{ij}, \quad i=1,2,\cdots, \ n \tag{8.12}$$

$$y_{ij} = \begin{cases} 1, & q_{ij} \geqslant 0 \\ 0, & q_{ij} = 0 \end{cases} \tag{8.13}$$

$$q_{ij} \geqslant 0 \tag{8.14}$$

其中，T 表示整个项目的持续时间。

假设项目的开始时刻为 0，合作伙伴企业间进行的任务衔接时间和费用忽略不计，则该项目的持续时间 T 由下列公式求出

$$s_0 = 0 \tag{8.15}$$

$$t_0 = 0 \tag{8.16}$$

$$t_i = \max_{j}\{Q_i / q_{ij} \mid j \in [1, m_i]\}, \quad i=1,2,\cdots,n \tag{8.17}$$

$$s_i = \max_{l}\{s_l + t_l \mid \forall (TK_l, TK_i) \in S\_TK\}, \quad i=1,\cdots,n-1 \tag{8.18}$$

$$T = \max_{l}\{s_l + t_l \mid \forall (TK_l, TK_{n+1}) \in S\_TK\} \tag{8.19}$$

其中，t_i 表示完成任务 TK_i 所需的时间，s_i 表示任务 TK_i 可以开始的时刻。

3. 目标函数转化 将多目标优化问题线性转化为多个单目标优化问题。

$$\min(\text{Total}) = w_1 \times \min C + w_2 \times \min T + w_3 \times \min R + w_4 \times \min B \tag{8.20}$$

其中需对 C、T、R、B 各变量做无量纲化处理。使用公式（8.21）进行无量纲化

$$y = \frac{\max(x) - x}{\max(x) - \min(x)} \tag{8.21}$$

w_1，w_2，w_3，w_4 为指标权重，且 $w_1+w_2+w_3+w_4=1$。

4. 染色体编码策略 每个候选合作单位至少需要包含以下两个信息：

$$I = \begin{bmatrix} y \\ q \end{bmatrix} = \begin{bmatrix} y_{11} & \cdots & y_{1m} & \cdots & y_{n1} & \cdots & y_{nm} \\ q_{11} & \cdots & q_{1m} & \cdots & q_{n1} & \cdots & q_{nm} \end{bmatrix} \tag{8.22}$$

y 为所有建筑业候选企业的选择向量，采用证书 0-1 编码，y_{ij}=1 或 0，表示每个候选

企业是否选中；q 为所有候选企业分配的任务量向量，采用实数编码，q_{ij} 为 ce_{ij} 被分配的工作量。

5. 适应函数的构造　采用排序适应度函数（fitness）。设群体规模为 N，对目标函数最小化问题，将同一代群体中 N 个染色体按目标函数值从大到小记为 N。序号为 i 的染色体的适应度函数值为 $f(i)=i$。每一代当前的最优解以最大概率 $2/(N+1)$ 遗传。

采用轮盘赌选择算子得出选择概率，个体 i 被选入下一代种群的概率为

$$p(i) = \frac{f(i)}{\sum_{i=1}^{N} f(i)} \tag{8.23}$$

同时采用保优算子，用每一代种群中的适应度最大的最优个体直接复制到下一代种群中。

交叉采取两点交叉，如果生成的两个新个体不满足约束条件，则保持互换的中间部分基因不变，矫正两端的基因值，直至新个体满足约束条件；变异采用单点变异，对变异位的 y_{ij} 进行 0-1 变异，q_{ij} 随之改变，再调整该基因位所在任务的其他基因值，从而使其满足约束条件。

8.3.3　算例分析

某建设项目主要工作包括总体规划设计、建筑设计、场地平整、装饰装修设计、土建安装工程施工、装饰装修施工 6 个子项目。每个子项目的可选合作伙伴的信息如表 8.4 所示。

表 8.4　合作伙伴候选企业相关信息表

子项目	候选企业	q_{ij}	v_{ij}	r_{ij}	b_{ij}	Q_i
A 总体规划设计	ceA1	80	32	0.09	0.05	420
	ceA2	78	40	0.05	0.02	
	ceA3	56	35	0.08	0.06	
B 建筑设计	ceB1	35	45	0.08	0.1	810
	ceB2	35	60	0.1	0.15	
	ceB3	43	56	0.08	0.09	
	ceB4	48	68	0.11	0.12	
C 场地平整	ceC1	30	23	0.02	0.03	120
	ceC2	34	20	0.02	0.04	
	ceC3	41	19	0.03	0.07	
D 装饰装修设计	ceD1	90	56	0.1	0.02	530
	ceD2	97	53	0.12	0.01	
	ceD3	103	60	0.08	0.04	

子项目	候选企业	q_{ij}	v_{ij}	r_{ij}	b_{ij}	Q_i
E 土建安装施工	ceE1	122	45	0.09	0.08	3680
	ceE2	141	48	0.07	0.09	
	ceE3	120	54	0.09	0.11	
	ceE4	113	59	0.08	0.06	
	ceE5	153	62	0.08	0.08	
F 装饰装修施工	ceF1	90	68	0.04	0.04	1990
	ceF2	97	56	0.06	0.03	
	ceF3	102	78	0.05	0.05	
	ceF4	88	89	0.06	0.07	

网络计划图如图 8.4 所示。

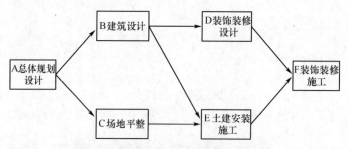

图 8.4　某建设项目单代号网络计划图

业主方需要根据工作效率、工作成本、失败概率、项目风险等综合考虑，在 22 家备选企业中为 6 个子项目各选择 1 家合作伙伴。取 T、C、B、R 的权重分别为 $w_1=0.35$，$w_2=0.35$，$w_3=0.1$，$w_4=0.2$。

种群规模会影响到遗传算法的最终性能和效率，过小则优化性能差，过大则计算复杂度高，此处种群规模取 200，变异概率取 0.02，交叉概率 0.5，取最大迭代数为 200。根据前文所建立的自适应遗传算法，用 R 语言进行编程实现。运行结果如图 8.5 所示，图中横轴为迭代次数，纵轴为目标函数值。

通过遗传算法程序运行，得到该项目的理想方案：选择组合为 ceA2、ceB3、ceC2、ceD2、ceE2、ceF2，项目的工期为 79.83，总费用为 380 730，失败概率 0.066 7，风险概率 0.046 7。

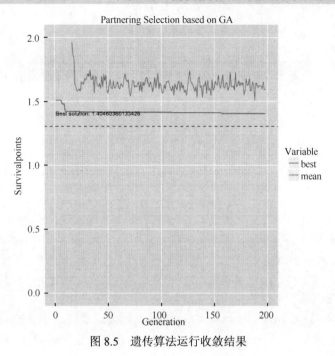

图 8.5　遗传算法运行收敛结果

8.4　本　章　小　结

　　本章就复杂建设项目中业主方集成能力提升问题进行研究。首先构建了业主方组织项目管理成熟度模型，给出了成熟度模型各个层面的具体指标表征，并探讨了业主方组织项目管理成熟度提升的流程。其次利用多层次灰色综合评价方法进行了候选企业评价并给出了具体算例。最后针对合作伙伴组合选择问题，采用了遗传算法进行解决并给出了具体算例。

第9章 复杂建设项目业主方集成管理案例分析

9.1 项 目 概 况

9.1.1 项目背景

滨州医学院是山东省省属普通高等医学院校，为开拓学校办学空间，于2000年与烟台市政府签署协议在烟台市莱山区建设新校区。至2008年，烟台校区已基本完成建设任务，校区占地1006.5亩①，建筑面积31万平方米，在校生近万人。医学教育的特点是基础教学和临床教学并重，缺一不可。随着办学事业的快速发展，临床教学设施不足、学生分散实习的问题越来越突出。

与此同时，随着烟台市社会经济和城市建设的高速发展，对综合医疗服务机构的需求也越来越迫切。建设滨州医学院烟台附属医院既是滨州医学院加强后期实践教学，全面提高人才培养质量的需要，也是优化烟台市医疗卫生资源布局，促进烟台市经济社会发展和医疗卫生事业发展的需要。2007年，滨州医学院烟台附属医院（以下简称烟台附院）建设项目获得山东省发改委批准立项，建设地点位于莱山区。

烟台附院筹建期间遇到了诸多困难，如莱山区就医人口少，建设资金短缺等。滨州医学院与烟台市就医院建设选址重新进行了探讨。一致认为在整合640张床位的牟平人民医院的基础上，在牟平区建设烟台附院更加有利。这样一是有利于扩大医院的医疗覆盖面积，二是有利于优化烟台市医疗卫生资源布局，三是有利于医院的快速建设和发展。2010年7月，滨州医学院与烟台市牟平区政府举行签约仪式，牟平区政府将牟平人民医院人、财、物全面移交给学校，同时在土地、建设资金等方面都给予了医院一定的支持。项目于2011年2月正式开工建设。2011年12月山东省发改委对项目重新批复，2012年4月省卫生厅出具了设置医疗机构批准书。

9.1.2 项目内容

项目名称：滨州医学院烟台附属医院建设工程。

建设地点：烟台市牟平区牟山路以西，金埠大街以北，崔山大街以南。

投 资 方：滨州医学院烟台附属医院（筹建），牟平区人民政府。

管理部门：滨州医学院烟台附属医院业主项目部。

监理单位：烟台新世纪工程项目管理咨询有限公司（以下简称监理单位）。

建筑设计：山东省建筑设计研究院第四分院（以下简称设计单位）。

投 资 额：项目总投资（含大型医疗设备）控制在12亿元人民币以内。

---

① 1亩≈666.7m²。

质量目标：确保本工程达到国家现行工程质量验收标准，工程一次验收合格率100%，争创泰山杯和鲁班奖。

工期目标：2011 年 2 月 7 日～2014 年 5 月 31 日。

安全目标：保证本项目实施过程中人身死亡事故零目标，无重大机械、交通、火灾等事故，实现安全文明施工。

基本情况：总占地面积为 256 亩，建筑面积 202 454 m²，包括门诊医技楼、综合病房楼、肿瘤中心（直线加速器）、后勤综合楼等单体建筑。建筑密度 13.9%，容积率 1.03，绿化率 45.3%，地下停车 690 辆，地上停车 973 辆，设计床位数 2200 床，设计日门诊量 4500 人次。

（1）门诊医技楼：建筑面积 50 140 m²，地下 1 层，地上 5 层。主要功能：门诊大厅、药房、各门诊科室、各医技科室、行政办公等。

（2）综合病房楼：建筑面积 116 926 m²，地下 1 层，地上 23 层，框架剪力墙结构形式。主要功能：变配电室、病案室、静脉配制中心、ICU、血液透析中心、输血科、手术室、各科病房护理单元、VIP 病房等。

（3）肿瘤中心：建筑面积 16 552.84 m²，地下 1 层，地上 4 层。主要功能：肿瘤门诊、肿瘤科病房、核医学科、高压氧舱、直线加速器、学术报告厅等。

（4）后勤楼：建筑面积 3429 m²，地上 2 层。主要功能：洗衣房、锅炉房、太平间、垃圾中转站等。

烟台附院建设项目现场及项目总体规划如图 9.1、图 9.2 所示。

图 9.1　滨州医学院烟台附属医院建设项目现场

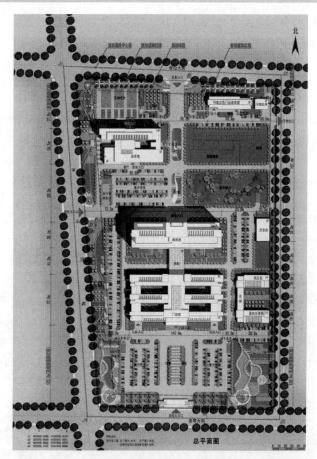

图 9.2 滨州医学院烟台附属医院总体规划平面图

9.1.3 项目管理特点分析

烟台附院建设项目是一个典型的全新建设的大型综合医院项目，具有一般医院建设项目的特点，另外，由于项目背景复杂，在项目利益相关方管理和目标管理等方面还具有其自身独有的特点。

1. 烟台附院建设项目复杂性 医院建设项目是公认的最为复杂的民用建设项目，复杂性是该项目的最大特点。其复杂性可按照本书提出的组织复杂性、任务复杂性、技术复杂性、信息复杂性、目标复杂性、环境复杂性六个方面进行分析。

组织复杂性。烟台附院建设项目最终要建设的是一所省属大型三级公立非营利医院，该医院由滨州医学院和烟台市政府共同发起，由山东省政府批准立项，是 30 年来山东省唯一批准新建的省属医院建设项目。但该项目在立项之后由于面临建设资金等困难，建设地点发生了变更，改为滨州医学院与烟台市牟平区政府签署共建协议进行建设。而按照原计划，该项目需在建设期招聘、储备人才，待竣工交付使用后医院组织机构才会正式设立。由于 2010 年牟平区政府将原牟平人民医院移交给滨州医学院，学校立即成立了滨州医学院烟台附属医院（筹建），接管了原牟平人民医院占地50亩，床位640张的老院区。原先的立项后单纯的医院建设项目变为经营老院区和建设新院区并举，在面临学科、人才、服务水平、经营效益等跨越式发展的同时，医院新院区建设任务面临的需求也更加具体，变化更加频繁。医院成立了新院区建设业主项目部，仅就项目部需要汇报、负责的上级机构来说，包括：烟台附院、滨州医学院、牟平区政府、烟台市政府、山东省卫生厅、山东省发改委等。这些单位对项目的投资、质量、工期等均有各自的要求，管理指令交错，工作汇报和协调量大。

任务复杂性。首先是任务数量多。作为一所2200张床位的大型综合医院，其涉及的任务和专业数量庞杂。业主项目部在项目初期进行了总体的DBS和WBS分解，其中DBS分解225项，WBS分解677项。其次是任务变化多。由于烟台附院在兼并原牟平人民医院的基础上进行建设，在项目设计期间，对原牟平人民医院相关医护人员，按照科室分别进行了详细的需求调研，根据其意见对医疗流程和功能布局进行了调整，并由各科室主任对本科室区域的设计图纸进行了签字确认。但是其调研对象毕竟是二级医院的眼界和水平，在新院区主体和安装施工阶段，正是老院区快速发展的时期，医护人员业务水平随着外出学习、进修和学术交流的增多而不断提高，对新院区的功能、布局也有了新的认识和要求，因此在项目施工期间各科室均多次提出设计变更要求，给项目的进度带来极大影响。

技术复杂性。烟台附院作为大型综合医院，其技术复杂性主要体现在三个方面。一是医院建设项目自身涵盖的专业种类繁多，许多专业为医院特有，参数复杂、施工工艺要求高，如手术室和重症监护室净化工程、医用纯水工程、酸化水工程、物流传输工程、医用气体工程、高压氧舱工程、射线防护工程等。二是大型医疗设备对建筑本身的要求和相关工序的安排。如核磁共振、数字减影、直线加速器等大型医疗设备，对建筑荷载、射线防护、强弱电接口、预留洞口等均有特殊要求。三是医院医疗业务开展的新技术新项目对医院建设的影响。每年医院各科室都会开展大量的医疗新技术和新项目，这些新技术新项目往往需要建筑硬件和设备的支持，科室负责人往往会在未来一段时间考虑新技术新项目的发展而对新院区建设提出相应的改动或预留改动可能性的要求。

信息复杂性。建设项目信息的种类和数量繁多，且随着项目复杂程度的增长和参建单位的增多，呈几何级的增长。就烟台附院项目来说，业主方的信息类别主要包括勘察设计类、招标采购类、合同管理类、综合信息类、投资管理类、计划报告类、进度管理类、沟通协调类等。而且随着项目的参建单位增多，其实施过程中的工作界面分割、工序搭接等均依赖于信息的有效传递和处理。业主方不可能也没有必要对所有信息进行经手和控制，因此，业主方应考虑的是如何构建良好的信息平台，使得各参建单位之间根据工作需要建立起有效、及时的沟通渠道。

目标复杂性。烟台附院作为山东省近30年来唯一新建的省属医院，得到了山东省、烟台市、牟平区、滨州医学院及社会各界的关注，各方也对建设项目提出了不同的期望。从利益相关方满意的角度，分析得到烟台附院建设项目的目标体系如表9.1所示。

表 9.1 烟台附院建设项目目标体系

目标类别	目标内容	目标需求利益相关方	实现目标的利益相关方
质量目标	门诊医技楼获得泰山杯；综合病房楼获得鲁班奖或国家优质工程	学校，医院	业主项目部，全体参建单位
进度目标	自 2011 年 2 月开工，2014 年 5 月交付使用，总工期 38 个月	学校，医院，政府，社会公众	业主项目部，全体参建单位
投资目标	总投资控制在 12 亿元人民币（含大型医疗设备）	学校，医院	业主项目部，造价咨询单位
安全目标	项目实施期间人身死亡事故零目标，无重大机械、交通、火灾等事故，实现安全文明施工	政府，学校，医院	业主项目部，监理，总包及分包单位
功能目标	布局合理，流线清晰，适度超前，满足各科室功能需求	医院各科室、医护员工，就诊病人	业主项目部，设计单位，医院科室负责人
行政目标	确保发改委对原二级医院支持政策检查通过	省、市发改委，学校，医院	学校、医院、业主项目部
管理增值目标	通过该项目建设，探索大型综合医院业主方集成管理体系，使管理模式具有可复制性	医院，业主项目部	业主项目部，全体参建单位
文明施工目标	项目施工期间，现场整洁有序，无噪音、扬尘等污染	政府建设主管部门，医院	业主项目部、监理，参建单位
自然环境保护目标	项目基础施工期间，降水水位、排水方式符合国家法规要求，及时办理手续；扬尘、噪声等符合相关规定	环保局、水务局、建设局	业主项目部、监理，参建单位
资源节约目标	充分采取节能降耗措施，确保通过国家二星级绿色医院评审	学校、医院，建设主管部门	业主项目部，参建单位
全生命期成本目标	对项目实施期间增加的如直饮水、酸化水、液态氧等工程进行精确分析，确保全生命期成本最低	医院	业主项目部
社会经济发展目标	及时使医院建成并投入运营，确保满足地方政府卫生发展规划，为招商引资、经济发展提供卫生健康保障	政府	学校、医院、业主项目部
健康产业发展目标	结合医院规划发展养老健康产业，实现被动医疗向主动医疗的转换	政府、学校	学校、医院、业主项目部

环境复杂性。根据前文所建立的 PESTLNO 模型，烟台附院建设项目的环境复杂性也可从政治环境、经济环境、社会文化环境、科技环境、法律环境、自然环境、组织环境七个方面来分析。其中对本项目影响最大的是经济环境、社会文化环境和法律环境。首先，医院建设需要大量建设资金，滨州医学院作为高等学校，无力也不应承担服务于社会的大型综合医院的建设费用。国家在 2010 年 2 月发布的《关于公立医院改革试点的指导意见》中明确规定：公立医院在卫生发展规划内的基本建设资金，将全部由政府负担；添置必要的大型仪器设备，也将主要由政府投入。然而具体由哪

一级政府承担，如果各级政府共同承担，其比例是多少，这些问题均没有明确规定。烟台附院的建设资金，除牟平区政府承诺的 0.5 亿启动资金和 1 亿元贴息贷款外，全部由医院自筹。直到开工 2 年，市级政府承诺的支持政策也迟迟没有到位。银行政策在建设期间的变化也给项目贷款带来了一定困扰。其次，烟台附属医院建设项目的土地征迁工作是分期实施的，在项目建设期间，二期土地由于种种原因迟迟无法落实，周边某些社区居民由于误解和利益驱动，也对项目建设顺利实施造成了某些阻碍。再次，由于将原牟平人民医院并入烟台附院，原牟平人民医院作为二级医院，按照相关法规规定，二级医院的主管部门、政府支持、人才政策、人事管理等多方面与建设中的省属三级医院均有较大差异，项目建设期间还面临着省属医院机构编制的申报、国家对原二级医院支持政策的落实等问题，也给项目建设带来了很多困扰。

2. 烟台附院建设项目管理难度 一是业主方力量薄弱。由于建设资金紧张，烟台附院建设项目并未聘请项目管理公司，而是采取了自行管理的传统模式，成立了业主项目部，项目部人员无论从数量上还是从经验上都相对较为薄弱。监理公司主要负责现场施工质量监督管理，在这种情况下，业主项目部就是业主方的主体，这也为实践本书提出的建设项目业主集成管理提供了较好的实践平台。

二是管理任务繁重。由于大型综合医院建设项目技术类别多，接口复杂，需求变化多，目前国内医院建设均采取了平行发包的模式，土建安装工程之外的各专业，如电梯、中央空调、信息化、智能化、直饮水、酸化水、医用纯水、手术室净化、ICU 净化、NICU 净化、幕墙、装饰装修、厨房、楼梯亮化、医用气体、气动物流、光导照明等专业，均由业主直接招标采购并签订合同。而基于学校多年来基本建设管理沿袭的制度、流程，为了控制工程造价和建筑质量，该项目中还存在着大量业主采购供应的材料设备，如瓷砖、洁具、管材、石材、灯具、电线电缆、医用门、水泵、PVC 地板、IT 隔离电源，消毒净化器、电动遮阳帘、开关插座、栏杆扶手等。这样造成了业主方的技术论证、招标采购、合同签订、分包管理等方面的工作任务非常繁重。

三是利益相关方协调困难。烟台附院建设用地位于牟平区城乡结合部，土地主要占用两个自然村的农田，分两期征迁，一期 226 亩，二期 30 亩。在二期征地、施工投诉、部分分包工程招标等问题上，涉及附近村民、基层政府等利益相关方，业主方面临着巨大的压力和阻力，沟通协调任务艰巨，处理不好对建设工期产生严重影响。

四是施工期间设计变更频繁。在项目施工图通过图审之后，截至竣工前，门诊医技楼已先后变更图纸 26 版，综合病房楼变更图纸 15 版，根据变更面积统计变更度，以第一版和最后一版图纸的变更面积计算，门诊医技楼变更度达到 131.06%，综合病房楼变更度达到 68.13%；若以重复变更面积累计计算变更度，门诊楼达到 321.85%，综合病房楼达到 161.50%。具体数值如表 9.2 所示。

表 9.2 烟台附院建设项目主要建筑单体设计变更度

建筑名称	变更图纸版数	始末设计变更度	重复设计变更度
门诊医技楼	26 版	131.06%	321.85%
连廊	5 版	54.60%	88.80%
综合病房楼	15 版	68.13%	161.50%

9.2　烟台附院建设项目全生命期集成

以本书确定的五阶段复杂建设项目生命周期进行划分,烟台附院建设项目生命期自 2006 年项目论证开始计算,至 2007 年 11 月获得山东省发改委立项,此阶段为决策期;自立项至 2011 年 2 月 11 日正式开工,此阶段为准备期;自开工至 2013 年 12 月 31 日竣工,此阶段为施工期;自竣工至 2014 年 5 月 1 日,此阶段为竣工期;自 2014 年 5 月 1 日起为使用期。

烟台附属医院建设项目自 2008 年 4 月学校成立筹建处开始正式进入准备期。但主要工作围绕项目建设经费来源、项目建设地点展开,实质上仍为决策期部分未完成的工作。自项目筹备阶段,业主项目部即系统思考如何构建烟台附院建设项目全生命业主方集成管理体系问题。项目实施以来,全生命期集成主要从项目过程集成、业主方流程标准化、全生命期费用集成三方面展开。

9.2.1　烟台附院建设项目全生命期过程集成

烟台附院建设项目全生命期过程集成,从业主方的角度,一方面是解决项目生命期各个阶段之间的输入和输出内容衔接问题,如前文所述,将决策期、准备期、施工期等各阶段的业主方相关文档通过统一的信息平台进行不同阶段输入和输出的统一管理,并定期召开包括监理、造价咨询等单位参加的业主方办公会,随时沟通业主方项目管理工作相关进展,以实现不同阶段的工作之间人和工作文档的有效衔接,确保业主方内部管理工作不会影响项目进度;另一方面是设计与施工的过程集成,由于前文所述原因,医院建设项目面临着大量的设计变更需求,对项目进度、投资都造成了巨大的困扰。设计变更需求的提出方都是医院相关科室的负责人,本身也是属于业主方成员,但他们都只习惯于和医院的业主项目部沟通,他们的设计变更需求往往有可能出现两种情况,一是变更要求不合理,二是现场已不具备变更条件,对此则需要医院领导层进行否决决策。像这种项目采取 DB 模式显然是不现实的,因为设计-施工承包商没有能力也没有权力去判断设计需求的合理性并进行决策。烟台附院项目采取的办法是设立具备 CAD 制图能力的专人负责设计变更联络,利用专业人员将提出变更需求的科室方和落实变更需求的设计方集成到一起,同时利用项目部内部的设计联络人员与现场施工管理人员的沟通将设计变更与现场施工集成到一起。图 9.3 即烟台附院设计-施工过程集成示意图。

9.2.2　烟台附院建设项目业主方流程标准化

业主方流程标准化即实施业主方流程再造后,通过规章制度固化下来的工作流程。在烟台附院建设项目中,业主项目部按照前文图 3.6 的标准化流程模型,将业主方工作分为业主方任务工作流程、业主方采购工作流程、业主方计划工作流程、业主方监控工作流程,其中监理工作纳入业主方监控工作流程的范畴。

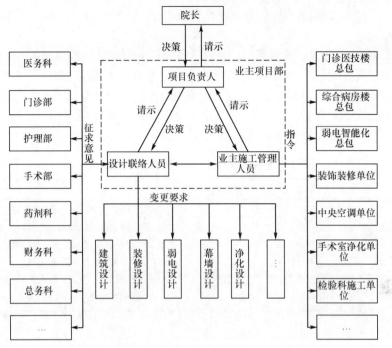

图 9.3　烟台附院建设项目的设计-施工过程集成

整个流程以交付物分解结构为起点，烟台附属医院建设项目 DBS 共分解为 225 项内容，DBS 分解后制定总体 WBS，烟台附属医院建设项目总体 WBS 共分解为 677 项工作。

业主方采购工作流程：在 DBS 的基础上进行合同策划。烟台附院建设项目是一项典型的现代化大型综合医院建设项目，医院建设项目采取业主方平行分包方式，根据项目具体特点和医学院基本建设管理制度，该项目共分解为 84 个合同包，130 个标段。其中需要进行公开招标采购的项目共计 67 项。这 67 个招标项目中包括勘察、设计、工程、材料、设备等诸多类型，但对业主方来说，区别主要体现在投标企业资质要求、技术参数要求上。结合项目部专业管理人员情况，项目部形成了规范化招标流程，每一次招标都有专业工程师进行负责，各流程均有固定人员进行配合。项目开工以来，招标工作做到了及时、高效、公开、透明，得到了投标单位和社会各界的一致认可和高度评价。

业主方计划工作流程：烟台附院计划工作流程以每一个定标且签订合同的子项目开始，由业主方为其落实进场条件，落实前置工作的完成时间，由承包商制定进度计划，并结合其合同中的付款条件制定付款计划。各子项目的进度计划由业主工程部负责人和监理共同汇总为项目总体进度计划，各子项目的付款计划由医院财务科负责人和造价咨询公司共同汇总为项目总体资金需求计划。业主方计划工作流程是一个与项目生命周期反复不断进行的过程。

业主方监控工作流程：业主方监控工作主要是根据项目目标体系的要求，监控项目各项计划能否顺利实施，其中业主项目部主要负责投资目标的监控，业主项目部和监理项目部共同负责进度和质量目标的监控。业主方制定了明确的项目监控评价体系。

1. 项目进度监控评价指标 项目进度监控评价指标主要通过项目里程碑计划与实际完成情况的对比来确定。里程碑计划由业主项目部和医院决策层所掌握和关注。项目进度指标的评价尺度如表 9.3 所示，在烟台附院项目建设期间，项目总体里程碑均按照计划完成，评价结论为正常；但部分子项目里程碑时有拖期，由于不在关键路径，未对项目总体进度产生影响。

表 9.3　项目进度监控指标的评价

序号	评价尺度	评价结论	详细说明
1	最近一个里程碑按时完成	正常	计划完成时间在当前日之前的所有里程碑全部完成,且实际完成日期最晚的里程碑没有拖期
2	最近一个里程碑拖期完成	关注	计划完成时间在当前日之前的所有里程碑全部完成,但实际完成日期最晚的里程碑拖期完成
3	有一个里程碑拖期且未完成	危险	计划完成时间在当前日期之前的所有里程碑中有且只有一个里程碑没达到
4	有两个（或以上）里程碑拖期且未完成	失控	计划完成时间在当前日期之前的所有里程碑中有两个（或以上）里程碑没达到

2. 项目费用评价指标 此处对烟台附院项目的费用评价仅以建设期投资是否按计划进行，不涉及全生命期费用集成问题。对项目费用的评价主要是以项目的费用执行率（以符号"C"代表）为依据，其中 $C=$（基准成本×项目完成度）/实际成本。如某子项目初期时确定的基准成本为 100 万元，当前实际支出成本（以完成产值计算，包含合同约定进度款未付部分）为 50 万元，项目完成度（累计已经完成的项目工作量/项目总工作量）为 60%，则 $C=$（100 万元×60%）/50 万元=120%。成本的评价尺度如表 9.4 所示。

表 9.4　项目费用监控指标的评价

序号	评价尺度	评价结论	说明
1	$C \geqslant 1$	正常	没有超支
2	$1 > C \geqslant 0.8$	关注	超支,挣值与实际偏差不超过 20%
3	$0.8 > C \geqslant 0.6$	危险	挣值与实际偏差大于 20%,但不超过 40%
4	$C < 0.6$	失控	挣值与实际偏差大于 40%

3. 项目质量评价指标 为了确保烟台附院项目能够按照高起点、高标准、高质量、高水平的目标顺利完成，项目实施过程必须进行全面的质量控制，充分考虑影响质量的各种因素，使项目的交付物质量可以得到保证和跟踪。项目质量的评价由质量评价指标、质保权重和综合评价方法构成，具体内容如下。

1）质量评价指标的构成

烟台附院建设项目质量的评价指标主要有四个，如表 9.5 所示。

表 9.5　项目质量评价指标的构成

评价指标		权重（W）	说明
	规范制度遵守情况（Q_1）	$W_1=0.05$	对国家质量相关规范及项目相关规范制度的遵守情况
	实施方案执行情况（Q_2）	$W_2=0.1$	项目具体实施是否与预定的质量管理方案一致
项目交付物及文档	项目交付物质量（Q_3）	$W_3=0.75$	考察项目阶段和最终交付物是否及时、完整、合格
	项目质量文档资料（Q_4）	$W_4=0.1$	项目提交的质量相关文档、资料是否完整、满足要求

2）质量明细指标的评价尺度

项目质量的各项明细指标评价尺度如表 9.6 所示，实际评价时根据评价指标的具体完成情况在区间内给分。

表 9.6　项目质量中各项明细指标的评价尺度

评价指标	评价尺度			
	91~100 分	81~90 分	61~80 分	0~60 分
质量规范执行情况（Q_1）	项目经理对质量标准、制度、规范非常熟悉，严格执行	对质量标准、制度、规范执行较为良好	在质量标准、规范、制度，但执行不理想	对质量标准、规范、制度很少执行
质量实施方案执行情况（Q_2）	对质量的管理过程与实施方案高度吻合	与质量实施方案大致保持一致	质量实施方案得到执行，部分内容经过被动变更处理	质量实施方案不受重视，实际与方案偏差较大
项目交付物质量（Q_3）	交付物质量合格，交付时间及时	质量基本合格，存在些许问题	部分内容需要整改，验收勉强通过	交付物质量不合格，验收不通过
项目质量文档资料（Q_4）	所有质量相关文档资料完整、准确	文档资料基本完善，存在少量问题	文档资料存在较多疏漏，但可经整改后提交	文档资料不健全，无法提交

3）项目质量的综合评价尺度

项目质量综合评价的计算公式为 $Q = \Sigma Q_i W_i$。项目质量综合评价尺度如表 9.7 所示。

表 9.7　项目质量的综合评价尺度

序号	评价尺度	评价结论	说明
1	$Q \geqslant 90$	正常	基本不会出现质量问题
2	$90 > Q \geqslant 80$	关注	项目存在质量风险
3	$80 > Q \geqslant 60$	危险	项目质量问题比较大
4	$Q < 60$	失控	项目质量问题非常严重

9.2.3　烟台附院项目全生命期费用集成

建设项目全生命周期费用（life cycle cost，LCC）是指从建设项目自建设至运营直至拆除的全过程时间范围之内，考虑货币的时间价值下用来进行经济评估的所有相关费用以实现费用全生命期最优化。烟台医院建设项目全生命期费用集成的目标，是要将所有医院建设项目费用管理要素看做一个有机整体，按照一定的模式和规则，对费用管理要素进行组合和整体考虑，以最大限度地实现提高集成体整体功能和效益的目的，从而有效地提高烟台附院建设项目全生命期的投资效益。建设项目全生命周期各阶段与费用工作对应如图 9.4 所示。

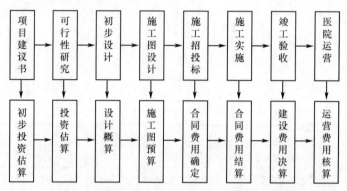

图 9.4　烟台附院项目全生命期费用集成工作流程

　　医院建设项目由于其专业复杂、平行分包项目多，因此项目费用流程优化并非一劳永逸，而是随着项目的进展，随着招标的进行和合同的签订，不断地深化、清晰、精确，直至项目结束得到准确的结算造价。

　　对平行分包建设项目来说，费用控制的一个重点就是招标时的中标价格。招标是业主在建筑产品市场进行采购的主要手段。针对烟台附院建设项目招标种类不同、项目繁多的特点，对招标项目进行分类，分别调整商务标、技术标评标因素及权重。如在设计、咨询、监理的评标中，价格权重占 20%~40%；土建、安装的评标中，价格权重占 40%~50%；设备采购与安装的评标中，价格权重占 50%~60%；单纯的材料采购，价格权重占 60%~70%。价格权重的优化，可以形成充分有序的竞争环境，以相对较低的价格，获得较高水平和质量的服务。

　　烟台附院建设项目全生命期费用集成的一项重要工作是将建设期成本和运营期成本进行集成。在医院建设期间，对工程造价控制目标不是一味越低越好，而是结合绿色医院建设，将运营期成本在考虑资金时间价值的前提下与建设期投资综合考虑，对每一个可能增加的新项目，以及每一个子项目可能采取的新技术，都经过业主方管理人员及相关专业人员进行充分的技术、经济论证。经过论证，本着利益相关方满意的项目总体目标原则，增加了直饮水系统、即开即热式直饮水末端机、酸化水系统、光导照明系统、LED 灯具、电动遮阳帘系统等子项目，烟台附院项目总投资追加 1361 万元，按照贷款利率 6.5%，不计残值。从全生命期费用角度，相当于节省费用 3347 万元，如表 9.8 所示。

表 9.8　烟台附院建设项目全生命期费用优化一览表

项目名称	工程造价（元）	比预算增加（元）	年运行费用节省（元）	投资回收期（年）	系统使用年限（年）	全生命周期节省费用（现值）	备注
直饮水系统	1 904 690	1 904 690	398 750	5.9	30	3 640 921	
即热式直饮水末端机	1 630 000	1 086 460	1 843 089	0.63	8	10 865 090	
酸化水系统	3 200 000	3 200 000	800 000	4.8	8	2 924 883	
光导照明	936 703	936 703	154 494	8	15	610 379	电价 0.76 元/度
LED 灯源	2 000 000	678 142	1 313 280	0.52	8	7 837 848	电价 0.76 元/度
采光顶电动遮阳帘	1 468 891	1 468 891	161 606	14.2	30	778 642	
无负压叠压供水	1 090 000	340 000	105 000	6.5	30	112 086	
太阳能热水	2 829 000	2 500 000	422 947	7.7	15	2 463 160	天然气 3 元/m³
医用纯水	3 670 000	1 500 000	750 000	2.2	10	4 242 078	相对于单机
合计	18 729 284	13 614 886	5 949 167	—	—	33 475 088	

9.3　烟台附院建设项目组织集成

9.3.1　烟台附院建设项目组织结构

烟台附属医院建设项目组织结构分为六个层次。

第一层次：业主项目部。医院自 2010 年 8 月成立了"滨州医学院烟台附属医院业主项目部"，随着项目进展不断充实相关人员。项目部人员分别来自医院基建处、国资处、办公室等部门，由于人员紧张，项目部管理人员最初只有 4 人，2012 年扩展至 8 人。根据业主项目部的工作内容和特点，结合每个人的所学专业和特长进行了合理分工。项目部实施扁平化组织结构，因为人员数量少，每个人均相当于一个部门，直接向项目部负责人即本书作者负责。项目部组织结构如图9.5 所示。

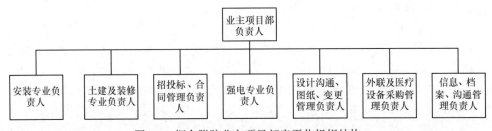

图 9.5　烟台附院业主项目部扁平化组织结构

第二层次：烟台附属医院内部与业主项目部形成的矩阵式组织结构。由于医院建设项目专业繁多、需求多变、技术复杂，采取的又是业主自行管理的模式，因此仅靠业主项目部的 8 个人是远远不够的。矩阵式组织结构分两个层次，其中财务处与信息中心负责人分别负责投资管理和弱电管理，与业主项目部形成强矩阵式组织结构，业主项目部负责人对其有指令权；其他医院职能和业务科室负责人主要负责针对新院区本部门的区域提出设计和变更需求，与业主项目部形成弱矩阵式组织结构，业主负责人主要职能为协调解决其针对医院建设提出的问题和需求。

第三层次：业主单位与监理单位、造价咨询单位等共同形成的业主方项目组织结构。监理单位作为业主单位在建设项目质量管理、监督方面职能的延伸，造价咨询单位作为业主单位在建设项目跟踪审计、造价控制方面职能的延伸。烟台附院业主项目部将其管理纳入己方范畴，对项目实施期间的进度、质量、投资管理，方案论证，重大决策，均邀请监理和造价咨询单位一同参加，定期召开业主方组织的项目例会，研讨项目进展中的问题和对策。

第四层次：业主方与承包商方形成 Partnering 组织。业主与各主要参建单位签署了烟台附院建设项目 Partnering 协议（见附录），协议中各方约定，基于长期合作共赢的思想，共同努力完成一个能为社会、为甲乙双方带来满意结果的烟台附属医院建设项目，通过构建 Partnering 工作组，以达到改善参建各方关系，缩短工期，减少工程变更、争议和索赔，提升项目管理绩效的目标，从而给项目参建各方带来更多收益。Partnering 合作模式建立以来，业主方获得众多收益：由于沟通交流顺畅，索赔和争议大大减少，通过共赢式的合作模式扩展了不同参建单位之间的合作空间，针对现场具体问题提出的新施工方法和建设性建议屡见不鲜。而实施 Partnering 对承包商也带来积极影响：由于将精力放在做好项目而不是索赔与争执上，提高了生产效率，由于与业主及其他参建单位的及时沟通，降低了自身的成本和工期延误风险。

第五层次：业主方与项目外的行业专家、咨询单位形成基于知识集成的虚拟组织。得益于现代信息技术的发展和互联网的普及，烟台附院业主项目部可以很便利地利用虚拟组织来弥补业主管理和技术方面的不足，跨地域地集成专家的力量为项目所用。项目部建立了专家库，通过"走出去，请进来"和远程沟通相结合的手段，一大批诸如医院建设管理、地基处理、空气净化、信息化、智能化、手术室流程等方面的专家加入烟台附属医院的项目建设中来，为项目解决了大量的管理和技术难题，使项目的设计和施工更加科学合理，节省了费用，缩短了工期。

第六层次：业主方和项目其他利益相关者的协调型组织集成。由于烟台附院项目高校和地方政府合作共建的特殊性，利益相关者及其需求比一般建设项目要复杂得多。业主项目部在项目伊始即对利益相关者及其需求进行了识别，制定了全面的协调计划。通过各种方式的协调，政府、建设主管部门、社区居民、新闻媒体等，其行为都在客观上与项目组织集成为一体，为项目实施创造了良好的环境，如政府的资金支持、建设主管部门的监督管理、社区居民的宽容理解、新闻媒体的正面报道等。

烟台附院建设项目业主方组织集成管理的六个层次如图 9.6 所示。

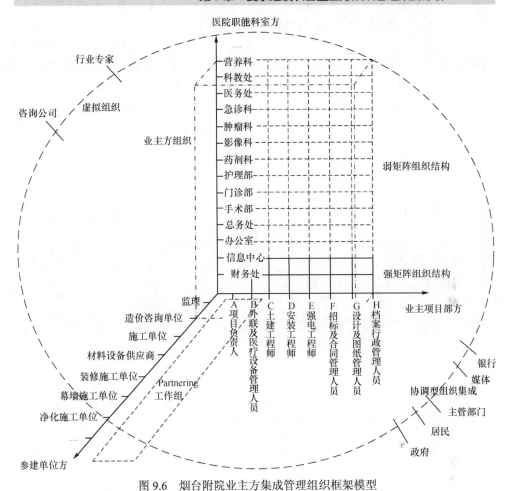

图 9.6　烟台附院业主方集成管理组织框架模型

9.3.2　烟台附属医院建设项目组织文化建设

组织文化（organizational culture），是一个组织中，由其价值观、信念、仪式、符号、处事方式等组成的其特有的文化形象。长期以来，人们对组织文化的研究主要集中在以企业文化为代表的长期性组织文化方面。对于建设项目组织这样的临时性组织，是否同样需要组织文化建设，项目组织文化对项目及参建单位会带来哪些收益？目前还很少有学者涉及。

管理大师德鲁克认为，管理不仅仅是一门科学，更应是一种文化。组织文化对组织的作用包括学习导向功能、价值凝聚功能、激励创新功能、约束功能、辐射功能等（周钱玉，2011），其重要性不言而喻。但是医院建设项目作为典型的复杂建设项目，其建设周期长、参建单位多、组织协调难度大，也需要提炼、建设能渗透到各参建方的项目组织文化，通过业主方的引导，形成项目参建方之间共同的价值观念、行为准则、协作精神、思维习惯等项目组织的"软实力"因素，从而使得项目参建方对项目产生荣誉感、归属感、责任感，这是最高形式的集成管理。

烟台附院项目组织文化建设的作用可以从三方面认识，一是对项目组织内的每一个个体。作为山东省 30 年来唯一批准新建的大型省属医院，烟台附院建设项目广为社会关注，作为项目建设者在参与项目建设时除了物质需求和利益需求外，还有诸如自我价值实现、积累医院建设经验、与他人的交流与精神满足等。因而构建能够满足个人精神需求的组织文化必然有利于激发个体的劳动积极性和创造性。二是对项目组织内的参建单位，除了获得利润、积累业绩之外，也会带着其自身企业文化的烙印来到项目之内，其企业文化与项目文化之间可能一致也可能存在冲突，则可能会促进项目实施也可能阻碍项目实施，业主方建设组织文化可作为一种有效的管理"软"手段，保证项目目标的有效实现。三是对社会，烟台附院建设项目对区域经济和卫生事业意义重大，影响深远，要想建设具有文化底蕴且能够与自然环境和谐共生的"百年医院"，必然需要项目组织文化的辅助与支撑。项目组织文化在这三个方面共同形成一种文化里，从而对项目集成管理起到"黏合剂"与"润滑剂"的作用，如图 9.7 所示。

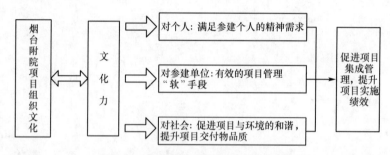

图 9.7　烟台附院项目组织文化作用

项目组织文化的形成主要受外部环境、参建主体、项目目标和项目实践四个方面的影响，但其主导方却必然是业主方。虽然建设项目具有一次性、特殊性和不可逆性，但项目组织文化建设却是业主方集成管理必然的发展方向。烟台附院业主项目部结合项目特点和管理理念，探索项目文化建设，将项目组织文化核心价值观提炼为"团结、共赢、进步、高效"八字方针，以体现项目业主方集成管理的特点；将项目组织文化具体内涵总结为"一二三四五"，具体为：

（1）紧紧围绕一个目标：又好又快建设高起点、高标准、高质量、高水平的烟台附属医院；

（2）突出医院建设项目的两个特性：系统性、动态性；

（3）项目内推行三种管理模式：集成化管理、精细化管理、可视化管理；

（4）提高四种意识：精品意识、节约意识、安全意识、廉政意识；

（5）建设五位一体的集成管理模式：业主、监理、施工、造价、政府监督。

在项目实施期间对各参建单位灌输"一二三四五"内涵的基础上，业主项目部编写了 5 万字的《项目管理规划大纲》，本着"实施集成管理，调动参建各方，凝聚最大合力，探索管理创新"的思想，通过《大纲》落实和约束各参建单位在项目中的行为。在《大纲》编制过程中，充分将现代项目管理理论与医院建设管理的传统经验相结合，从项目目标管理、项目合同管理、项目进度管理、项目投资管理、项目质量管理、项目安全管理、项目风险管理、项目现场管理、项目沟通与信息管理、项目档案与验收管理、项目增值管理等方面阐述了项目实施的管理思路、原则、规范和要点，要求所有参建单位学习并遵守。《大纲》作为项目纲领性文件，在烟台附院项目实施业主方集成管理过程中起到了重要的指导作用，也使得组织文化建设有章可依。同时，业主方集成管理的实施也要求以精细化管理和可视化管理为基础，围绕着精细化管理，项目部狠抓组织机构、规章制度、责任体系三项体系建设内容，实现项目管理的制度化、流程化、规范化。

通过项目组织文化建设，使得各参建方逐步凝聚成为一股整体的力量，而后续进入项目的各参建单位也通过参加《项目管理规划大纲》培训、参加监理例会、与其他参建单位横向交流等途径，很快融入到项目组织之中，并适应项目组织文化，为其完成合同规定的项目任务奠定了良好基础。

9.4　烟台附院建设项目信息集成

9.4.1　烟台附院建设项目业主方信息平台

烟台附院建设项目信息平台的开发与应用经历了两个阶段。第一阶段为基于 CMS 的"滨州医学院烟台附属医院建设项目信息平台"，可称为 OPMP1.0。OPMP1.0 开发工作起始于项目开工后第 3 个月，2011 年 5~6 月为开发期，7~8 月为调试试用期，2011 年 9 月正式投入使用。该平台以 PIP 功能为主，部分实现了 PMIS 功能。主要界面如图 9.8 所示。

图 9.8　基于 Web 和 CMS 系统的烟台附院建设项目信息平台

该信息平台主要实现了以下功能：

（1）项目新闻。烟台附院为烟台市重点民生工程，又是山东省 30 年来唯一新建的省属医院，社会关注度极高，项目建设期间参观访问的各级领导和同行、专家络绎不绝，对与项目有关的新闻进行及时报道，对项目得到社会的认可与支持十分重要。

（2）招标信息。烟台附院建设项目平行分包项目众多，对需要进行公开招标的项目均采用平台发布招标公告、评比结果、中标公示，招标过程公开透明，得到社会的一致认可，自开工后招标近 70 余次，无投诉纠纷事件发生。

（3）信息共享。与建设项目有关的信息，均存储在信息平台内，根据权限不同分别向不同级别的用户开放共享，如项目各参建单位项目部管理人员通讯录、项目专家库、投标报名登记表、项目规章制度等，分类明确，便于查询，极大地提高了项目参建方的信息获取效率。

（4）项目进度。通过设置专人定期结合现场照片发布施工进展情况，使得项目决策层领导、社会公众都可以远程了解项目形象进度。

（5）任务安排。项目每周定期的监理例会是对各参建单位进行施工进度、质量考评的重要沟通手段，同时会上对下周的工作及相关质量、安全、文明施工等问题的整改提出要求，每周会议纪要达 1 万字之多，是重要的业主方管理文件。通过会后及时上传平台提供下载，使得任务安排和信息传达更加便捷，同时也给业主方考核提供书面依据。

（6）投资管理。项目投资方面的业主方计划工作流和监控工作流的成果在信息平台上都得到展现，通过对已招标项目进行进度计划和付款计划的累计，加上对未招标项目的估算数值得到项目资金需求计划，每月工程款支付之后及时进行动态统计和对比分析，相关数据表、折线图等均在信息平台及时更新。

（7）进度管理。根据承包商方各专业进度计划，加上业主方前期手续、项目采购、资金、信息、合同、档案等进度计划，由业主和监理共同制定项目总体进度计划，并就其中的里程碑对承包商方进行动态考核，相关计划文件及时通过信息平台与承包商方进行共享。

（8）业主项目部人员任务管理。此即业主方任务工作流的内容，在 DBS 和总体 WBS 的基础上，以周为单位进行滚动 WBS 分解，并结合分解结果进行负责人和完成时间的安排，通过项目人员工作日志、周计划总结等形式进行监督和考核，相关文件通过信息平台进行共享。

（9）设计变更管理。医院作为复杂民用建筑，建设期间变更频繁。传统方式各专业图纸多个变更版本在参建方之间同步更新难度较大，容易造成混乱。通过信息平台，对建筑、装修、弱电、净化、通风、气体等各专业图纸进行最新版本的上传和更新，使得设计变更内容及时、有效地进行参建方的图纸共享，有效提高了工作效率，避免了因设计变更图纸同步不及时带来的费用和进度损失。

（10）留言反馈管理。通过信息平台设置留言板，面向社会公众开放，听取各界对项目的意见和建议，尤其是对项目施工期间 HSE 管理的意见和建议，有效促进了项目建设的社会环境保障，对实现协调型其他利益相关者的组织集成起到重要作用。

（11）项目过程记录。通过项目新闻、项目进度、项目大事记、个人工作日志、工程简报等信息平台内容的长期累积，构建了烟台附院项目建设管理的详细档案，对项目管理的形成性评价以及项目知识的累积和集成起到了基础性作用。

在信息平台安全方面，设置了严格的用户权限分级制度，根据用户的不同类别，设置不同的查、增、删、改的操作权限。操作权限分配采用矩阵式分配表，既清晰直观，又便于项目实施期间随时进行变动和更改。

信息平台采用 DEDECMS 织梦内容管理系统开发，成本低，建设周期短，易用性强。建设项目各参建方的用户计算机水平参差不齐，但对该平台的后台应用经过约半小时培训即可熟练上手。

9.4.2　业主方信息平台的价值

根据参建方用户的反响和烟台附院建设项目实际应用效果的调研，烟台附院建设项目业主方信息平台的价值主要体现在以下八个方面：

（1）实现了业主方建设项目集成化、精细化、可视化的管理目标。集成化主要体现在通过信息集成使得：项目生命周期各阶段的集成、工作流程的集成、项目参建方的组织集成、项目管理要素的内在集成、项目风险的动态集成。精细化使得业主方工作摆脱了过去那种粗放、无序、干看着的工作状态，做到了任务分解到位、工作安排到位、计划执行到位、监督考核到位，实现了 PDCA 的有效循环。可视化使得项目人员对各自的工作安排做到了眼中有物、心中有数，避免了过去那种头绪繁多、顾此失彼的工作局面。

（2）使得项目全过程管理更加规范。信息平台使得项目各个业务环节职责更加清晰、衔接更加顺畅、流程更加透明，项目成员的工作更加主动，从而使得项目管理流程不断优化，项目管理水平不断提高。由于信息平台的使用，业主方人员，无论是业主项目部还是监理公司、造价咨询公司，其工作的计划、实施、结果都更加透明化，既有利于各自职责的明确，也有利于相互的配合，而且信息平台的存在对于每位项目成员都是一种无形的督促，更有利于所有成员以目标为导向、以成果为导向开展协同工作。

（3）使得投资控制更加有效。通过信息平台中对招标管理、合同管理、工程进度计划和资金需求计划、工程进度款支付和投资统计等功能的实现及相互关联，以及对设计变更、工程签证的有效控制，有效杜绝了超计超付现象，使得项目资金支出成本更加合理，有效控制了投资，提高了投资收益水平。

（4）为项目节约大量管理费用。以往的建设项目由于以传统信息沟通方式为主，导致管理渠道不畅，信息难以实现共享，项目各项统计数据滞后。应用信息平台后，业主方和承包商方都可以及时地传送与接收项目各类信息，随时掌握工作动态，避免繁杂的无效重复劳动，节约人力成本。信息平台使得大量文件通过网络以电子版形式传递，降低了纸张、电话、差旅等沟通和办公成本。同时，信息平台有力地促进了项目组织的扁平化，在日常办公、招标、统计、监督检查等环节均有效地减少了人力投入，降低了项目管理成本。

（5）成为项目与利益相关者沟通的桥梁。项目进度、项目新闻及时通过信息平台向社会公开，展示了项目形象和管理水平，得到了社会公众的认可和支持。信息平台为部分利益相关方负责人设立了专用账号，烟台附院项目投资、进度等信息可以通过互联网方便地提供给项目决策层以及学校领导、政府领导等利益相关方查询，便于项目获得及时的政策和资金支持。有效加强了对承包商方工作的监管。作为项目信息门户，招标公告、中标公示等信息及时通过平台向社会公开发布，项目评标过程信息及时向相关审计、监察部门开放，对于招标采购等容易发生腐败行为的环节提供了透明、规范、可控的制度保障，实现了阳光管理、公开透明、公众满意。

（6）提升项目管理效率。传统的项目沟通，任务下达和问题、结果上报效率低下，反馈迟缓甚至石沉大海的现象时有发生。通过项目信息平台实现信息安全、高效的收集、处理和传送，节省了时间，提高了工作效率，为业主方提供了便利的查询功能，能有效帮助业主方进行动态监控和分析决策，及时发现计划偏差和项目存在问题，有效指导和干预，更好地落实承包商方的任务完成绩效，提高项目管理的效率。

（7）构建学习型组织，有效进行知识管理。没有完美的建筑，也没有完美的项目，项目建设的过程也是经验和教训积累的过程，通过信息平台使得项目具有良好的可追溯性，也能够积累真实、宝贵的项目数据和资料，这些数据、资料使得项目管理过程有一个完整、清晰的过程记录，为项目组织成员所共享，对于个人的业务水平提高和组织的成长都发挥越来越大的价值。而信息平台也使得项目虚拟组织的建设更加便捷，异地专家可通过信息平台获取项目相关信息，及时提供其隐性知识的服务。

（8）有效促进了项目组织文化建设。通过信息平台，使得项目各参建单位的凝聚力大大增强，也有效规范了其在项目建设期间的管理行为。由于信息平台的设计思路本身就是"集成化、精细化、可视化"组织文化的体现，使用信息平台的过程本身也是贯彻、体现项目组织文化的过程。项目组织文化的核心价值观"团结、共赢、进步、高效"和组织文化内涵的"一二三四五"，通过信息平台得到了更广泛的理解、认同和响应。

9.4.3 新版项目管理平台的开发

尽管该信息平台实现了 PIP 的大多数功能，但 OPMP1.0 对应本书提出的 OPMP框架模型中的功能设置还有一定差距。主要表现在 PMIS 功能还比较欠缺：

（1）协同工作系统未真正建立。信息平台不能实现用户对用户指定接受者和路径的信息、文件发送，通过平台安排的工作任务尚不能实现推送、提醒和检查功能。

（2）工作流集成度和自动化程度不够。信息平台上不能实现如工程款支付申请-工程款支付证书-付款金额统计-自动生成报表-自动对比分析等功能，诸多环节还需人工操作。

（3）电子签名尚未实现，部分工作还需纸质补充。电子签名不能实现的原因主要是承包商方参建单位对其认可程度差，医院部分财务和审计制度与电子签名流程存在矛盾等。

（4）与移动终端结合不好。目前的信息平台浏览器端不能实现对屏幕分辨率的自适应，手机和平板电脑使用时易用性较差。

（5）与其他软件接口不好。目前的信息平台对一些项目管理方面的文档还需以附件形式导入，从而导致附件中的信息无法提取。

　　针对 OPMP1.0 存在的问题，2012 年，业主项目部进行了新版项目管理平台 OPMP2.0 的开发，目前 OPMP2.0 已处于调试期，即将上线应用。OPMP2.0 采用 B/S 架构，以项目分解为基础，工作流集成为核心，将医院建设项目管理各方面的资源进行快速整合，在提升工作效率的同时，通过集成化管理、精细化管理、可视化管理等使得项目管理绩效最优化。真正实现事先有计划、事中有控制、事后有分析的科学化管理。OPMP2.0 以简洁、易用、实用为指导思想，综合考虑了医院建设业主方的普遍能力，使用了先进的软件开发理论框架，实现了网络化项目管理平台快捷、安全、灵活及稳定的无缝整合。OPMP2.0 在 OPMP1.0 的基础上，增加了以下功能优势：

　　（1）项目完成情况估算及概览：首先提供一套行之有效的算法从投资进账比率、进场施工单位、招投标情况等指标合理估算项目目前进度百分比，量化项目的完成及计划差异，旨在用很多可控的小错误避免不可控的大错误。

　　（2）范围及进度汇总功能：首先为用户提供通用的医院建设项目的通用交付物分解结构和工作分解结构，并允许用户自由添加修改每项工作分解内容。保持整体性的同时也注重局部的时效性，滚动替换增加修改最新的任务分配和任务计划。系统会自动根据最新的任务分配情况和完成情况，在线生成项目甘特图，让项目负责人和相关人员做到一目了然。

　　（3）执行管理：系统为项目相关人员提供定制日历及提供优先级的任务列表、时间节点里程碑的视图。各个项目相关人员在被分配任务后，也可以在具体的项目执行日历中清楚地安排自己的执行日历。在平台的显著区域提供执行任务的进度提醒。

　　（4）内部消息管理：项目干系人可以通过平台的内部消息功能实现在线沟通。

　　（5）投资管理：包括对估算、概算及预算实现多重动态投资监控，对计量支付变更的计划和实际完成比率的对比分析。

　　（6）合同管理：规范合同阶段性流程，各种合同的各个阶段，从草拟到确定再到签订，并对期间发生的问题及时进行反馈。

　　（7）采购管理：对医院建设项目的招投标采购流程提出规范流程，并提供一个通用的标段划分模块。

　　（8）文档管理：应用企业级的 PaaS 模型将文档存储于云空间，并根据项目参与情况设定读写权限，提供方便的全文索引搜索。

　　（9）设计管理：全面、科学的设计分类，与项目生命周期紧密结合的设计供应链模式。对设计沟通的图纸应用版本控制，做到版本的可回溯性、实时性，并整合了与外部设计乙方的沟通功能。保证沟通各方在一个视图上实时交互操作。

　　OPMP2.0 将 OPMP1.0 中 PIP 功能对应公众用户的部分，如项目新闻、项目进度、招标信息等仍保留在登录界面之外，用户登录后则进入 PMIS 部分进行操作。基于开发语言 Groovy 和后台 Web 框架 Grails 的良好结构，OPMP2.0 界面可以实现对电脑、手机、平板等不同用户终端的自适应，从而大大降低了开发成本，提高了开发速度。同时提供良好的对外接口，可以方便地导入 Project、Excel 等软件产生的数据。OPMP2.0 用到的软件框架如表 9.9 所示。

表 9.9　OPMP2.0 所用到的软件框架

内容	所用技术
部署	阿里云的云服务器
文件存储	阿里云的云存储功能
用户交互性	Web 的 Ajax 技术，jQuery
软件后台语言	Groovy
软件 Web 框架	Grails
框架层次模型	模型-试图-控制器架构（MVC）
关系数据库	MySQL
模型数据映射框架	GORM，Hibernate
安全框架	Apache 的 Shiro 模型
Web 模版语言	Grails 自带的 GSP
缓存机制	Ehcache
跨平台	基于客户端的响应式设计（responsive design）
开发接口开放协议	RESTFul Service
容器服务器	轻量级服务器的 Jetty
版本控制	Git 的 GitFlow 模型
持续发布集成	Jenkin

　　OPMP2.0 的主要功能在范围管理、任务管理、投资管理、采购管理、合同管理、文档管理、设计管理、沟通管理等各方面均比 OPMP1.0 有了显著的功能增强，在业务流程安排、任务推送及提醒、相关数据汇总分析、文档信息共享等方面均能够为业主及相关单位提供易用性更强的服务。新旧 OPMP 主要功能对比如表 9.10 所示。

表 9.10　OPMP1.0 和 OPMP2.0 功能对比

模块名称	OPMP v1.0	OPMP v2.0
范围管理	静态的 DBS、WBS 存储	滚动 WBS 与执行管理无缝结合
任务管理	手工填写日记的方式记录任务的执行情况	系统用日历模式将分配的任务自动导入，用户分任务填写执行情况；优先级视图及里程碑节点视图更具有清晰、可用性好的特点
投资管理	只能反应静态的投资规模，要体现动态性需人工干预	提供了计划和动态的对比功能，在合同签订后实时生成付款时间计划折线；根据投资方查看投资实际到账比率。静态展示和动态统计功能，并使用 OLAP 进行统计报表生成、数据挖掘等动态数据处理功能
采购管理	标段划分、中标一览表等静态文档	标段划分；招投标的标准流程向导，在线招标工作平台等功能
合同管理	静态展示	对合同进行动态管理，并对合同在签订过程中的问题进行备案，并提交上级进行反馈
文档管理	CMS 模式，静态展示	云存储模式；严格的权限设定；拖拽式上传方式
设计管理	设计文件静态存储	跟设计方的沟通平台集成；图纸的版本管理；设计分类完成情况估算

续表

模块名称	OPMP v1.0	OPMP v2.0
沟通管理	沟通相关文档无法实现定向传递	在平台即可实时发送消息，沟通管理贯穿于各个模块之间，并提供提醒功能
信息门户	项目新闻，信息公示等	增加施工单位的工作计划（甘特图）和施工进度及施工图的动态展示

OPMP2.0 的主界面如图 9.9 所示。

图 9.9　OPMP2.0 主界面

9.5　烟台附院建设项目的项目管理要素集成

9.5.1　烟台附院建设项目风险集成

医院建设项目中由于参与单位众多、投资大、工期长，在项目建设期间需要各参与方的紧密配合，任何一方的风险都可能会对整个项目进度产生重大影响。因此，必须强调医院建设项目的风险集成管理，即需要以业主方为核心，从整个项目的全局出发考虑风险问题。在本书中风险被定义为"任何可能影响烟台附属医院建设项目在预算范围内，在规定的工期内，保证质量如期完成的因素"。本书中风险集成有三层含义：其一是指将项目的全生命期内分布于各个阶段的、相对独立和封闭的风险管理活动,通过一定的控制方法和手段进行整合,从而实现风险管理的连续性和一致性;其二是指将项目参与各方的各自独立的风险管理进行整合和协调,从而上升至项目整体的风险管理;其三是指将风险管理作为项目管理各要素集成的突破口,运用风险管理来整合项目的质量管理、进度管理、投资管理和安全管理。

1)时间维风险集成

在项目实施初期,项目部即组织专家进行了项目风险的全面识别,拟定了风险清单和风险应对计划,并将风险预警体系与项目进度计划的动态控制结合起来,针对项目实际进度与计划的偏差程度来决定应对措施,并在过程中及时调整风险清单和风险处理方案。由于对风险提早识别、提早研究,在面临各种不利于项目进展的突发情况时都做到了及时应对。

2)主体维风险集成

通过业主方的整体掌控,使得项目层面和参建方层面的风险进行整合。如对于承包商方的部分单位,对于钢材、铜等原材料价格波动风险,业主项目部和监理项目部会同造价咨询单位共同分析、研究市场价格波动规律,对未来走向进行合理预测,并根据价格波动趋势与供应商签订了单价可调合同,约定原材料价格浮动超过一定比例即可调整单价,从而帮助供应商分担了价格风险。2012 年,因钢材价格下跌,无缝钢管供应商主动返还了业主部分已收货款,体现了良好的 Partnering 合作关系。

3)要素维风险集成

通过风险管理的流程,对项目管理要素进行全面的整合管理。如在综合病房楼项目实施中由于地质条件复杂,地质勘察报告不准确而导致地基处理难度极大,使得项目进度严重拖延。由于风险识别开展得较早,风险清单较全面,对由于地质条件不准确造成的地基处理难度加大提前制定了应对计划。在风险事件发生时,业主方会同勘察、施工单位及时组织,进行了进一步施工详勘,并邀请国内最权威专家第一时间赴现场进行会诊,提出了经济可行的地基换填方案,既弥补了部分工期,又降低了工程造价。通过风险识别、风险计划和风险应对,集成了项目的进度管理和投资管理,收到了良好效果。

又如在面对由于夜间施工噪音问题带来的居民投诉问题时,立即启动风险应对计划,对砼泵车等噪音源采取了隔音墙等措施,并及时与政府及环保部门沟通,确保了噪音控制在环保部门允许范围之内,保障了项目进度计划的顺利进行。通过风险识别、风险计划和风险应对,集成了项目的沟通管理和进度管理,避免了停工损失。

9.5.2 烟台附院建设项目管理要素综合集成

烟台附院建设项目的项目管理要素综合集成在实践中更多地体现在项目决策者在项目实施期间对各种管理要素的综合权衡与决策上。其中核心的质量、工期、投资的集成,在实践中被确定为质量优先,门诊医技楼确保山东省质量最高奖"泰山杯",综合病房楼确保"鲁班奖",对照省优、国优的质量标准,业主项目部多次组织承包商方外出学习,邀请鲁班奖评委来工地授课讲解鲁班奖质量验收标准,在施工过程中充分发挥监理的作用,对质量问题及时发现及时纠正。

对工期和投资的目标均衡则处于一个动态调整的过程之中。如项目的工期要求,同国内大多数建设项目一样，项目的工期目标并非是根据进度计划科学排布出来的，而是在项目决策期根据同类项目工期长短确定了最终竣工的日期。但一个具体建设项目实施期间总会有诸多项目管理者没有能力控制但却影响工期的事件发生，如建设规模调整、科室提出的设计变更、建设资金的暂时短缺等，对于这些事件，项目部都会同监理进行详细的过程记录，分析每一个事件是否在关键路径，是否对总工期产生影响，是否对投资产生影响。同时对于项目投资目标的控制也是一个循序渐进的过程，随着项目进行，直到主体建筑进入装饰装修阶段，主要的分包专业和材料设备均已招标采购，项目的投资控制目标才逐步准确。在此期间，业主方没有为了追求控制总投资目标而一味压低价格，而是将业主方的"质量"——"交付物质量"的内涵进行了深刻解读，认为业主方的质量不仅指建筑物实体的施工质量满足要求，还包括规划布局的合理、设施设备的适度超前、节能环保理念的贯彻、以人为本工作环境的打造、全生命周期运营成本的降低等，在此认知基础上对项目交付物质量的调整内容与其增加的造价进行了价值工程比对和全生命周期费用对比分析，从而使得尽管建安投资上有所突破，但降低了全生命周期的使用成本，同时也必然使得医院医护员工和未来患者的满意度更高，更符合利益相关者满意的项目总目标。

9.6　烟台附院建设项目业主方集成管理成效

9.6.1　烟台附院项目业主方组织项目管理成熟度测评

根据本书所构建的复杂建设项目业主方组织项目管理成熟度模型，业主项目部邀请项目部内部成员、参建单位代表、医院职能部门代表、牟平区建设局代表共 12 人，召开会议，对照指标和状态描述等级，对烟台附院建设项目业主方组织项目管理成熟度进行了测评。结果如表 9.11 所示。

表 9.11　烟台附院项目业主方组织项目管理成熟度测评结果

	指标	状态描述	测评得票	级别判断
业主	项目负责人	项目负责人为 IPMP 认证的国际项目经理，国家一级建造师，全国十名优秀国际项目经理，大型复杂建设项目经验丰富，对医院建设项目管理体系及整体流程全面构建，并随生命周期不断调整优化，项目协调及组织能力较强	持续改进级 12	持续改进级
	专业人员数量知识经验	专业管理人员知识结构合理，经验丰富，数量不足，部分人员项目经验不足，项目后期人力资源略显紧张	持续改进级 8 优化级 2 规范级 2	持续改进级
	项目管理体系	项目管理体系完善，如组织架构、项目状态监控、进度款结算等不断调整优化,项目采购、计划、监督等工作流程规范、标准	持续改进级 10 优化级 2	持续改进级

	指标	状态描述	测评得票	级别判断
监理	项目管理信息系统	构建了项目管理信息平台,实现了信息集成,体现了项目集成管理的特征,实现了参建方的网上协同办公,保障了信息流转的及时性和有效性,不同参建主体实现了动态整合,体现了集成化、精细化管理和可视化管理	持续改进级 9 优化级 3	持续改进级
	项目总监	项目总监为烟台市综合资质监理公司优秀总监,经验丰富,敬业,能抓敢管,与业主配合默契,发现问题能及时提出	持续改进级 9 优化级 3	持续改进级
	监理人员数量知识经验	专业管理人员知识结构合理,经验较丰富,人员数量不足	持续改进级 1 优化级 8 规范级 3	优化级
	监理项目部管理制度	监理管理制度完善,与业主项目管理制度相融合	持续改进级 6 优化级 4 规范级 2	优化级
	监理项目部组织协调	组织协调及时、到位,能够对各参建方的质量及进度管理做出统筹协调	持续改进级 7 优化级 5	持续改进级

9.6.2　业主方集成管理成果及反响

烟台附院建设项目在业主方主导的全周期、全主体、全要素项目集成管理下,建设的进度、质量、投资、安全等均得到有效的控制:项目各个里程碑均按照总体进度计划的节点准时或提前完成,业主方采购及管理工作及时顺畅,近百家参建单位在业主方的组织集成下沟通顺畅配合默契,项目信息平台访问量 10 万余次,为业主方项目管理发挥了重要枢纽作用,已成为项目沟通及形象展示的重要窗口。项目施工期间和竣工后先后接待省、市各级领导及国内外同行参观逾 2000 人次,业主方管理体系、建设理念、施工质量、现场管理得到参观考察者的广泛认可与赞扬,业主项目部的项目管理经验在多次国内及国际医院建设会议上受邀演讲推广,得到同行的高度评价。

2014 年 9 月 19 日,烟台附院新院区顺利搬迁启用,新院完善的设施、充足的空间、合理的布局、便捷的流程得到了就诊患者和社会的高度评价(图 9.10)。启用以来,烟台附院各项工作运行良好,以其一流的医疗团队、一流的设备设施、一流的服务水平和一流的医疗环境,受到广大群众的赞誉和好评。迄今为止,烟台附院建设项目先后获得国家优质工程奖、中国项目管理实践杰出成果奖、第二批国家节约型公共机构示范单位、国家二星级绿色建筑设计标志、山东省泰山杯、山东省建筑业技术创新奖、山东建设技术创新优秀成果奖、山东省新技术应用示范工程、山东省优质结构杯、山东省安全文明优良工地、烟台市重点项目重要工作推进先进集体、烟台市可再生能源优秀示范项目等十几项国家、省、市级荣誉。

图 9.10　竣工后的滨州医学院烟台附属医院

9.7　本章小结

　　本章结合作者负责的一个复杂建设项目——滨州医学院烟台附属医院建设项目的业主方集成管理实践对本书所构建的复杂建设项目业主方集成管理体系的全生命周期集成、组织集成、信息集成、要素集成进行了全面的应用分析。首先根据 PESTLNO 模型分析了烟台附院建设项目的复杂性以及业主方项目管理的特点。其次介绍了烟台附院项目的设计-施工过程集成模式、业主方流程标准化，对业主方任务、计划、采购、监控四个流程的管理内容进行了分析，在业主方监控流程中建立了对进度、费用和进度的监控指标体系，并介绍了通过全生命周期费用优化为项目节省投资的情况。然后分析了烟台附院建设项目的组织结构六个层次，介绍了项目组织文化建设的作用和具体做法。随后介绍了烟台附院项目信息集成的应用，包括 OPMP1.0 的内容和应用效果，以及 OPMP2.0 的设计内容。最后介绍了项目的业主方风险集成和要素集成的实践应用，并进行了业主方组织项目管理成熟度测评。

第10章 总结与展望

10.1 研究工作总结

业主是项目建设过程的总集成者——人力资源、物质资源和知识的集成，也是项目建设过程的总组织者，对于复杂建设项目，仅靠业主则很难单独具备完整的集成管理能力，因此以业主为决策主体的业主方的集成管理能力对项目成败影响极为关键。本书结合复杂建设项目的复杂性特点及建设管理规律，针对业主方在项目中的主导定位以及业主方项目管理的特点，将系统科学与系统工程、现代项目管理理论、控制论、信息论等方法论与复杂建设项目的特殊性相结合，进行了较全面的业主方主导下的复杂建设项目集成管理理论体系的构建，并结合具体建设项目的实践进行了应用研究。该体系主要包括：

全书主要研究工作内容总结如下：

（1）对复杂建设项目的特征进行了分析，从组织、任务、技术、信息、目标、环境六个方面论述了复杂性内涵。提出了建设项目参建单位中业主方与承包商方的划分依据，将"业主"与"业主方"的概念区分开来。对复杂建设项目生命周期和利益相关方的划分进行了界定。对国内外研究现状进行了文献综述。

（2）提出了复杂建设项目应由业主方主导实施集成管理的观点，对复杂建设项目实施业主方集成管理的适用性进行了分析。构建了复杂建设项目业主方集成管理概念模型、实施模型、结构模型，分别从静态认知角度、动态实施角度、管理操控角度就复杂建设项目业主方实施集成管理进行分析，从维度内部元素以及维度与维度之间的角度分析了业主方集成管理体系应包含的子系统及其相互之间的逻辑关系。

（3）就复杂建设项目如何在业主方主导下进行全生命周期的集成进行了研究，运用IDEF0方法构建了复杂建设项目全生命周期过程集成模型。进行了业主方供应链的研究，构建了全生命周期业主方供应链模型，对每个链节上的主要供应链成员围绕该链节活动的信息流、资金流和物流的流向进行了分析。结合业务流程再造理论，进行了业主方业务流程重构，制定了业主方的任务、采购、计划和监控四个工作流程。采用人工神经网络对业务流程重构进行了评价。

（4）就复杂建设项目中业主方如何进行项目组织集成进行了研究。构建了复杂建设项目组织集成构成要素模型，并对项目组织运行机制进行了分析。构建了基于Partnering的业主方对参建方的组织集成模式，解析了Partnering运行流程，采用AHM方法构建了合作伙伴评价指标体系。构建了基于虚拟组织的业主方知识集成模式，分析了Partnering和虚拟组织的区别与联系，提出了基于虚拟组织进行业主知识集成方法。构建了基于协调管理的业主方对其他利益相关方的组织集成模式，分析了业主方对其他利益相关方协调型组织集成的作用及利益平衡的过程。

（5）对业主方主导下的复杂建设项目信息集成进行研究。研究了基于现代信息技术的业主方信息集成，分析选择了信息集成的载体，对业主方项目管理平台进行了系统分析和 OPMP 的框架模型构建。

（6）对复杂建设项目业主方集成管理的要素维度集成进行了研究。从业主方角度构建了风险集成三维模型，分别从时间维、主体维和要素维三个维度对全生命周期风险集成、参建方风险集成和要素管理的风险集成进行了分析，提出了风险管理在项目管理知识领域处于统领地位的观点。随后分析了业主方进行风险识别的方法，构建了风险集判断矩阵，构建了复杂建设项目风险预警体系。对复杂建设项目业主方的工期、投资、质量三要素集成进行了分析，辨析了业主方三要素与承包商方三要素的区别，并对业主方在考虑三要素的集成问题时如何决策进行了定性分析。

（7）针对复杂建设项目业主方集成能力提升进行研究。构建了业主方组织项目管理成熟度模型，给出了成熟度模型各个层面的指标表征，并探讨了业主方组织项目管理成熟度提升的流程。分别建立了基于多层次灰色综合评价法的 Partnering 合作伙伴选择方法和基于遗传算法的 Partnering 合作伙伴的组合选择方法。

（8）结合烟台附院建设项目的实践对复杂建设项目业主方集成管理体系进行了全面的应用分析。分析了烟台附院项目的设计-施工过程集成模式、业主方流程重构效果，建立了对工期、投资和质量的监控指标体系。分析了烟台附院建设项目的集成化项目组织结构的六个层次，并介绍了项目组织文化建设的作用和具体做法。进行了烟台附院建设项目管理平台 OPMP1.0、OPMP2.0 的建设，分析了应用效果。进行了项目的业主方风险集成和要素集成的实践应用。进行了业主方组织项目管理成熟度测评。

10.2　研究展望

本书根据复杂建设项目特点和业主方在建设项目中的主导地位，从项目管理系统性、整体性角度出发，分析了在业主方集成管理过程中生命周期集成、组织集成、信息集成、要素集成等维度之间的逻辑关系，并分别对各单元的集成管理进行了详细分析研究。同时结合作者负责的投资 12 亿元的大型复杂建设项目的实践对研究成果进行验证与改进，努力实现研究成果的先进性、实用性和可复制性，使其对复杂建设项目具有普遍适用性和推广价值，从而提高我国整体建设项目管理水平和绩效，并带来良好的社会效益和经济效益。理论研究和项目实践紧密结合，以理论指导实践，以实践修正理论，研究成果在具体复杂建设项目中对项目管理水平的提升和管理绩效的改善发挥了巨大的推动作用。

然而限于作者的理论水平、能力和精力，以及研究条件、研究时间的限制等原因，研究成果还存在一些不足和遗憾，还有很多应深入研究而未能完成的内容，都需要在今后的研究中进一步完善和深化。结合本书的不足之处，对今后的研究方向展望如下：

（1）建设项目复杂性与业主方项目管理能力的相关性需要进一步研究。目前对建设项目复杂性的测度已经逐渐为人所重视，但是测度结果如何与工程实践相结合尚有待于深入探讨，本书限于篇幅未能对建设项目复杂性与业主方项目管理能力的相关性进行深入研究，而这方面如能深入下去，则必将对提高复杂建设项目的集成管理水平提供更具体的理论依据。

（2）业主方项目组织内部的整体性工作协调机制需要进一步研究。本书提出了业主方和承包商方的分类概念，并对业主方项目组织的包含单位、工作职能划分、能力提升等诸多问题进行了研究，但与当前对承包商方管理模式及内部运行机制的探讨相比，业主方项目组织如何提高整体性，内部的指挥、协调、控制关系如何理顺的研究还很薄弱，尚有诸多内容需要进一步去深入探讨。

（3）业主方项目管理平台的构建需要进一步研究。目前国内建设项目管理软件层出不穷，但是真正能将项目复杂性与操作易用性结合得比较好的并不多见。业主方的项目管理平台对应的是建设项目的整体管理，良好的项目管理平台能够规范工作流程、提高工作效率，本书对此进行了较深入的研究与实践。但距离理想中的业主方项目管理平台还有一定差距，需要结合项目实践进行进一步的开发研究。

（4）业主方项目管理要素的集成需要进一步研究。项目管理要素之间的关联性本书有所涉及，并尝试利用风险管理来整体性带动各项目管理要素的集成，但是在这方面本书研究还较为不足。对于复杂建设项目业主项目管理要素与承包商方要素的区别，全要素的相互关系，各要素之间的动态均衡等方面，都应是未来研究的重点。

（5）复杂建设项目业主方集成管理绩效评价研究。传统的建设项目往往要等竣工后进行项目后评价，对项目实施过程及管理效果进行全面评价与总结。但项目后评价较为滞后，无法对被评价项目产生促进作用。对于复杂建设项目往往工期较长，应在项目实施期间就进行过程评价。对项目进行过程性评价，有助于使得项目管理人员及时发现问题，不断改进、优化，提升项目管理绩效；同时也有助于对项目管理者的工作进行客观评价，改变过去那种项目管理者"责大权小"的局面。本书限于篇幅未能对建设项目过程性评价展开研究，有待于今后就此内容进一步深入探讨。

参 考 文 献

蔡世民. 2009.复杂系统的若干动力学问题研究[D]. 武汉：华中科技大学.

曹萍. 2007.业主方建设项目管理的核心职能研究[D]. 上海：同济大学.

陈建华，林鸣，马士华. 2005.基于过程管理的工程项目多目标综合动态调控机理模型[J]. 中国管理科学，13（5）：93-99.

陈勇强，高明，张连营.2010. 基于遗传算法和 Pareto 排序的工期-费用-质量权衡模型[J]. 系统工程理论与实践，（10）：1774-1780.

陈勇强. 2004.基于现代信息技术的超大型工程建设项目集成管理研究[D]. 天津：天津大学.

陈禹六.1999.IDEF 建模分析和设计方法[M]. 北京：清华大学出版社.

成虎. 2004.工程项目管理[M]. 北京：高等教育出版社.

戴汝为，王珏，田捷. 1995.智能系统的综合集成[M]. 杭州：浙江科技出版社.

邓聚龙. 1982.灰色控制系统[J]. 华中工学院学报，10（3）：9-18.

丁士昭. 2004.建设工程项目管理[M]. 北京：中国建筑工业出版社.

杜静，仲伟俊，叶少帅. 2004.供应链管理思想在建筑业中的应用研究[J]. 建筑，5：52-55.

方军，付建华.2004.PMC 组织管理模式研究[J]. 国外建材科技，（6）：117-119.

高怀英，张胜利.2006.建设项目全寿命周期管理中的知识集成[J]. 天津理工大学学报，22（2）：81-84.

高兴夫，胡成顺，钟登华. 2007.工程项目管理的工期-费用-质量综合优化研究[J]. 系统工程理论与实践，（10）：112-117.

顾曦.2010. 基于过程的复杂动态型建设项目管理方式研究[D]. 武汉：华中科技大学.

郭波，龚时雨，谭云涛. 2012.项目风险管理[M]. 北京：电子工业出版社.

郭峰，王喜军. 2009.建设项目协调管理[M]. 北京：科学出版社.

海峰. 2003.管理集成论[M]. 北京：经济管理出版社.

韩瑞锋. 2010.遗传算法原理与应用实例[M]. 北京：兵器工业出版社.

韩豫，成虎，董建军.2011.高速公路工程集成管理的关键理论及方法[J]. 科技进步与对策，8（13）：47-51.

何伯森，康立秋，卞疆. 2007.应用伙伴关系理念和谐工程项目管理[J]. 国际经济合作，（9）：57.

何清华，陈发标. 2001.建设项目全寿命周期集成化管理模式的研究[J]. 重庆建筑大学学报，23（4）：75-80.

何清华，卢昱杰. 2008.设计阶段业主方的项目管理探索[J]. 建设监理，（2）：4-9.

何清华，罗岚，李永奎，等. 2012. 世博项目的复杂性与工期和人力成本关系[J]. 同济大学学报（自然科学版），40（11）：1742-1746.

何清华，罗岚，陆云波，等. 2013.基于 TO 视角的项目复杂性测度研究[J]. 管理工程学报，27（1）：127-134.

何曙光，齐二石，汪洋，等. 2002.面向工程建设的现代集成管理系统研究[J]. 计算机集成制造系统，8（4）：330-332.

何万钟. 2006.再谈业主工程项目管理 刍议代建制度设计[J]. 建设监理，2：21-25.

何自华. 2010. 业主+PMC+EPC 项目管理模式的探索与实践—现代工程建设复杂项目管理理论创新[C]. 2010 年石油石化行业建设工程总承包与项目管理论文集：67-74.

胡笙煌. 1996.主观指标评价的多层次灰色评价法[J]. 系统工程理论与实践，（1）：12-20.

胡向东. 2004.业主方的项目管理在新城广场建设项目中的实践[J]. 建筑经济，（12）：49-52.

黄建柏，薛亮，肖太庆. 2008.建设项目动态联盟风险识别及预警[J]. 系统工程，26（3）：98-104.

黄杰. 2006.信息管理集成论[M]. 北京：经济管理出版社.

黄欣荣，吴彤.2004.复杂性研究的若干方法论原则[J]. 内蒙古社会科学（汉文版），25（2）：75-80.

姜琳. 2006.基于复杂性思想的大型工程建设项目集成化管理研究[D]. 天津：天津大学.

金长宏. 2011.现代房地产项目动态集成化风险管理[M]. 北京：光明日报出版社.

金德民，郑丕谔. 2005.工程项目全寿命风险管理系统的理论及其应用研究[J]. 天津大学学报（社会科学版），7（4）：254-258.

金德民. 2004.工程项目全寿命期风险管理系统理论及集成研究[D]. 天津：天津大学.

乐云. 2004.国际工程项目管理的前沿研究方向[J]. 建设监理（6）：78-81.

乐云. 2010.建设项目前期策划与设计过程项目管理[M]. 北京：中国建筑工业出版社.

李宝山，刘志伟. 1998.集成管理——高科技时代的管理创新[M]. 北京：中国人民大学出版社.

李东云. 2007.基于现代信息技术的建设项目管理——项目门户网站在上海交大体育馆工程中的应用[J]. 建设科技，
    （23）：48-49

李红兵，李蕾. 2004.工程项目环境下的知识管理方法研究[J]. 科技进步与对策，21（5）：14-16.

李惠玲，李军. 2013.绿色施工评标体系研究——基于多层次灰色评价法[J]. 技术经济与管理研究，（1）：20-23.

李慧，杨乃定，郭晓. 2009.复杂项目系统复杂性构成研究[J]. 软科学，23（2）：75-83.

李俊. 2007.业主方建设工程项目管理成熟度概念模型及其测评方法[D].上海：同济大学.

李清，陈禹六. 2004.信息化项目管理[M]. 北京：机械工业出版社.

李新虎. 2008.水利工程业主方的项目管理[J]. 山西水利科技，（2）：85-87.

李旭辉. 2006.业主方项目管理（OPM）体系的研究[J]. 建筑管理现代化，（4）：23-25.

林基泳，史安娜. 2011.基于风险三维结构的大型建设项目管理集成研究[J]. 水利经济，29（5）：45-48.

刘伟，刘景泉. 2002.资源约束条件下的时间-费用交换问题研究[J]. 系统工程理论与实践，（9）：42-46.

刘亚丽. 2002.赢得值评估原理应用新探[J]. 化工建设工程，4：16-17.

刘艳玲. 2003.项目风险预警系统的构建[J]. 建筑管理现代化，73（4）：25-29.

刘勇. 2009.工程项目集成化管理机制研究[D]. 徐州：中国矿业大学.

刘振元，王红卫，甘邯. 2005.工程项目集成管理与工程供应链[J]. 武汉理工大学学报，27（12）：99-101.

刘振元，王红卫，余明辉. 2004.供应链研究的新领域——工程供应链管理[J]. 华中科技大学学报（城市科学版），21
    （2）：27-30.

吕晓阳. 2005.大型公司业主方项目管理模式的探讨[J]. 中国科技信息，（22）：59.

马士华. 2000.供应链管理[M]. 北京：机械工业出版社.

苗东升. 2000.系统科学是关于整体涌现性的科学. 系统科学与工程研究[M]. 上海：上海科技教育出版社.

苗东升. 2010.系统科学精要[M]. 北京：中国人民大学出版社.

潘迪. 2012.医疗建筑的循证设计研究[J]. 华中建筑，9：47-49.

彭祖赠，孙韫玉. 2002.模糊数学及其应用[M]. 武昌：武汉大学出版社.

戚安邦，尤荻. 2012.项目四要素科学配置关系及分布集成方法初探[J]. 科学学与科学技术管理，33（10），26-30.

戚安邦. 2002.多要素项目集成管理方法研究[J]. 南开管理评论，6：70-75

钱坤. 2006.业主方工程项目管理规划体系研究[J]. 江苏建筑，（5）：73-77.

任志涛. 2012.建筑业虚拟企业集成管理[M]. 北京：科学出版社.

芮明杰，钱平凡. 1997. 再造流程[M]. 杭州：浙江人民出版社.

芮明杰. 2009.管理实践与管理学创新[M]. 上海：上海人民出版社.

单绘芳，张静文，杨乃定. 2011.资源约束的工期-费用-质量综合均衡优化[J]. 计算机仿真，28（3）：254-258.

佘建俊，成虎，蒋黎晅. 2013.工程系统分解结构（EBS）及其应用方法研究[J]. 建筑经济，（10）：35-39.

佘立中. 2006.基于复杂性大型集群工程项目质量管理研究[J]. 重庆建筑大学学报，28（2）：107-118.

汤燕群. 2009.基于"费用、进度、质量"三维目标要素集成定量模型分析[J]. 船海工程，38（1）：100-102.

唐文彬，张飞涟，颜红艳. 2011.基于投影决策模型的建设项目动态联盟合作伙伴选择[J]. 中南林业科技大学学报，
    31（9）：109-113.

田莉. 2004.组织项目管理成熟度模型知识基础[M]. 北京：中国空间技术研究院，2（12）：23-59.

汪文忠. 2002.建筑企业实行供应链管理势在必行[J]. 中国物流管理，4：159-168.

王广斌，陈永鸿，张锋. 2012.建设项目组织文化对组织集成影响的研究[J]. 云南师范大学学报（哲学社会科学版），
    44（3）：121-127.

王华，尹贻林，吕文学. 2005.现代建设项目全寿命期组织集成管理的实现问题[J]. 工业工程，8（2）：38-41.

王健，刘尔烈，骆刚. 2004.工程项目管理中工期-成本-质量综合均衡优化[J]. 系统工程学报，19（2）：148-153.

王莉. 2011.虚拟建设动态联盟组建过程研究[J]. 西华大学学报（自然科学版），30（4）：100-103.

王明德，缪纪勋. 1997.营建管理新制度——合作管理（Partnering）之应用[J]. 台湾营建管理季刊，31：12-24.

王乾坤. 2006.建设项目集成管理研究[D]. 武汉：武汉理工大学.

王庭华，戚安邦. 2010.项目全要素配置模型和集成方法的研究[J]. 生产力研究，1：132-135.

王雪荣，成虎. 2003.建设项目全寿命期综合计划体系[J]. 基建优化，24（3）：1-3.

王延树，成虎. 2000.大型施工项目的集成管理[J]. 东南大学学报（自然科学版），（4）：100-104.

王宇静，胡文发. 2005.工程项目管理的信息集成[J]. 中国管理信息化（综合版），12：61-63.

王兆峰，刘军，张如雁. 2007.监理向业主项目管理发展的探讨[J]. 建设监理，（1）：4-5.

王仲伟. 2004.挣值管理方法在林业工程项目中的应用[J]. 森林工程，20（5）：36-38.

王卓甫. 2005.工程项目管理风险及其应对[M]. 北京：中国水利水电出版社.

王卓甫. 2008.工程交易中业主方管理方式的经济学分析[J]. 软科学. 22（1）：9-11.

吴秋明. 2004.集成管理论[M]. 北京：经济科学出版社.

徐广姝.2006. 基于过程集成的工程项目集成化管理研究[D]. 天津：天津大学.

徐武朋，徐玖平. 2012.大型工程建设项目组织综合集成模式[J]. 管理学报，9（1）：138-144.

叶艳兵. 2004.支持复杂建设工程"精准建造"的项目持续分解模型[J]. 华中科技大学学报（城市科学版），21（4）：39-43.

翟丽,辛燕飞,鹿溪. 2009.特大型工程项目的项目管理价值研究——以 SHRBC 公司为例[J]. 管理世界，S1：84-93.

张国宗，陈立文. 2010.大型建设项目管理知识集成[J]. 技术经济与管理研究，（1）：92-96.

张江河，陈勇. 2011.特大型工程建设项目信息化的现状及建设探索[J]. 项目管理技术，9（11）：95-99.

张宪,王雪青. 2011.基于结构方程模型的建设工程项目系统复杂性测度研究[J]. 河北农业大学学报,34(3):116-120.

张学旺. 2009.浅谈业主方的项目管理[J]. 山西建筑，35（13）：189-190.

张亚莉，杨乃定，杨召君.2004.项目的全寿命周期风险管理的研究[J]. 科学管理研究，（2）：26-30.

张云飞，周书敬.2006. AHM 在国际工程风险分析中的应用[J]. 基建优化，27（2），74-77.

赵金立. 2004.中外合资工程项目管理模式的探讨[J]. 乙烯工业，（3）：13-18.

赵雪峰. 2004.大型工程业主项目管理及其信息化的几点思考[J]. 孝感学报，24（3）：96-98.

钟冬梅，余晓钟. 2005.对工程项目管理挣值分析方法的改进[J]. 化工技术经济，23（3）：20-24.

周诚华. 2009.大型市政工程项目业主方的管理问题[D]. 南昌：南昌大学.

周开利. 2005.神经网络模型及其 MATLAB 仿真程序设计[M]. 北京：清华大学出版社.

周钱玉. 2011.企业管理中组织文化的创新建设研究——基于组织文化作用与功能的思考[J]. 管理观察，（3）：44-45.

周迎. 2008.基于 Partnering 的项目管理机制研究[D]. 武汉：华中科技大学.

朱启超，陈英武，匡兴华. 2005.复杂项目界面风险管理模型研究[J]. 科研管理，26（6）：149-156.

Akileswaran V，Hazen G B，Morin T L. 1983.Complexity of the project sequencing problem[J]. Operations Research，31（4）：772-778.

Akintoye I C，McIntosh G，Fitzgerald E. 2000.A survey of supply chain collaboration and management in the UK construction Industry[J]. Purchasing and Supply Management，（6）：159-168.

Al-Sudairi A A，Diekmann J E，Songer A D. 2000. Interplay of project complexity and lean production methods[C]. Proceedings of the 8th Annual Conference of the International Group for Lean Construction. Brighton：82-95.

Andersen E S.，ArneJessen s. 2003.Project maturity in organzation[J]. International Journal of Project Management，（21）：457-46l.

Anumba C J. 2000.Integrated systems for construction：challenges for the millennium [A]. International conference on construction information technology，（1）：17-18.

Babu A J G，Stiresh N. 1996.Project management with time，cost and quality considerations[J]. European Journal Operations Research，88（2）：320-327.

Baccarini D.1996. The concept of project complexity——a review[J]. International Journal of Project Management，14（4）：201-204.

Back W. E，Moreau.K A. 2000.Cost and schedule impacts of information management on EPC process[J]. Journal of Maagement in Engineering，16（2）：59-69.

Bakens W. 1997.International trends in building and construction research[J]. Journal of Construction Engineering and Management，123（2）：102-104.

Babu A J G，Stiresh N. 1996. Project management with time，cost and quality considerations[J]. European Journal Operations Research，88（2）：320-327.

Baccarini D. 1996. The concept of project complexity——a review[J]. International Journal of Project Management, 14（4）：201-204.

Beard J L, Loulakis M C, Wundram E C. 2001.Design-Build：A Brief History, Design Build Planning Through Development [M]. New York：McGraw-Hill.

Bertelsen S, Koskela L. 2003. Avoiding and managing chaos in projects[C]. Proceedings of the 11th Annual Conference of the International Group for Lean Construction. Virginia, USA：147-162.

Bertelsen S, Koskela L.2004. Construction beyond lean：a new understanding of construction management[C]. Proceedings of the 12th Annual Conference of the International Group for Lean Construction. Denmark：23-26.

Bertelsen S. 2003. Construction as a complex system[C]. The 11th. annual conference of the International Group for Lean Construction. Virginia：the International Group for Lean Construction.

Bertelsen S. 2003.Complexity-Construction in a New Perspective [C]. The 11th. annual conference of the International Group for Lean Construction. Virginia：the International Group for Lean Construction.

Burkatzky F H H. 2007.Development of Measurement Scales for Project Complexity and System Integration Performance[D]. Walden University.

Chang H L, Rhee B D. 2010.Coordination contracts in the presence of positive inventory financing costs [J]. International Journal of Production Economics, （124）：331-339.

Charham J.1992. Corporate governance：lessons from abroad [J]. European Business Journal, 4（2）：8-16.

Cheng MY, Su CW, You H Y. 2003.Optimal project organizational structure for construction management[J]. Journal of Construction Engineering and Management. 70-79.

Clarkson M. 1995.A stakeholder framework for analyzing and evaluating corporate social performance[J]. Academy of Management Review, 20（1）, 92-117.

Cox A, Ireland P. 2002. Managing construction supply chain：the common sense approach[J]. Engineering Construction and Architectural Management, 9（5/6）：409-418.

Cox A, Townsend M.1998. Strategic Procurement in Construction：Towards Better Practice in the Management of Construction Supply Chians[M]. London：Thomas Telford Ltd.

Crowley L G, Karim MA. 1995.Conceptual Model of Partnering[J]. Journal of management in Engineering, 11（5）：33-39.

Dainty A R J, Briscoe G H, Miller S J. 2001.Subcontractor perspectives on supply chain alliances[J]. Construction Management and Economics, （19）：841-848.

Damien Schatteman, Willy Herroelen, Stijn Van de Vonder, et al. 2008. Methodology for integrated risk management and Proactive scheduling of constrution projects[J]. Journal of Construction Engineering & Management, 11：885-893.

De Jong K A. 1975.An analysis of the behavior of a class of genetic adaptive systems[D]. MI：Ann Arbor, University of Michigan.

Deng Z M, Li H, Tam C M. 2001.An application of the Internet-based project management system [J]. Automation in Construction, （10）：239-246.

Dey P, Tabucanon M T, Ogunlana. S O. 1994.Planning for project control through risk analysis：a petroleum pipeline-laying project[J]. International Journal of Project Management, 12（1）：23-33.

Dretske F I. 1999.Knowledge and the Flow of Information, the David Hume Series, Philosophy and Cognitive Science Reissues [M]. San Francisco：CSLI Publications.

Edum-Fotwe E T, Thorpe A, McCaffer R. 2001.Information procurement practices of key actors in construction supply chains[J].Purchasing and Supply Chain Managcment, （7）：155-164.

Ekambaram P, Mohan M K, Zhang. X Q. 2001.Reforging construction supply chains：a source selection perspective[J]. Purchasing and Supply Management, （7）：165-178.

Elimam A A, Dodin B.2013. Project scheduling in optimizing integrated supply chain operations[J].European Journal of Operational Research, 224（3）：530-535.

Fischer M A, Waugh L M, Axworthy A. 1998.IT support of single project, multi-project and industry-wide integration [J]. Computers in Industry. （35）：31-45.

Fleming Q W, Koppelman J M. 1997.Earned Value Project Management[M]. Project Management Institute.

Franz B W, Leicht RM, Riley DR. 2013.Project impacts of specialty mechanical contractor design involvement in the health care industry: comparative case study[J]. Journal of Construction Engineering and Management, 139 (9): 1091-1097.

Freeman R E .1984.Strategic management: A Stakeholder approach[M]. Boston: Pitman.

Gardiner P D, Ritchie J M.1999. Project planning in a virtual world: information management metamorphosis or technology going too far[J]. International Journal of Information Management, (19): 485-494.

Geraldi J, Maylor H, Williams T. 2011. Now, let's make it really complex (complicated): A systematic review of the complexities of projects[J]. International Journal of Operations & Production Management 31 (9): 966-990 (25).

Gidado KI. 1996.Project complexity: The focal point of construction production planning[J]. Construction Management and Economics. 14 (3): 213-225.

Ginevičius T, Kaklauskas A, Kazokaitis P. 2011.Knowledge model for integrated construction project management[J]. Business: Theory & Practice; 12 (2), 162-174.

Grane F G.1984. Insurance Principles and Practice[M]. 2nd ed. New Jersey: Wiley.

Grundke P. 2010.Top-down approaches for integrated risk management: how accurate are they? [J]. European Journal of Operational Reasearch, (203): 662-672.

Hall R H. 1991.Organizations: Structures, Processes and Outcomes[M]. New Jersey: Prentice-Hall.

Hammer M. 1990.Re-engineering work: Don't automate, obliterate [J]. Harvard Business Review, 68 (4): 104-112.

Hanna A S, Tadt E J, Whited G C. 2012.Request for information: benchmarks and metrics for major highway projects[J]. Journal of Construction Engineering Management, 138 (12): 1347-1352.

Harold K. 2001.Project Management: A System Aporoach to Planning, Scheduling and Controlling (7th) [M]. Canada: John Wiley & Sons.

Hass K B . 2009.Managing complex projects: a new model[J]. Management concepts, 40 (3): 83.

He QH, Luo L, Wang J, et al. 2012. Using Analytic Network Process to analyze influencing factors of project complexity[C]. Management Science and Engineering (ICMSE), International Conference: 1781-1786.

Hitt M A. 2003. Strategic Management: Competitiveness and Globalization[M]. California: Mason OH South-Western college Publishing.

Holland J H. 1975.Adaptation in Natural and Artificial Systems[M]. Ann Arbor: University of Michigan Press.

Ika LA, Diallo A, Thuillier D. 2012.Critical success factors for World Bank projects: An empirical investigation[J]. International Journal of Project Management, 30 (1): 105-116.

Irizarry J Karan E P, Jalaei F. 2013.Integrating BIM and GIS to improve the visual monitoring of construction supply chain management[J].Construction Supply Chain Management, 31 (5): 241-254.

Jaafari A, Manivong K. 1999.The need for life-cycle integration of project processses[J]. Engineering Construction & Architectural Management, 6 (3): 235-255.

Jaafari A. 1997.Concurrent construction and life-cycle project management [J]. Journal of Construction Engineering and Management, 12 (4): 427-436.

Jaafari A. 2000.Life-cycle project management: a proposed theoretical model for development and implementation of capital projects[J]. Project Management Journal, 31 (1): 44-52.

Karen A.1996. Professional project management: a shift towards learning and a knowledge creating structure [J]. International Journal of Project Management, 14 (3): 131-136.

Kastora A, Sirakoulisb K. 2009. The effectiveness of resource levelling tools for Resource Constraint Project Scheduling Problem [J]. International Journal of Project Management, 27 (5): 493-500.

Khalil O, Wang S H. 2002.Information technology enabled meta-management for virtual organizations [J]. International Journal of Production Economics, (75): 127-134.

Khang D B, M M Yin. 1999.Time, cost and quality trade-off in project management: a case study, International Journal of Project Management, 17 (4): 249-256.

Kim E H, Wells W G, Duffey M R. 2003.A model for effective implementation of earned value management methodology[J].International Journal of Project Management, 21 (2): 375-382.

Lahdenperä P. 2012.Making sense of the multi-party contractual arrangements of project partnering, project alliancing and integrated project delivery[J]. Construction Management and Economics, 30 (1): 57-61.

Langlois R N. 2002.Modularity in technology and organization[J]. Journal of Economic Behavior & Organization, 49（1）: 19-37.

Lessard D R, Miller V S R. 2014. House of project complexity-understanding complexity in large infrastructure peojects[R]. Ergineering Project Organization Journal, 4（4）: 170-192.

Leu S S, Chen A T, Yang C H. 2001.A GA-based fuzzy optimal model for construction time-cost trade-off[J]. International Journal of Project Management, 19（1）: 47-58.

Lewis J P.2010. Project Planning, Scheduling & Control（5th Edition）[M]. McGraw-Hill.

Li X.2011. A research on rating system of green construction[J].Advanced Materials Research, Innovation Manufacturing and EngineeringManagement,（323）: 186-191.

Lissack M R, Johan R. 2000.The Next Common Sense, The e-Manager's Guide to Mastering Complexity［M］. London: Intercultural Press.

Liu Y, Chen C, Cui C. 2012.Study on a web-based project integrated management information system in A/E/C industry[J]. Journal of Software, 7（8）: 1713-1720.

Llir G J. 1991.The facts of system science, international federation for system research [M]. Now York: International Series on System Science and Engineering, Plenum Press.

London I L, Kenley R, Agapiou, A. 1998. Theorctical Supply Chain Network Modeling in the Building Industry. Proceedings of the 14th AnnualARCOM Conference, Reading, UK, 115-124.

Lucas, David A. 2010. Integrated Project Controls: An Owner's Perspective[J]. AACE International Transactions,（5）: 1-5.

Lucy N. 2002.Integrated risk management[J]. The Canadian Business Review, 23（7）: 26-28.

Luo F Z, Han Y H.2013. Integrated risk management based on life cycle of engineering project[J]. Applied Mechanics and Materials,（357-360）: 2680-2683.

Mak.S 2001. A model of information management for construction using information technology [J]. Automation in Construction.（10）: 257-263.

Mcgeorge D, Palmer A, Zou P XW. 2003.Construction management in a market economy[M]. Beijing: China Architecture & Building Press.

MichalewiczZ, 1996. Genetic Algorithm+Data Structure=Evolution Programs[M]. Berlin: Springer-Verlag: 34-38.

Mili A, Bassetto S, Siadat A. 2009. Dynamic risk management unveil productivity improvements[J].Journal of Loss Prevention in the Process Industries,（22）: 25-34.

Mintzberg H.1991. The Structuring of Organizations[M]. New Jersey: Prenctice-Hall.

Mowbray A H, Williams C A. 1994. Insurance[M]. 4th ed. New York: McGraw Hill.

Mustafa M A, Ai-Bahar. J F 1991.Project risk assessment using the analytic hierarchy process ［J］. IEEE Transactions on Engineering Management, 38（1）: 46-52.

Naoum S. 2001. An overview into the concept of partnering[J]. International Journal of project management,（21）: 71-76.

Nasirzadeh F, Khanzadi M, Rezaie M. 2014. Dynamic modeling of the quantitative risk allocation in construction projects[J]. International Journal of Project Management, 32（3）: 442-451.

Nassar K M, Hegab M Y, 2006.Developing a complexity Measure for Project Schedules[J]. Journal of Construction Engineering Management, 132（6）: 554-561.

Neap H S, Aysal S 2004.Owner's factor in value-based project management in construction [J]. Journal of Business Ethics, 50（1）: 97-103.

Palaneeswaran E, Kumaraswamy M, Ng S T .2003. Formulating a framework for relational integrating construction supply chains[J]. Journal of Construction Research, 4（2）: 189-205.

Palaneeswaran E, Kumaraswamy M, Rahman M, et al. 2003.Curing congenital construction industry disorders through relationally integrated supply chains[J]. Building and Environment, 38（4）: 571-582.

Passed K M, Hegab M Y.2006. Developing a complexity measure for schedules[J]. Journal of Construction Engineering and Management, 132（6）: 554-562.

Pavitt T C, Gibb A G F. 2014. Interface management within construction in particular, nuilding façade[J]. Journal of Construction Engineering and Management, 129（1）: 8-15.

Pena-Mora F, Dwivedi G H. 2001.Multiple device collaborative and real time analysis system for project management in civil engineering [J]. Journal of Computing in Civil Engineering, 16 (1): 23-38.

Peng D X, Heim G R, Mallick D N. 2012.Collaborative product development: the effect of project complexity on the use of information technology tools and new product development practices[J]. Production and Operations Management. 23 (8): 1421-1438.

Perera A A D A J, Imriyas K.2004.An integrated construction project cost information system using MS Access™ and MS Project™[J].Construction Management & Economics, 22 (2): 203-211.

Que B C. 2002.Incorporating practicability into genetic algorithm-based time-cost optimization[J].Journal of Construction Engineering and Management, 128 (2): 139-143.

Roberts T L, Cheney P H, Sweeney P D, et al.2004. The effects of information technology project complexity on group interaction [J]. Journal of Management Information Systems, 21 (3): 223-247.

Sanvido V E, Medeiros D J. 1990.Applying computer-integrated manufacturing concepts to construction [J]. Journal of Construction Engineering and Management, 2000 (2): 365-379.

Schatteman D, Herroelen W, Vonder S V de, et al. 2008.Methodology for Integrated Risk Management and Proactive scheduling of constrution projects.Jourral of Construction Engineering Managemen 134: 1-28.

Sedaghat-seresht A, Fazli S, Mozaffari M M. 2012. Using DEMATEL Method to modeling project cemplexity dimonsions[J]. Journal of Basic and Applieds cientific Research, 2 (11): 11211-11217.

Sirakoulisb Kastora K. 2009.The effectiveness of resource levelling tools for resource constraint project scheduling problem[J]. International Journal of Project Management, 27 (5): 493-500.

Smith D. 2007.An introduction to building information modeling [J]. Journal of Building Information Modeling, 1 (2): 12-14.

Stumpf A L, Ganeshan R, Chins, et al.2014.Object-oriented Model for Integrating Construction Product and Process Information[J]. Journal of Computing in Civil Engineering, 10 (3): 204-212.

Tatikonda M V, Rosenthal SR. 2000.Technology novelty, project complexity, and product development project execution success: a deeper look at task uncertainty in product innovation [J]. IEEE Transactions on Engineering Management, 47 (1): 74-87.

Thomas M F. 1992.Integrated computer-aided project management through standard object-oriented models[D]. Doctoral dissertation presented to the Department of Civil Engineering of Stanford University.

Thompson J D. 1967.Organizations in action[M]. New York: McGraw-Hill.

Vaidyanathan K, O'BrienW. 2003.Opportunities for IT to support the construction supply chain[J]. Information Technology, 115 (6): 1-19.

Vidal L A Marle F, Bocquet J C, et al. 2013. Building up a project complexity framework using an international Delphi study[J]. International Journal of Technology Management, 62 (2): 251-283.

Vidal LA, Marle F.2008. Understanding project complexity: implications on project management[J]. Kybernetes, 37 (8): 1094-2001.

Vrijhoef R, Koskela L. 2000.The four roles of supply chain management in construction[J]. European Journal of Purchasing & Supply Management, 6 (3-4): 169-178.

Watkins M, MukherjeeA, Onder N, et al.2009. Using agent-based modeling to study construction labor productivity as an emergent property of individual and crew interactions [J]. Journal of Construction engineering management, 6: 657-667.

Williams C A, Heine R M. 1985.Risk Management and Insurance[M]. New York: McGraw-Hill.

Williams T. 2006.Information Technology for Construction Managers, Architects, and Engineers[M]. Boston: Thomason Delmar Learning.

Wren D A.2005. A History of Management Thought[M]. New York: John Wiley & Sons: 134: 1-28.

Zhu Y, Issa R R A, Cox R F. 2001.Web-based construction document processing via malleable frame [J]. Journal of Computing in Civil Engineering, 15 (3): 157-169.

附录

滨州医学院烟台附属医院建设工程项目管理规划大纲

滨州医学院烟台附属医院业主项目部

二〇一一年五月初版

二〇一四年五月修订

编 制 说 明

  滨州医学院烟台附属医院建设项目于 2007 年获得山东省发改委批准立项，2011年开工建设，是山东省近 30 多年来唯一一批准新建的大型综合省属医院。该项目位于山东省烟台市牟平区牟山路，占地 256 亩，总建筑面积 20 万平方米，规划床位 2000张，总投资 12 亿元人民币，计划于 2014 年 9 月投入使用。

  本建设项目具有投资大、工期紧、分包项目多、技术复杂等特点，为更好地实现业主方的项目管理职能，协调、全面地推进项目建设，自建设伊始即成立滨州医学院烟台附属医院业主项目部，负责业主方的全面建设管理工作。业主项目部的工作思路可概括为"一二三四五"。

  （1）紧紧围绕一个目标：又好又快建设高起点、高标准、高质量、高水平的烟台附属医院；

  （2）突出医院建设项目的两个特性：系统性、动态性；

  （3）项目内推行三种管理模式：集成化管理、精细化管理、可视化管理；

  （4）提高四种意识：精品意识、节约意识、安全意识、廉政意识；

  （5）建设五位一体的集成管理模式：业主、监理、施工、造价、政府监督。

  本大纲本着"实施集成管理，调动参建各方，凝聚最大合力，探索管理创新"的思想，在编制过程中，充分运用项目管理原理，将现代项目管理理论与医院建设管理的传统经验相结合，从项目目标管理、项目合同管理、项目进度管理、项目投资管理、项目质量管理、项目安全管理、项目风险管理、项目现场管理、项目沟通与信息管理、项目档案与验收管理、项目增值管理等方面，阐述了本项目实施的管理思路、原则、规范和要点。望各参建单位认真学习、理解并严格遵照执行，为完成滨州医学院烟台附属医院建设工程，真正实现"高起点、高标准、高质量、高水平"的示范工程而共同努力。

1. 项 目 概 况

项目名称： 滨州医学院烟台附属医院建设工程。

建设地点： 烟台市牟平区牟山路以西，金埠大街以北，崔山大街以南。

投 资 方： 滨州医学院烟台附属医院（筹建），牟平区人民政府。

管理部门： 滨州医学院烟台附属医院业主项目部。

监理单位： 烟台市新世纪工程项目管理咨询有限公司（以下简称监理单位）。

设计单位： 山东省建筑设计研究院第四分院（以下简称设计单位）。

施工单位： 中国对外建设海南有限公司（门诊医技楼）；

威海建设集团股份有限公司（综合病房楼）等。

投 资 额： 项目总投资（含大型医疗设备）控制在 12 亿元以内。

质量目标： 确保本工程达到国家现行工程质量验收标准，工程一次验收合格率 100%，争创泰山杯和国家优质工程奖。

工期目标： 2011 年 2 月开工，2014 年 5 月竣工，2014 年 9 月投入使用。

安全目标： 保证本项目实施过程中人身死亡事故零目标，无重大机械、交通、火灾等事故，实现安全文明施工。

基本情况： 滨州医学院烟台附属医院是经山东省发改委批准立项建设的省属大型综合医院，项目总占地面积为 256 亩，建筑面积 202 454 平方米，包括门诊医技楼、病房楼、科教楼、传染楼、高压氧舱、直线加速器等单体建筑。建筑密度 13.9%，容积率 1.03，绿化率 45.3%，地上停车 973 辆，设计床位数 2000 床，设计日门诊量 4500 人次。

（1）**门诊医技楼：** 建筑面积 50 140m²，地下 1 层，地上 5 层。主要功能：门诊大厅、药房、各门诊科室、各医技科室、行政办公等。

（2）**综合病房楼：** 建筑面积 116 926m²，地下 1 层，地上 23 层，框架剪力墙结构形式。主要功能：变配电室、病案室、静脉配制中心、ICU、血液透析中心、输血科、手术室、各科病房护理单元、VIP 病房等。

（3）**肿瘤中心：** 建筑面积 16 552.84m²，地下 1 层，地上 4 层。主要功能：肿瘤门诊、肿瘤科病房、核医学科、高压氧舱、直线加速器、学术报告厅等。

（4）**后勤楼：** 建筑面积 3429m²，地上 2 层。主要功能：洗衣房、锅炉房、太平间、垃圾中转站等。

滨州医学院烟台附属医院本着"人本医疗、尊重生命"的服务宗旨，以"守护生命、守护健康、守护爱"为己任，建成后将成为一所集医疗、保健、教学、科研为一体的综合性省属大型三级综合医院，承担本地区及周边地区人民的医疗、保健和突发性事件处理、120 急救及教学实习任务。

2. 项目目标管理

2.1 滨医烟台附院项目目标体系概述

2.1.1 项目目标与范围理解

项目管理目标是滨医烟台附院项目实施最终成果的核心表述，也是业主项目部的核心工作，用以评价项目管理工作的成果。

项目目标管理主要包括项目目标的制定、执行、评价和控制等工作，通过项目范围的管理来实现，用以保证项目能按要求的范围完成所涉及的所有过程，形成其他相关阶段性子目标并综合组成项目的整体目标。

2.1.2 滨医烟台附院项目目标的确定

1）滨医烟台附院项目管理目标的确定原则和依据

滨医烟台附院项目管理目标的制定主要遵循 SMART 原则，即：

◇ Specific ——清楚地说明要达成目标要求的成果以及实现的程度。

◇ Measurable ——目标可进行质量和数量的衡量。

◇ Achievable ——目标具有挑战性但能够实现。

◇ Relevant ——目标系统各子目标之间具有关联性。

◇ Time aimed ——目标的实现有明确的时间限制。

滨医烟台附院项目管理目标确定过程中，主要依据和考虑以下方面：

◇ 通过业主方项目集成管理的实施，达到各参建单位之间的高效能有机运作、协调配合，使滨医烟台附院项目成为一个工程优良的样板工程，打造"高起点、高标准、高质量、高水平"的医院建设理念，提高项目管理绩效和综合效益。

◇ 提升大型综合医院业主方项目集成管理的理论性、科学性、规范性、实用性。

◇ 提升大型综合医院业主方项目管理模式的可复制性。

◇ 提升滨医烟台附院业主项目部对项目管理的计划性和控制性。

◇ 达成滨医烟台附院项目相关各方的满意，为医院项目建设创造良好环境。

2）滨医烟台附院项目目标体系

经业主项目部审核确定，项目管理的核心目标为：

自 2011 年 2 月 7 日起，至 2014 年 5 月 31 日止，在 12 亿元的总投资之内，顺利完成烟台附属医院新院区门诊医技楼、综合病房楼及相关附属设施的建设，保证工程质量达到相关国家工程质量验收标准，保证新院区于 2014 年 9 月顺利投入使用。

基于以上核心目标的分析，滨医烟台附院项目的目标体系主要包含但不限于以下细化目标：

◇ 质量目标

确保本工程达到国家现行工程质量验收标准，工程一次验收合格率 100%，争创泰山杯和国家优质工程奖。

❖ 进度目标

自 2011 年 2 月 7 日起至 2014 年 5 月 31 日止，总工期控制在 39 个月之内。

❖ 投资目标

滨医烟台附院项目总预算投资（包含大型医疗设备）为 12 亿元人民币。

❖ 安全目标

保证滨医烟台附院项目实施过程人身死亡事故零目标，无重大机械、交通、火灾等事故，实现安全文明施工。

❖ 管理目标

借鉴现代工程项目管理成熟经验，对滨医烟台附院项目进行全周期、全要素的集成管理，推行精细化管理和可视化管理，注重项目的系统性、动态性和可追溯性，促进管理创新，实现项目管理绩效最优。

2.2 滨医烟台附院项目的目标管理

2.2.1 滨医烟台附院项目目标管理特征与原则

1）滨医烟台附院项目目标管理特征

滨医烟台附院项目涉及众多参建方，各参建方进入项目时间不同，分工不同，各自目标不同，这就要求参建各方要以项目总体目标体系为导向，对项目总目标的认同和理解达成高度一致，充分融合和协调。

❖ 滨医烟台附院项目工期紧张，所以进度管理是最重要的目标管理工作之一。这就要求必须对影响进度的各种因素进行全面的分析和预测，在项目实施过程中采取动态控制，及时对出现的偏差分析原因，采取补救或调整、修改原计划等措施，不断循环，从而确保项目在目标工期内的顺利完成。

❖ 滨医烟台附院项目技术含量高，涉及专业较多，接口管理复杂，需要充分整合和借鉴外围专家资源，全面、系统地处理各专业之间工作界面、工期的协调关系，以实现项目整体进度和质量目标。

❖ 滨医烟台附院项目建设管理旨在进行管理创新，探索具有先进性、科学性和系统性的规范化大型综合医院建设项目管理模式，要求建立组织严密、管理科学的项目组织结构，在管理体制、管理方法上进行大胆尝试和创新，在实现项目目标体系的同时，总结出滨医烟台附院项目管理的新经验和新思路。

2）滨医烟台附院项目目标管理原则

为保障项目目标的实现，在滨医烟台附院项目目标管理过程中，应坚持以下原则，即：

❖ 系统性原则

❖ 细化明确原则

❖ 动态管理原则

❖ 加强沟通的原则

2.2.2 滨医烟台附院项目目标管理组织

在滨医烟台附院项目实施过程中，项目目标的管理工作，统一由业主项目部负责。

项目参建单位应指定本单位的具体部门和人员，负责本单位在滨医烟台附院项目中的目标管理工作，制订本单位的项目管理子目标体系。各单位应通过与业主项目部签订目标承包责任书或其他方式，明确自己单位的项目目标，并落实责任到人。同时，应就本单位项目目标与业主项目部进行沟通，确保目标的统一性。

2.2.3 滨医烟台附院项目目标管理具体要求

为提升滨医烟台附院项目目标管理的效率，保障项目目标的实现，业主项目部制定如下目标管理要求，各单位遵照执行：

（1）各单位明确本单位项目目标管理的部门与人员，落实工作责任，通晓项目目标管理要求，并进行目标管理的全员培训。

（2）各单位根据项目合同、协议及有关文件，必须明确本单位的项目目标，做到细致、明确，并与业主项目部进行文字确认，保证项目目标的统一。

（3）各单位应根据本单位具体项目目标要求，结合本单位资源状况，进行项目目标的分解，同时进行项目工作范围的整体规划，加强滨医烟台附院项目目标实现的组织、人力、资源和方法保障。业主项目部提供有针对性的支持与帮助。

（4）各单位对项目目标的执行情况定期向业主项目部报告。

（5）各单位将项目目标划分为阶段性目标，定期进行目标检查，采取相应的纠偏措施，并就阶段性目标实现情况向业主项目部报告。

2.3 项目目标控制

2.3.1 项目目标全面控制

在项目目标的实现过程中，不同阶段有不同的参与主体，有不同的项目任务，有不同的管理重心，这就需要项目各参与方以目标管理为圆心，以实现过程为时间主线，以管理要素为职能主线，以管理层级为组织主线，建立起全周期、全要素的思维理念和模式，对项目目标的实现进行协调管理。

在滨医烟台附院项目实施过程中，在项目的不同阶段，各单位通过对不同项目管理要素的控制，实现项目整体目标。在项目实施的每一阶段，项目各参与方围绕项目管理目标的实现，通过控制项目管理的各个要素，相互协调，最终实现对项目的全面控制。

2.3.2 项目目标动态控制——PDCA改进

由于滨医烟台附院项目系统复杂、工期相对较紧张，实施过程中主客观条件可能发生各种变化，因此在项目实施过程中必须随着情况的变化进行项目目标的动态控制。

第一步，项目目标动态控制的准备工作：将项目的目标进行分解，以确定用于目标控制的计划值。

第二步，项目各参与方在各自职责范围内组织实施项目计划。

第三步，在项目实施过程中对项目成果的监控：收集项目目标的实际值，如实际投资，实际进度等，定期进行项目目标计划值和实际值的比较。

第四步，通过项目目标计划值和实际值的比较，如有偏差，制订并实施纠偏措施。

2.3.3 项目目标动态控制措施

1）组织措施

各单位落实进度、投资、质量控制人员，实现任务分工和职能分工，并编制项目各阶段控制工作计划和详细的工作流程图。业主项目部工程部控制总体项目计划，各参建单位落实详细项目计划。

2）经济措施

业主项目部计划部汇总各参建单位资金需求计划，编制投资计划，确定、分解投资控制目标，进行工程计量，复核工程付款账单，签发付款证书，在施工过程中进行投资跟踪控制，定期进行投资实际支出值与计划目标值的比较；发现偏差，分析产生偏差的原因，及时采取纠偏措施。对工程施工过程中的投资支出做好分析与预测，提交项目投资控制及存在问题的报告。

3）技术措施

业主项目部工程部严把审查关，对设计方案进行必要的优化，严格控制设计变更和设计深度，努力寻找通过改进设计挖潜节约投资、缩短工期的可能性，并审核施工组织设计，对主要施工方案进行技术经济评价和分析。

4）合同措施

业主项目部计划部认真落实施工管理合同的责、权、利及严格控制建设工程施工合同各项条款，定期对施工合同、采购合同、设计合同、监理合同等执行情况进行检查分析，写出报告，上报有关领导。

3. 项目组织结构

3.1 项目组织目标

建立高效、精干的项目组织结构，实现"人尽其责，事有人为"，从而全方位实现滨医烟台附院项目的各项目标。组织结构设计的目标是：
- ✧ 扁平化的组织结构；
- ✧ 结合合同标段，明确组织各方的责、权、利；
- ✧ 机构内对项目特点和重点统一认识；
- ✧ 机构内各组织层次之间沟通顺畅；

3.2 项目组织原则

本项目按照以下原则设置组织机构。
- ✧ 目标一致原则；
- ✧ 效率原则；
- ✧ 管理幅度和管理层次统一原则；
- ✧ 授权原则；
- ✧ 责、权一致的原则；
- ✧ 弹性原则。

3.3 项目总体组织结构

项目总体组织结构可用附图 3.1 表示。

本规划大纲的编制是基于这种组织架构所确定的职能关系。

3.3.1 决策层

滨州医学院党委、烟台附属医院党委为本项目决策层，拥有对项目重大事项的决策权和监督权。

3.3.2 管理层

业主项目部具有对监理单位、设计单位、设备供应商、施工单位的考核管理权、施工质量的否决权、承包单位的计量支付审核权、工程设计修改和设计深度的决定权、重大施工方案的更改权。

3.3.3 监督层

监督层主要有牟平区质监站、建管处、监理单位。

1）质监站和建管处

质监站和建管处属于政府部门，是以国家、山东省、烟台市、牟平区颁布的有关法律、法规和行业规范、标准为依据，代表政府对工程进行监督和管理，是项目组织系统外的主体对滨医烟台附院项目的建设行为进行的监督管理。

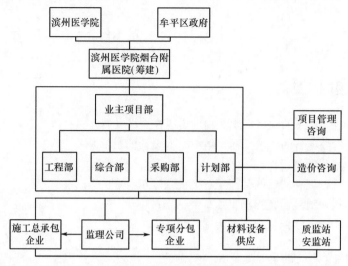

附图 3.1　项目组织结构图

2）监理单位

滨医烟台附院项目监理单位为烟台市新世纪工程项目管理咨询有限公司,负责对滨医烟台附院项目的建设过程承担总体监理工作,全面控制项目的质量、安全,协助业主项目部控制项目的进度、投资。

3.3.4　执行层

执行层为设计单位和施工单位两部分。

1）设计单位

山东省建筑设计研究院第四分院为滨医烟台附院项目的设计单位,负责项目的方案设计、技术标准、投资概算以及施工图设计。项目设计单位还包括弱电、手术室、装饰装修等各类专项设计单位。

2）施工单位

根据滨医烟台附院项目的特点,在确定总承包单位的基础上,将部分需要单独发包的工程或材料设备划分为标段进行招标。各标段中标单位负责工程各个标段施工或供货任务的具体实施。业主项目部根据工程具体情况选择各项专业分包和材料设备供应商。

3.4　业主项目部内部组织机构及职责划分

业主项目部是项目管理的核心部门,根据组织机构设置原则,结合滨医烟台附院建设项目的实际情况,设立四个部门,即综合部、工程部、材料部、计划部。

3.4.1　项目负责人

根据医院党委授权的范围、时间和内容,从项目前期至竣工验收,实施全周期、全过程、全要素项目管理,应履行以下职责:

◇　负责全面组织、主持业主项目部的工作。

♦　制定项目实施策略，确定项目管理目标和优先权。

♦　组织编制项目管理规划大纲。

♦　负责组织对项目各要素活动进行优化配置和综合动态管理，按时、真实地向相关领导提交项目动态报告。

♦　负责项目管理决策，制定工作目标，标准和程序，指导设计、采购、施工、三控（进度控制、费用控制、质量控制）、HSE、财务、行政等各项工作，全面完成合同规定的任务和质量标准，对出现的问题及时组织有关人员采取有效措施进行处理。

3.4.2　工程部

♦　负责从烟台附属医院各工程开工到工程竣工的全过程管理。主要负责项目实施过程中的进度控制、质量控制，以及相应的设计变更管理。

♦　负责项目施工总进度计划的落实与控制。

♦　负责各施工单位的资质管理，人员、机械设备的审查管理。

♦　负责现场临时水电及公共道路的管理与协调。

♦　负责项目施工组织设计及重大施工方案的审定，并将审定后的总进度计划交综合部和计划部。

♦　负责施工图纸会审和设计交底会议的组织。

♦　负责现场施工安全及环保措施的检查落实。

♦　负责施工现场发生的工程签证的审批。

♦　对工程进度及各类变更所涉及工程量的审批。

♦　按各承包合同规定对各项工程款项审批。

♦　工程竣工验收的组织及各项手续的办理，负责竣工图纸的审定。做好变更内容、洽商内容的原图标注。

♦　项目施工过程中的相关信息及资料收集，及时交综合部存档。并负责将综合部发放的变更、合同、工作联系单等文件于当日由专人发放给监理单位、施工单位负责文件接收人员，做好记录。

♦　配合综合部，对门诊楼拉动内需资金项目的资料档案进行准备、整理工作。

♦　完成领导交办的其他工作任务。

3.4.3　采购部

♦　负责烟台附属医院建设工程所有甲供材料、设备及甲方分包项目的招标采购工作。

♦　负责对材料、设备、分包项目投标企业的相应报名资料进行收存、登记、分类、整理，确保及时提供相应招标项目的报名清单。

♦　负责总包单位材料设备需求计划的督促落实，甲供材料、设备采购计划的编制。

♦　负责分包项目的二次设计或深化设计工作。

♦　负责材料、设备、分包项目的招标工作，及时组织技术要求论证，编写招标文件，发布招标公告，组织答疑，组织开标、评标，发放中标通知书等工作。

♦　及时与中标单位签订供货或承包合同，负责将处理后的合同转交综合部和计划部。

♦　建立材料出入库制度，对运至工地现场的甲供材料进行入库登记，清点数量，与投标样品进行比对，发现质量、数量不符合要求及时反馈给供货单位，在材料使用前进行出库登记。

♦　负责组织有关部门确认样品、标志（封样）、转交工程部，并办理书面交接手续，施工过程中对现场材料进行样品比对和确认。

♦　完成领导交办的其他工作任务。

3.4.4　综合部

♦　负责档案资料的接收工作，保证外部信息流入顺畅，即时供相应内部人员传阅流转。建立《收文台账》。

♦　对图纸建立图纸收（发）台账，确保图纸及设计变更即时发放，对图纸的分发要做好详细记录，内容包括：图纸名称、收图数量、已发数量、发放单位。做好图纸的整理及存档工作。

♦　做好相关档案材料的整理、分类、编号上架等工作。做到管理科学，案卷排列整齐、主次分明、标志明确、查阅方便。

♦　负责文件资料的发放工作，保证内部信息流出顺畅，即时发放相关通知、联系单、合同等到各相关单位，确保责任人即时签收。建立《发文台账》，方便查阅。

♦　认真做好档案统计工作。对已经发生变更的档案材料要及时注明变更时间及内容，对过期图纸、档案材料要盖"作废"章，及时回收，防止误用。

♦　坚守工作岗位。严格执行档案管理的各项规章制度。遵守保密制度和保密纪律，确保档案安全。

♦　在工程部配合下，负责门诊楼拉动内需资金项目的资料档案的建立、整理，随时迎接上级检查。

♦　及时了解最新工程信息，编制《烟台附属医院建设工程简报》，并上报医院和滨州医学院。

♦　通过工程部、监理单位、施工单位、材料供应单位及时收集上级主管部门下发的文件、通知等。

♦　负责印章的保管和使用，每次用章均做好记录，以备查阅。

♦　负责项目部的办公用品、文具的采购和发放以及内务工作。

♦　做好办公室和所属卫生区域的清扫及日常保洁工作。

♦　即时更新各参建单位人员通讯录。

♦　即时撰写新闻稿件，并做好烟台附属医院大事的记录工作。

♦　负责烟台附属医院建设信息平台的维护工作。

♦　负责项目部全体人员的考勤工作。

♦　完成领导交办的其他工作。

3.4.5　计划部

♦　计划部主要负责烟台附属医院建设项目的资金计划的编制与落实。

♦　负责建设项目的资金平衡及投资控制，依据审定的总进度计划编制工程资金需求计划。

♦　负责与建设工程相关的项目准备阶段、招标投标、评标定标过程的监督审计。

♦　负责建设工程预算、合同签订、工程投资、工程决算等工程项目全过程的外部审计委托、联系工作。

♦　负责合同体系的建设和管理工作，建立合同档案，及时统计各合同执行和款项支付情况，根据合同和工程进度预测未来资金需求情况。

♦　负责门诊楼拉动内需资金专账的建立与管理。

♦　完成领导交办的其他工作任务。

业主项目部的组织结构以效率优先为原则，可根据项目建设进度和实际情况进行动态调整。

4. 项目采购与合同管理

4.1 采购与合同管理的目的

滨医烟台附院项目采购与合同管理的目的是通过规范采购与合同管理程序和采用合同标准文本，最大限度地保障工程质量，节约投资，减少潜在的合同风险。同时根据科学合理的项目分拆原则，将需发包的工程任务划分为合理的多个标段进行招标，为招投标进行技术和管理咨询，严格控制招投标过程，选择合格的承包商和供货商，以实现工程项目的进度、质量、投资等目标。

4.2 采购与合同管理的范围

滨医烟台附院项目的合同管理包括对主合同及围绕主合同签订的造价咨询、法律咨询、招标代理等合同的执行管理，管理侧重于技术、进度、资金、付款条件、工作范围等以及合同的订立、履行、变更、终止和解决争议等内容。

4.3 采购与合同管理的依据

✧ 本项目所签订的相关合同及相关法律、法规；
✧ 项目实施进展，各施工单位项目完成情况；
✧ 变更合同实施过程中对合同条款或合同标的相关修改。

4.4 业主项目部采购与合同管理职责

业主项目部负责协助业主项目部进行施工合同、采购合同、服务合同等的订立和管理。签约对象采取招标竞价方式择优选定，合同的订立要做到接口严密，防止工作漏项或重复，订立程序应符合业主项目部的合同管理办法。

业主项目部计划部对合同实行动态管理，跟踪收集、整理、分析合同履行中的信息。对合同履行应进行预测，及早提出和解决影响合同履行的问题，以回避或减少风险。

业主项目部计划部负责按合同条款、合同条件及相关文件规定的内容，组织检查合同的履约情况。检查的内容包括：投资额完成情况、质量达标情况、设备到货情况、工程进度计划完成情况、合同的全面执行情况、供货单位的服务落实情况等。

业主项目部对实施中的合同风险制订风险备忘录，明确合同中存在的风险因素和防范措施，加强风险管理。

4.5 项目标段划分

由于滨医烟台附院项目建设工期短、项目复杂程度高，项目难度相对较大，为加快进度、实现项目整体目标，项目标段划分必须科学、合理。

4.5.1 工程项目标段划分原则

1）遵照国家规定

按照国家有关规定，合理划分工程标段，严禁将本应由一家施工单位承包的工程肢解发包给若干个施工单位。

2）专业性原则

对于专业性较强，施工总包单位难以承担的施工任务，可单独进行发包。

3）易施工性原则

从施工管理的角度看，结合工程进度和现场布置等因素，确定项目的标段划分。

4）工期要求

按照工期要求的轻重缓急，确定标段的划分。

5）其他原则

工程的发包还应本着便于工程管理和合理降低招投标成本的原则进行。

4.5.2 项目标段划分

按照建设部资质序列中属专业承包类别的划分、建筑工程分部分项工程划分、专业特点原则，按照交付物分解结构，本工程涉及如下内容：

（1）地基与基础：土方开挖、土方回填、降水、边坡防护、抗浮锚杆、水泥桩、垫层、混凝土基础、地下室防水、砌体基础、设备基础、结构内预留预埋、加固、爆破等施工。

（2）土建结构：混凝土结构、砌体结构、钢结构、植筋、设备基础结构内预留预埋等施工。

（3）建筑装饰装修（普装）：抹灰、砌体勾缝、保温；建筑屋面；装饰门、内窗等；楼梯栏杆，走廊扶手，卫生间五金配件、卫生间隔断；橱柜、窗帘盒、窗台板、门窗套；电动遮阳帘、窗帘、导轨、隐形纱窗、浮雕等；普装区域内的轻质隔墙和顶、墙、地的基层、饰面层等施工。

（4）建筑装饰装修（精装）：精装区域内的轻质隔墙和顶、墙、地的基层、饰面层等施工。

A. 依据门诊医技楼施工图纸，需要二次设计的部位有：厨房操作间、药库、医疗街、急诊 ICU、门诊手术部、生化实验室、中心实验室、卫生间；需要精装修设计的范围有：门诊大厅、儿科输液中心、成人输液中心、门诊药房、医疗街、候诊区、问询处、电梯厅、卫生间、儿科候诊活动天地、远程会诊、接待室、口腔科、康复科、快餐餐厅、职工餐厅、贵宾餐厅、查体中心休息室。

B. 依据综合病房楼初步设计，需要二次设计的部位有：静脉配制中心、ICU、手术室、洗消间、敷料制作间、血液透析中心、中心供应室、产房等需要净化房间的设计由专业净化设计单位完成；病房出入院大厅、门厅、护士站、问询处、电梯厅、卫生间、病员活动厅、病房、公共走廊等装修需要二次设计。

（5）建筑装饰装修（外精装）：外立面的涂料、幕墙、窗、装饰钢构、装饰板、天棚、雨棚、石材、铝板以及建筑物夜景亮化系统等施工。

（6）建筑给排水及采暖：生活给水系统、生活热水系统、污废水排水系统、重力雨水排水、卫生洁具、无负压供水设备、污水泵、衬塑钢管、镀锌钢管、PPR、U-PVC 管材管件、铸铁管、橡塑保温、直饮水末端机、开水器材料的供货、安装和调试。

（7）变配电设备：变配电站内的高压柜、低压柜、联络柜、变压器、柴油发电机、母线槽、变电站监控系统等设备材料的供货和单体调试。

（8）建筑电气：自变电站低压柜下端之后的干线电缆、桥架、母线槽、配电箱、开关插座、支线电缆、灯具、UPS、医用隔离电源、防雷接地等设备材料的供货、安装和调试。

（9）通风与空调：变频多联机、空调机组、新风机组、通风机排烟机以及风道、水道及其保温等设备材料的供货、安装和调试。

（10）消防系统：防火门、防火卷帘、消火栓系统、自动喷淋系统、火灾报警及联动系统、紧急广播系统、漏电火灾报警系统、气体灭火系统、智能疏散系统、消防泵、消防卡箍、消防水炮等设备材料的供货、安全和调试。

（11）电梯：全部直梯、扶梯的供货、安装、检测和验收。

（12）智能建筑：综合布线系统、有线电视系统、信息显示系统、手机信号无线覆盖系统、楼宇设备监控系统、安全技术防范系统、医护对讲系统、排队叫号系统、多媒体会议系统、电量集中计量、智能灯光控制系统等设备材料的供货、安装和调试。

（13）净化系统：静脉配制中心、ICU、手术室、洗消间、敷料制作间、血液透析中心、中心供应室、产房、NICU 等净化区域的装饰、空调、给排水、电气、智能化、气体等系统设备的供货、安装和调试。

（14）医用气体：液氧站及大楼内氧气、压缩空气、负压吸引的管路、终端等系统设备材料的供货、安装和调试。

（15）气动物流传输：大楼内气动物流传输站点、管道及配套设施的供货、安装和调试。

（16）射线防护：CT、核磁等区域射线防护区域的防护及装饰施工。

（17）标志标牌、发光字：医院内的标志标牌、发光字的设计、供货、安装。

（18）污水处理站：污水处理设施的供货、施工和调试。

（19）外管网管线道路：室外污水管、雨水管、给水管、电力电缆、弱电电缆、蒸汽管线、氧气管线的埋设及于大楼的连接和道路施工。

（20）景观绿化：院区景观、大门、围墙、小品、绿化、雕塑等施工。

施工类合同体系的划分即上述 20 大项施工内容的组合。

4.6 合同类型

结合初步概算和合同中乙方的类型不同，将合同分两类进行管理：

（1）所有施工类及设备材料采购类合同为一类合同，对应初步概算中的建筑安装费（一类费），包括施工总包合同、专项承包合同、设备材料采购合同等。

（2）所有技术咨询类合同为二类合同，对应初步概算中的建设相关费（二类费），包括设计、监理、项目管理、招标代理、造价咨询、工程勘察、材料检测、沉降观测、图纸审查等技术咨询类合同。

4.7　合同体系框架

项目合同体系中一类合同体系以施工总包的施工范围划分界定为核心，本工程采用施工总承包加部分平行发包模式，一类合同体系中由施工总包+专项承包+设备材料供应商组成。二类合同可分为技术咨询类、设计类、监理招标造价类和检测类。见附图 4.1。

4.7.1　总包合同

1）门诊医技楼施工总包

工程范围：门诊医技楼地基与基础（不含土方开挖、降水、边坡防护及地下防水等分项）、土方回填、主体结构、二次结构、设备基础、结构内预留预埋、建筑装饰装修（不含内精装、外精装）、建筑屋面（含种植土，不含屋面防水）、建筑给水、排水及采暖（不含消防水系统）、建筑电气等分部工程，承担门诊医技楼施工总包管理配合服务责任，甲供材料的卸货、保管和二次运输。

2）综合病房楼施工总包

工程范围：综合病房楼的地基与基础（不含土方开挖、降水、边坡防护及地下防水等分项）、土方回填、主体结构、二次结构、设备基础、结构内预留预埋、建筑装饰装修（不含内精装、外精装）、建筑屋面（含种植土，不含屋面防水）、建筑给水、排水及采暖（不含消防水系统）、建筑电气等分部工程，承担综合病房楼施工总包管理配合服务责任，甲供材料的卸货、保管和二次运输。负责与门诊医技楼的施工衔接。

4.7.2　专项承包合同

1）土方开挖、降水及边坡防护专项承包

工程范围：门诊医技楼和综合病房楼的土方开挖、降水和边坡防护的施工。

2）电梯（直梯）采购与安装专项承包

工程范围：门诊医技楼和综合病房楼的直梯的土建详细设计、电梯生产、供货、场地内保管、二次运输、安装、调试、行业验收及维保服务。

3）电梯（扶梯）采购与安装专项承包

工程范围：门诊医技楼的扶梯的土建详细设计、预埋件供货、电梯生产、供货、场地内保管、二次运输、安装、调试、行业验收及维保服务。

4）消防系统专项承包

工程范围：门诊医技楼和综合病房楼的消火栓系统、自动喷淋系统、火灾报警及联动系统、紧急广播系统、漏电火灾报警系统、气体灭火系统、智能疏散系统等设备材料的供货、安装、调试、验收（包含组织通过消防部门验收）及维保服务。

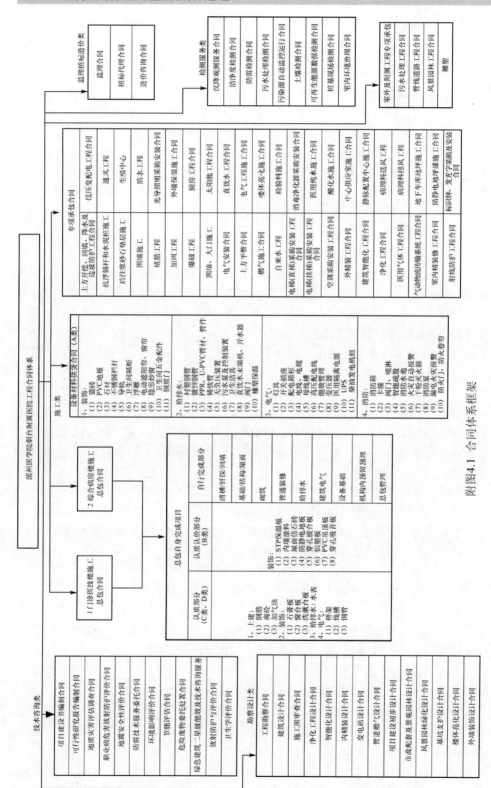

附图4.1 合同体系框架

5）暖通空调专项承包

工程范围：门诊医技楼和综合病房楼的变频多联机系统（含温控器和系统配套的自控系统）、通风系统、防排烟系统等设备材料的供货、安装、调试、验收及维保服务。不含净化空调及为净化区域提供冷热院的设备的供货和安装。

6）外精装专项承包

工程范围：门诊医技楼和综合病房楼的外立面的涂料、幕墙、窗、装饰钢构、装饰板、天棚、雨棚、石材、铝板、建筑夜间亮化等系统的二次详细设计和设备材料的供货、安装、调试、验收及维保服务。

7）建筑智能化系统专项承包

工程范围：门诊医技楼和综合病房楼的综合布线系统、有线电视系统、信息显示系统、手机信号无线覆盖系统、楼宇设备监控系统、安全技术防范系统、医护对讲系统、排队叫号系统、多媒体会议系统、电量集中计量、智能灯光控制系统的设备材料的供货、安装、调试、验收及维保服务。

8）净化工程专项承包

工程范围：静脉配制中心、ICU、手术室、洗消间、敷料制作间、血液透析中心、中心供应室、产房、NICU等净化区域的轻质隔墙、内精装饰、空调、给排水、电气、智能化、气体等系统设备材料的供货、安装、调试、验收及维保服务。

9）医用气体专项承包

工程范围：液氧站及大楼内氧气、压缩空气、负压吸引的管路、终端等系统设备材料的供货、安装、调试、验收及维保服务。

10）气动传输专项承包

工程范围：大楼内气动物流传输站点、管道及配套设施的详细设计、供货、安装、调试、验收及维保服务。

11）室内精装修专项承包

工程范围：室内精装区域的顶、墙、地的装饰装修材料的供货、安装、调试、验收及维保服务。

12）射线防护专项承包

工程范围：楼内CT、核磁等区域射线防护区域的防护及装饰的二次详细设计、设备材料的供货、安装、调试、验收（包含组织通过防护检测）及维保服务。

13）变配电站专项承包

工程范围：变配电站内的高压柜、低压柜、联络柜、变压器、柴油发电机、母线槽、变电站监控系统等设备材料的制作、供货、安装、调试、配合系统调试、设备单体验收、电力开通、验收及维保服务。

14）标志标牌、发光字专项承包

工程范围：医院内的标志导引系统及发光字的详细设计、材料的制作、供货、安装、调试、验收及维保服务。

15）污水处理站专项承包

工程范围：污水处理站的土建结构、消毒工艺及控制装置的二次详细设计及涉及设备材料的供货、安装、调试、验收（包含组织通过环保验收）及维保服务。

16）室外管网道路专项承包

工程范围：院区内室外给水、排水、电气、智能化、燃气、氧气等专业管道及管井的设备材料的供货、安装、调试（包含配合系统调试）、验收及维保服务；院区内室外道路的施工、验收及维保服务。

17）园林景观专项承包

工程范围：院区内大门、围墙、小品、绿化、雕塑等园林景观及院区广播、夜景照明系统的设备材料的供货、安装、调试、验收及维保服务。

4.7.3 设备材料采购合同

设备材料按照确定方式分为如下四类：

A类：甲供材料。招标时工程量清单中由业主给出暂定价，业主主持招标确定采购的材料。

B类：认质认价材料。招标时工程量清单中由业主给出暂定价，在施工过程中，由投标人依据给定价格推荐至少三种以上品牌规格供业主选定。

C类：限定品牌认质材料。限定品牌材料，投标单位按照招标文件中推荐的品牌，自行选择品牌和规格，自行报价。

D类：自选品牌认质材料。自行选择品牌材料。投标单位依据招标文件要求，自行选择厂家品牌规格，自行报价，投标文件中要明确材料厂家品牌规格。

4.8 施工总包与专项承包间配合界面

4.8.1 门诊楼与病房楼两总包间工程界面

综合病房楼施工总包负责综合病房楼和门诊医技楼间连廊的连接。

4.8.2 施工总包与专项承包商间配合界面

施工总承包单位对专项工程施工单位有全面的管理、配合、组织、协调、协助等责任。施工总包要承担如下责任：

（1）负责整体施工工期目标、现场文明安全目标、工程整体质量目标的管理和实现。

（2）负责编制整体工程（包含专项工程）的施工进度计划及其报送和审批。

（3）负责全部参建施工单位（包含专项工程）的现场施工组织协调。

（4）负责专项施工单位的子分部、分项及检验批工程进行报验并向发包方、监理方提交报验资料。

（5）负责为专项施工单位提供场地内施工用水、用电接点，按量收取水电费，单价执行本工程统一标准。

（6）负责为所有参建单位提供垂直运输机械的使用便利，不得收取任何费用。

（7）负责为所有参建单位提供脚手架的使用便利，不得收取任何费用。

（8）负责所有预留孔洞、预埋套管、内外门窗洞口收边及正常开凿孔洞的修补、封堵。

（9）负责协调各专项施工单位的关系，对专项施工单位的临建及物料场地进行统一布置安排。

（10）负责施工工程建筑垃圾的外运。

（11）负责已完施工工程的成品保护，如发生损失在无法确定责任人赔偿时由施工总包承担赔偿责任。

（12）负责整个工程的竣工资料的汇总、整理与组卷。

（13）负责甲方供应材料、设备及构配件的卸货、二次运输、保管。

（14）负责编制综合机电管路综合定位图纸、吊顶综合布置定位图和竖井及机房综合布置定位图。

（15）负责组织专项施工单位编制相关的土建协调图纸。

（16）负责其施工范围内的各专业涉及的设备材料的详细设计和招标图纸中明确的二次设计，设计图纸需经原设计单位审批后方可施工。

（17）负责与门诊医技楼施工总包的工程衔接。

（18）其他专项承包单位的施工界面衔接和技术衔接，界面未尽事宜均由总包承担衔接责任。本工程招标人拟订的其他专项承包工程有：电梯、净化、智能化、消防、医用气体、内精装、外装、气动传输、射线防护、变配电、燃气、室外道路、室外管网、园林绿化、污水处理站、动力站等。

专项承包单位要服从施工总包的管理，要承担如下责任：

（1）服从和积极配合总承包单位对承包人的各项管理，配合工程界面衔接，配合机电管线综合、吊顶综合布置、竖井和机房内综合布置等详细图纸设计。

（2）按月向总承包单位交纳水电费，单价执行本工程统一标准。

（3）按时按要求向总承包单位报送施工进度计划。

（4）按时按要求向总承包单位报验分部、分项及检验批工程，验收合格后向发包方、监理方报验资料；未经施工总承包单位验收合格，监理工程师不予验收与计量。

（5）负责其承包工程范围内的安全、文明施工管理。

（6）将建筑垃圾清理至施工总承包单位指定地点。

（7）负责其工程范围内已完工程的成品保护。

（8）负责其承包工程资料的汇总、整理、组卷与报送。

（9）负责其自身使用的运输平台、脚手架、垂直运输设施的搭建、使用管理和拆除。

4.9 招标采购工作原则

招标采购是投资控制的关键环节，也是确定项目建设档次和标准的关键工作。招标采购工作本着公平、公正、公开的基本原则，严格依据中华人民共和国招投标法和地方省市招投标管理规定进行。

4.9.1　招标范围和规模标准

本工程所有标段原则上应采用公开招标方式，部分可采用邀请招标或竞争性谈判方式。

4.9.2　招标采购操作原则

（1）主要项目招标委托具备甲级资格的招标代理组织进行，部分工程、材料、设备的采购可按照《招标投标法》规定自行组织招标。

（2）不限制潜在的投标人，报名资格符合分部分项工程所要求的最低资格条件即可。

（3）采用综合评分法、合理低价中标的方式。

（4）对重大技术方案、设备材料应进行标前市场调研，对投标单位和对投标单位拟派项目经理可进行标前考察。

（5）对招标文件、工程量清单及预算、合同条款要进行评审。

（6）坚决禁止挂靠、转包、非法分包。

（7）招标采购全过程由学校纪检、审计部门全程监督。

4.9.3　招标采购工作分工

（1）招标采购具体组织工作由业主项目部采购部负责人负责，评委应按照规定人数、构成比例、专业职称等要求自评委库中随机抽取，并向主管领导汇报。

（2）招标代理会同工程部、采购部负责招标文件的编制。

（3）造价咨询单位负责造价清单及预算。

（4）监理单位参与招标文件和工程量清单及预算的评审。

4.9.4　招标采购管理主要内容

（1）进行整个项目的合同体系策划，划分标段，制定招标采购计划。

（2）选定招标代理单位、造价咨询单位，并对其工作进行监督和管理。

（3）组织资格预审文件和招标文件的编制和评审。

（4）协助招标代理、造价咨询单位对招标答疑的回复。

（5）对投标单位的考察，并编写考察报告。

（6）评标和定标。

（7）合同文本编制、谈判和评审。

4.9.5　招标采购前的市场调研制度

1）技术方案和设备材料的市场调研

在招标采购前，如果时间允许，业主要对相关的技术方案、设备材料进行市场调研，以了解市场行情，确定技术标准、设备材料档次。市场调研采用如下三种方式：邀请相关单位讲解技术方案，介绍设备材料特点及报价；对相关厂家进行实地考察参观；参观医院项目，与同行交流，学习他人经验。

2）对投标单位的市场调研

为掌握投标单位实际情况和拟派项目经理实际能力，杜绝施工单位的挂靠、转包和非法分包，应对投标单位进行标前或标后考察。

4.10 招标管理流程

招标涉及能否选择合格、胜任的承包商来完成既定的项目，能否对项目的投资、进度和质量进行有效控制，使项目能按时保质保量完成，因此招标工作是业主项目部进行项目管理的重要环节。

招标工作流程图如附图 4.2 所示：

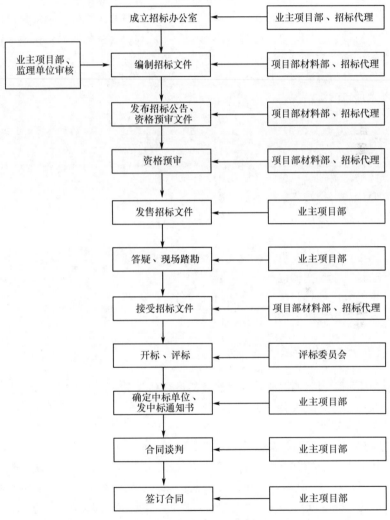

附图 4.2　招标工作流程图

5. 项目进度管理

5.1　项目进度管理的目标

5.1.1　项目进度管理目标

本工程项目涉及设计、总包、分包、供材等方面的多家单位，任何一方面的进度偏差都可能对整个项目的进度产生影响。项目进度管理的目标就是对参建单位的进度进行宏观的协调和控制，以期在尽量不影响到项目其他目标的同时，让本工程项目能够在计划的工期之内完工。

5.1.2　进度目标实现条件分析

根据本项目实际情况，形成如下里程碑计划：

（1）门诊楼开工　　　　　　　　2011 年 2 月 7 日
（2）病房楼开工　　　　　　　　2011 年 5 月 1 日
（3）门诊楼封顶　　　　　　　　2011 年 12 月 31 日
（4）病房楼封顶　　　　　　　　2012 年 7 月 31 日
（5）门诊病房楼竣工　　　　　　2014 年 5 月 31 日
（6）医院搬迁启用　　　　　　　2014 年 9 月 30 日

影响进度目标实现的主要因素：

（1）图纸设计进度及设计、变更；
（2）建设资金落实情况；
（3）甲方分包项目和甲方供应的材料设备；
（4）安装和装修阶段的工作界面衔接。

5.2　项目进度管理的组织原则

滨州医学院烟台附属医院是项目进度的最终利益主体，为了实现项目进度目标，负有对外联络，协调区政府及建设局等政府部门的责任，为项目进度目标的实现打造良好的外部运作环境。

业主项目部作为项目计划执行的审批和管理单位，主要做好项目一级总控进度计划的监督控制，重点控制进度计划的变更方案和项目里程碑计划的实现和落实。

项目进度管理的责任主体为业主项目部工程部，工程部作为项目进度的计划、组织、协调、控制的职能单位，以项目进度的优化和落实为职责，最终对业主项目部负责。

监理单位是项目进度管理的协调与责任单位，负有对各施工和供货单位详细进度计划的审核和实施监督职能，落实施工单位对完成进度计划所订立的保证措施并制定相应的防范性对策。

设计、各施工和供货单位是项目进度计划的实施单位，应做好项目详细进度计划和为计划实现而制定的有效措施，包括将进度计划细化为阶段性工期计划和月、周计划，以及包括人员、机械设备和材料等资源供应计划。

通过项目职责分解矩阵，明确本工程项目合同主体单位的责任类型与责任关系，做到职责清晰，便于沟通和联系。

5.3 进度计划的编制

进度计划应在广泛收集资料和调查研究的基础上进行编制，并且在项目实施过程中随着责任主体的不同，编制不同深度的进度计划。

5.3.1 进度计划系统

进度计划系统是由多个相互关联的进度计划组成的系统，它是项目进度控制的依据。

根据本工程的实际情况，本工程的进度计划系统应按附图 5.1 所示编制：

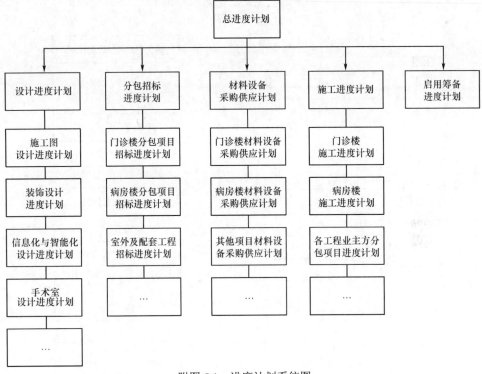

附图 5.1 进度计划系统图

5.3.2 进度计划的编制程序

（1）总进度计划编制程序（附图 5.2）

（2）施工进度计划编制程序（附图 5.3）

5.3.3 进度计划管理的工作程序

进度计划管理程序如附图 5.4 所示。

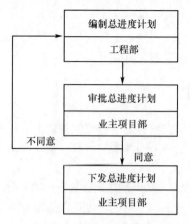

附图 5.2　总进度计划编写程序

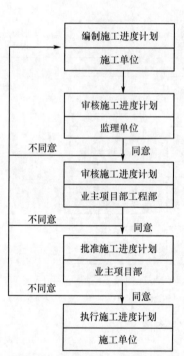

附图 5.3　施工进度计划编制程序

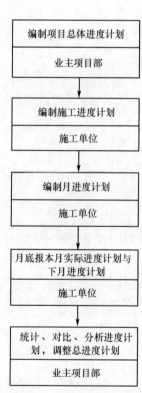

附图 5.4　进度计划管理程序

5.4　进度计划的执行

（1）在项目进行过程中要严格执行批准后的进度计划，不能随意更改，当进度计划需要变更时，遵照附图 5.5 所示程序进行。

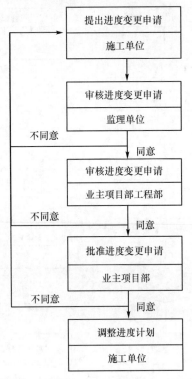

附图 5.5　进度计划变更程序

（2）在进度计划执行过程中，要合理安排和利用资源，保持进度均衡，避免进度执行时出现"前松后紧"的局面。

（3）进度计划的执行要在保证工程质量和施工安全的前提下，当进度和质量、安全发生冲突时，以质量和安全为主。

5.5　进度管理目标的控制

5.5.1　进度管理目标的动态控制

烟台附院建设是一个大型复杂系统工程，需要进行动态管理。如只重视进度计划的编制，而不重视进度计划必要的调整，则进度计划无法得到控制。

进度计划的动态控制主要是在进度计划执行的过程中对进度计划进行跟踪检查和比较，若其执行偏离进度计划，则要采取纠偏措施，并视必要调整进度计划，对计划进行优化。

进度计划的动态控制以及调整系统如附图 5.6 所示。

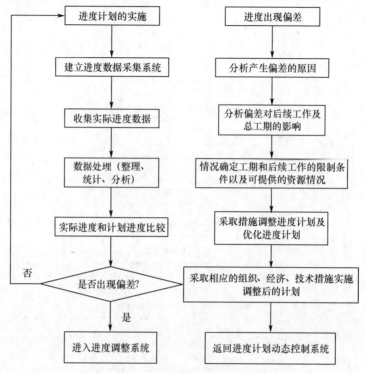

附图 5.6　进度计划动态系统和调整系统

1）进度计划的动态控制过程

◇　进度计划的跟踪检查

对进度计划的执行情况进行跟踪检查是计划执行信息的主要来源，是进度分析和调整的依据，也是进度控制的关键。跟踪检查的主要工作是定期收集反映工程实际进度的有关数据，收集的数据应当全面、真实、可靠，不完整或不正确的进度数据将导致判断不准确或决策失误。为了全面、准确地掌握进度计划的执行情况，应做好以下几方面工作。

（1）定期收集进度报表资料。进度报表是反映工程进度的主要方式之一。在本项目将采取"周考核、月计量"的形式来收集进度报表资料。

（2）通过现场实地检查工程进展情况，可以加强进度监测工作。

（3）定期召开现场进度会议，了解工程实际进度情况，协调有关方面的关系。

◇　实际进度数据的加工处理

为了进行实际数据与计划数据的比较，必须对收集到的实际进度数据进行加工处理，形成与计划进度具有可比性的数据。

◇　实际进度与计划进度的比较分析

将实际进度数据与计划数据进行比较，可以确定工程实际执行情况与计划目标之间的差距。

◇　进度计划的预测

根据既有进度执行情况，预测下一阶段进度发展趋势，并根据实际发生和预测情况做出相应的进度计划调整。

✧　进度计划的优化

以实现最终进度目标为前提，动态调整进度与资源之间的优化配比，突出动态管理的特点。

2）进度计划调整过程

在工程实施进度监控过程中，一旦发现实际进度偏离计划进度，即出现偏差时，必须认真分析产生偏差的原因及其对后续工作和总工期的影响，必要时采取合理、有效的进度计划调整措施，确保进度目标的实现。

3）动态控制的主要手段

在滨医烟台附院项目的进度控制管理中，运用前锋线法反映实际进度和计划进度的偏差，预测进度偏差对后续工作及总工期的影响；运用挣值分析判断总进度是否拖延。应用网络评审技术对工期不确定的工作线路进行预测和调整，结合风险率确定关键线路。

✧　进度前锋线比较法

进度前锋线比较法是通过绘制检查时刻工程项目的实际进度前锋线，进行工程实际进度与计划进度比较，适用于时标网络计划，既可用于工作实际进度与计划进度之间的局部比较，又可用来分析和预测工程整体进度状况。

前锋线可以直观地反映出检查日期有关工作实际进度与计划进度之间的关系，通过实际进度与计划进度的比较确定进度偏差，然后根据工作的自由时差和总时差预测该进度偏差对后续工作及项目总工期的影响。

✧　挣值法分析

挣值法分析是通过分析项目目标实施与项目目标期望之间的差异，从而判断项目实施的费用、进度绩效的一种方法。

挣值法主要运用已完成工作预算费用 BCWP、计划完成工作预算费用 BCWS、已完工程实际费用 ACWP 三个费用值进行比较分析来说明进度的执行情况。

5.5.2　进度管理目标的过程控制

1）进度的事前控制

进度的事前控制主要工作内容有：

✧　施工单位要编制切实可行的进度计划。施工进度计划中应附有必要的文字说明，编制依据和技术措施，并对可能影响进度的潜在因素进行分析并提出对策。

✧　严格进度计划的审批程序。审查施工进度计划的合理性，施工总工期安排是否符合合同工期，各施工阶段或单位工程的施工程序和时间安排是否与材料和设备的进场计划相协调。施工单位确保提供与进度计划目标相适应的施工能力，以实现进度目标。

✧　审核施工单位提交的施工方案。施工方案中要有专门内容说明为保证进度如期实现的资源配备情况。

2）进度的事中控制

进度的事中控制，一方面是进行进度检查、动态控制和调整；另一方面，及时进行工程计量验价，为支付进度款提供进度方面的依据。工作内容有：

✧ 通过工地例会和收集有关报表资料，掌握施工进度第一手资料。

✧ 施工单位应在规定的期限内提交进度统计报表给监理单位与业主项目部。

✧ 工程部记录进度检查情况，定期向业主项目部提交工程进度报告，作为对工程进度掌握和决策的依据。

✧ 进度、计量方面的签证必须按照流程由监理审核后通过工程部复核，经业主项目部批准后方可生效。

✧ 加强对进度延误的处理，各单位要制定进度延误的处理办法。

✧ 组织现场协调会。

3）进度的事后控制

✧ 业主项目部根据施工单位的施工进度报告及在施工现场跟踪检查所掌握的资料，通过对施工进度的分析，确定工程实际进度与计划进度之间的偏差，并评价对关键线路及总工期目标的影响。

✧ 当工程实际进度与计划进度出现偏差时，为保证进度控制目标的实现，施工单位应提交整改措施或调整后的施工进度计划，报业主项目部。

✧ 由于合同中注明的原因而导致的工期延误，经批准后工期应相应顺延，进度计划亦随之调整。

✧ 由于施工单位原因而导致的工期延误，不应给予工期顺延。施工中若要求提前竣工，应与施工单位协商一致并签订提前竣工协议。

5.5.3 进度控制的主要措施

1）组织措施

✧ 为实现项目的进度目标，充分发挥不同组织层级的职能作用。

✧ 业主项目部工程部负责进度控制工作。

✧ 进度控制的主要工作环节包括进度目标的分析和论证、编制进度计划、定期跟踪进度计划的执行情况、采取纠偏措施以及调整进度计划，不同工作内容对应不同组织层次，做到职责到位。

✧ 制定项目进度控制的工作流程。包括各类进度计划的编制程序、审批程序和计划调整程序。

✧ 检查各施工单位的材料（设备）、劳力、机械投入等资源供应情况是否满足工程进度的要求。

2）管理措施

✧ 对工作分解结构图中的每一个工作单元进行工作活动描述，细化到分项工程，形成清晰的项目活动描述表。

✧ 确定各分项工程之间工作先后关系，并形成完整的、经过优化的、符合项目各项资源约束条件的网络计划图。

✧ 根据约束条件，以及风险辨识，就项目每一项分项工程的时间进行估算，得到整个工程的基本时间基准表。

✧ 进度计划编制：根据医院建设整体进度的目标要求，制定项目进度计划。

◇ 进度控制：根据项目实际进展情况，预测未来可能的进度状况，及时采取各种纠正措施，同时不断更新项目进度计划。

3）经济措施

进度控制的经济措施涉及资金需求计划、资金供应的条件和经济激励措施。

◇ 实行包干管理与资金挂钩。

◇ 建立合理的工程量计价体系。

◇ 避免工期延误现象。

◇ 正确处理进度变更。

◇ 进度完成情况与奖罚办法挂钩。

4）技术措施

◇ 对实现进度目标有利的设计技术和施工技术的选用。

◇ 批准延期。由施工单位以外的原因造成的拖期，经业主项目部批准后方可延期。

◇ 优化施工组织实行并行，交叉作业。

◇ 优化工艺时间，减少技术间歇期等。

5）合同措施

◇ 对施工合同有关条款执行情况分析，纠偏，修改补充。

◇ 严格合同条款的执行和协调处理有关索赔事项。

6. 项目投资管理

6.1　投资管理目标

在达到预定的质量目标和工期目标的前提下，即将总投资控制在 12 亿元之内。需要严把设计关，实行精细化管理，采用纵向动态控制和横向责任目标控制的方法。

6.1.1　项目设计阶段的投资管理目标

设计阶段的投资管理是项目建设全过程投资管理的重要阶段，因此设计阶段投资管理的目标应该把重点放在运用价值工程理论，推行标准设计，降低项目投资，实现设计方案的优化与选择，科学合理地编制工程概算。

6.1.2　项目实施阶段的投资管理目标

项目实施阶段主要指施工阶段，一方面通过建立费用基准线实行费用控制，另一方面严格控制项目的变更，按照合同有关规定做好验工计价工作，做好跟踪审计工作，确保每一施工标段工程结算价均不超过相应的合同总价。

6.2　投资管理的流程

投资管理目标主要依靠投资管理计划的编制、执行和有效的控制来实现。

总的投资管理目标主要是通过对投资目标运用 PDCA 原理进行动态控制来实现，并且这种动态控制贯穿于项目建设的全过程。

项目实施阶段投资管理工作流程图如附图 6.1 所示。

基于以上流程的设计和项目的实际进展情况，业主项目部计划部负责编制整体投资计划，经审核批准后下发至各承包单位，各单位要严格执行。

6.3　投资计划的编制

投资计划依据总体进度计划和各个承包合同进行编制，投资计划包括实施阶段各个工程月的投资额，作为投资管理的目标值。

6.4　投资计划的执行

投资计划的执行主体主要是施工单位，施工单位对投资计划执行的好坏将直接影响到整个项目投资计划的实现，因此，在投资计划的管理上要重点监督、检查施工单位投资计划的执行情况，确保投资计划在预定的计划范围之内。

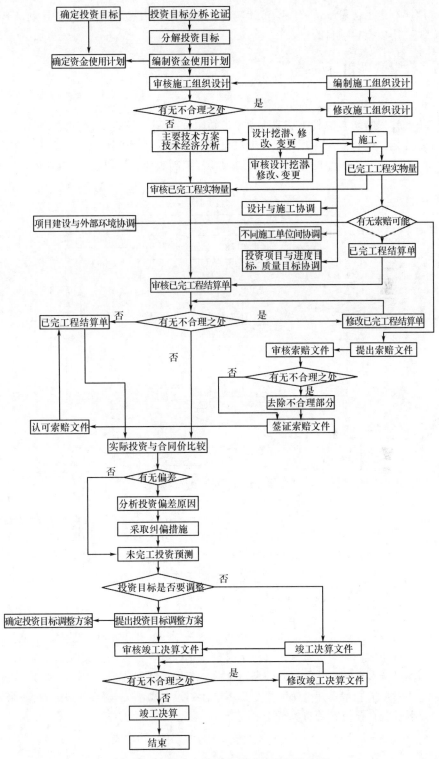

附图 6.1 项目实施阶段投资管理工作流程

严格制定工程量计价和跟踪审计制度，根据实际情况实时调整投资计划，形成滚动计划，用以指导项目的资金管理。

6.5 投资管理目标的控制

6.5.1 投资管理目标的动态控制

投资管理的动态控制就是把计划投资额作为目标值，在工程实施过程中，由业主项目部计划部按照 PDCA 原理，定期对投资实际值与目标值比较，发现偏差，分析原因，采取措施，以确保投资目标的实现。投资控制的动态管理如附图 6.2 所示。

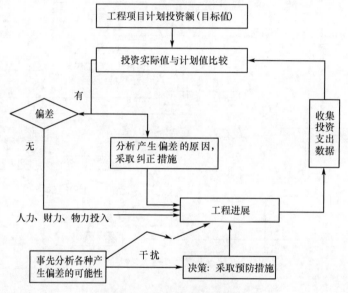

附图 6.2 投资控制动态管理

在项目进展过程中，计划部汇总实际完成投资的统计报表，通过投资直方图和投资基准线对实际值与计划值进行比较，发现偏差，分析偏差产生原因，及时采取纠偏措施，并进行投资分析，明确投资变动原因，做出趋势预测，向业主项目部汇报。

根据设计概算、施工图预算、已订立合同和施工单位的进度计划及资金、资源需求情况，绘制出项目的投资基准线。

6.5.2 投资管理目标的精细化管理

投资目标的实现具体反映到工程项目上就是工程实体的形成，工程实体又是由分部分项工程组成，而为了确保投资额不突破投资计划，必须从源头抓起，因此，投资管理目标必须实现精细化管理，即把每个单位工程分解到分项工程，以分项工程作为投资目标管理的基本单元。保证每个基本单元的投资额不突破计划，从而将整个项目的投资额控制在投资管理目标范围之内。

6.5.3 投资管理目标的过程控制

1）投资的事前控制

◇ 投资事前控制的目的是进行工程风险预测，并采取相应的防范性对策，尽量减少变更和索赔的可能。

◇ 加强图纸会审工作以及承包人的施工组织设计审批工作，力争使施工图设计更加优化，施工组织设计更加合理，以达到节省投资的目的。

◇ 必须掌握技术规范、工程定额、工程量清单及工程量清单说明的内容，掌握工程具体项目的工作范围和内容、计量方式和方法。

◇ 预测工程风险及可能发生索赔的诱因，制定防范对策，减少索赔的发生。

◇ 如期提供施工现场，使施工单位能如期开工、正常施工、连续施工，不违约造成索赔条件。

◇ 及时提供设计图纸等技术资料，避免违约造成索赔条件。

2）投资的事中控制

◇ 按合同规定，及时答复承包单位提出的问题及配合要求，避免造成违约和索赔的条件。

◇ 施工中做好设计、施工及其他相关单位的协调工作，避免造成索赔的条件。

◇ 工程变更、设计修改要慎重，应进行充分的技术经济合理性预测论证分析后再做出决定。

◇ 严格签证制度，凡涉及经济费用支出的停窝工签证、用工签证、使用机械签证、材料代用和材料调价等的签证，由工程部会同监理单位审核，并经业主项目部最后批准后方有效。

◇ 加强计量工作的管理，健全计量手续、保证计量工作的准确度，充分发挥造价咨询单位跟踪审计的作用，严格按图纸复核已完成工程实物量，严格审核后签发。

◇ 严格按合同及工程支付的规定办理付款。

3）进度款支付

工程进度款严格按照合同约定的支付方式进行支付，首先由施工单位在每月25日前提出付款申请，然后由监理公司对支付申请在5日内完成审签，造价咨询公司3日内完成审签，甲方代表审签后，将支付申请由计划部汇总。

进度款支付遵照附图6.3执行。

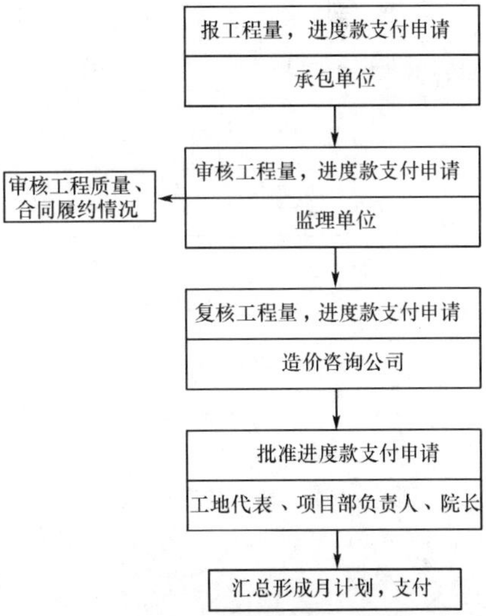

◇ 检查、监督承包单位执行合同情况，使其全面履约。

附图6.3 进度款支付程序

◇ 以工程简报、定期分析报告的形式向业主项目部报告工程投资动态情况。

◇　定期、不定期地进行工程投资超支分析，并提出控制工程投资不被突破的方案和措施。

4）投资的事后控制

◇　审核承包单位提交的工程结算书。计划部负责牵头处理有关工程和合同方面的一切遗留事宜，会同造价咨询单位澄清整个工程阶段的计量与支付，审核承包单位的最终结算及其说明和附件，遇到计算出入较大，或有造价咨询单位不同意，不能够确认的费用，应及时通知承包单位，并要求其提供所需的进一步资料与证明，待造价审核完毕后提交业主项目部复核。

◇　公正地处理承包单位提出的索赔。

◇　保修期满后，审核保修金的支付。

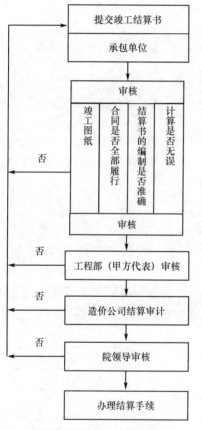

附图6.4　竣工结算程序

竣工结算遵照附图6.4所示程序进行。

◇　科学协调投资与进度的关系。深入、有效地分析本工程投资与进度的关系，找出两者之间的最佳结合点，使得投资在最小的范围内缩短工期，使本工程尽早投入使用。

◇　工程变更的控制。制定严格、科学的计量支付程序，做到以数据说话、按程序办事，减少计量支付中人为因素的干扰。

6.5.4　投资控制的主要措施

投资目标的管理不仅是对计划值和实际值进行简单地比较和分析，更重要的是采取有效的控制措施。

1）组织措施

◇　业主项目部计划部负责投资管理，做到投资的跟踪检查、付款核实，签发付款凭证、索赔事件处理、施工资金使用的检查与落实等。

◇　编制施工阶段投资计划。

◇　审核月度资金使用计划。

◇　编制工程计量及支付款程序，并控制其执行。

2）经济措施

◇　审核工程概（预）算，增减预算及竣工决算，控制总造价。

◇　严格复核完成的工程量，不合格工程不计量。

◇　严格复核工程付款单。

◇　认真复核承包单位呈报的索赔事项和金额。

◇　审核分析比较施工方案的技术经济效果：质量指标、工期指标、劳动指标、主要材料和能源消耗、机构使用费、工程成本。

3）技术措施

✧　对设计变更及工程变更（洽商）进行技术经济分析比较。

✧　寻求设计改进和技术挖潜。

✧　支持新技术、新材料的应用。

✧　绘制投资跟踪与动态控制图，分析工程款支付与实际完成的工程量比较，支付工程款是否合理，定期向业主项目部提交投资分析表。

4）合同措施

✧　加强施工合同文件管理，审核合同中有关经济条款。

✧　严格合同条款明确规定索赔事项。

✧　定期或不定期对合同执行情况进行分析，认真做好合同修改补充工作。

7. 项目质量管理

7.1 质量管理总则

坚持"百年大计，质量第一"的方针，以建设"高起点、高标准、高质量、高水平"的滨州医学院烟台附属医院为目标，坚持规范施工，粗活细做，细活精做，工序监控一次成优，要求整体工程质量达到优良水平。

建立和完善"企业自控、社会监理、政府监督、用户评价"的工程质量管理新机制，落实项目法人责任制和工程质量终身负责制、领导责任制，充分运用经济、行政、法律和舆论等多种监督手段，使工程质量处于全过程保证和监控之下，做到快速、有序、优质、高效地完成本工程建设。

7.2 质量管理目标

本项目的质量目标：确保本工程达到国家现行工程质量验收标准，工程一次验收合格率 100%，争创"泰山杯"和"国家优质工程奖"。

各施工单位必须认真贯彻执行《中华人民共和国建筑法》、国务院第 279 号令《建设工程质量管理条例》等相关法规。

各施工单位要按照牟平区建设发展局颁布的《建设工程质量管理手册》以及其他本工程相关的技术标准和施工及验收规范，全面落实质量责任制。

各施工单位要紧紧围绕烟台附院工程项目建设，坚持组织统领、责任共担、管理有控、科技先行、质量至上，实现工程建设总体目标。

各施工单位工程质量必须达到烟台市工程建设优良标准，工程一次验交合格率100%，优良率 95%以上，确保 "泰山杯"，争创"国家优质工程奖"。

7.3 质量管理原则

- ✧ 坚持"质量第一"的原则。
- ✧ 坚持以人为核心的原则。
- ✧ 坚持预防为主的原则。
- ✧ 坚持质量标准的原则。

7.4 质量保证体系

质量保证体系，是以控制、保证和提高滨医烟台附院质量为目标，把项目各阶段的各个环节都按规定的质量标准控制起来，并把各个部门和每个人的工作有机地联系起来，形成一个严密、协调和能够保证质量的整体，见附图 7.1。

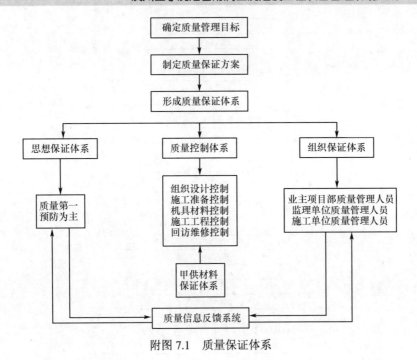

附图 7.1 质量保证体系

7.5 质量管理组织保障

各施工单位负责对本单位质量工作的现场检查、监督管理工作，并接受质检工程师的检查监督。

各施工单位应建立健全质量保证体系，健全机构，设专人负责质量工作。成立以第一管理者为首的工程质量管理领导小组，建章建制，落实机构和人员，建立内控标准，强化质量管理，保证质量管理工作的正常开展。

建立工程质量责任制，健全保证体系，落实质量责任。明确落实施工单位负责人总工程师的质量职责，对本单位质量问题组织有关人员进行探究、分析原因，制定改进措施和处理方案，并责成有关部门限期进行落实。

7.6 质量控制程序

质量控制程序如附图 7.2 所示。

7.7 质量管理的过程控制

质量的过程控制主要包含事前控制、事中控制和事后控制。

7.7.1 质量的事前控制

质量的事前控制要求预先进行周密的计划，其内涵包括两层意思：一是强调质量目标的计划预控；二是按质量计划进行质量活动前的准备工作的控制。

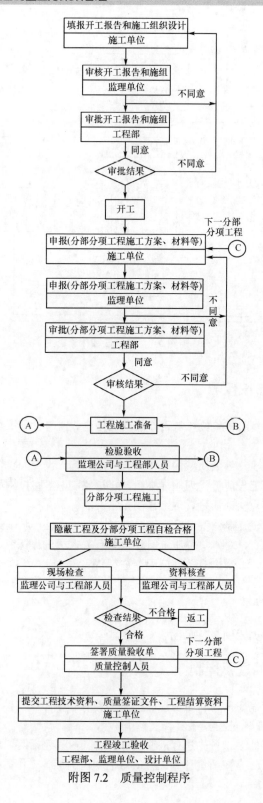

附图 7.2 质量控制程序

7.7.2 质量的事中控制

质量的事中控制首先是对质量活动的行为约束，即对质量产生过程各项技术活动操作者在相关制度管理下的自我行为约束的同时，充分发挥其技术能力，去完成预定质量目标的作业任务。其次是对质量活动过程和结果，来自他人的监督控制，包括来自企业内部管理者的检查检验和来自企业外部的工程监理和政府质量监督部门的监控。

7.7.3 质量的事后控制

质量的事后控制包括对质量活动结果的评价认定和对质量偏差的纠正。

7.8 工程质量检查制度

严把隐蔽工程质量关。

各施工单位严格执行质量"三检制"（自检——互检——交接检）。严格控制工程材料的二证（出厂合格证、检验证）。各施工单位定期进行质量检查。

7.9 工程质量事故调查处理

工程质量事故的等级划分、调查处理按照国家和烟台市有关规定执行。

在施工过程中发生质量事故，业主项目部组织有关部门和单位召开会议，共同分析原因，采取处理措施，在明确各方责任后，按规定上报。

建立工程质量事故逐级报告制度，坚决杜绝隐瞒不报、擅自处理的情况发生。

坚持"三不放过"原则，即：事故原因没有分析清楚不放过；事故责任者和相关人员没有受到教育不放过；没有采取切实可行的预防措施不放过。对因失职渎职而造成重大质量事故者，要追究责任人的法律责任。

8. 项目安全管理

8.1 总则

8.1.1 目标

滨州医学院烟台附属医院项目安全目标为：无死亡、重大事故，把轻伤事故降到最低限度；无重大机械、交通及等级火灾事故。

各施工单位要逐级签订安全生产保证责任书，量化考核指标，层层落实到位，定期考核评比，确保目标实现。

8.1.2 范围

本项目各合同主体单位，均须遵循本项目各项安全管理规定。

8.1.3 依据

各施工单位及供货单位必须遵守《中华人民共和国安全生产法》及其他相关法规的有关规定。各单位进场后必须履行其施工组织设计中关于安全生产的承诺，承诺履行情况由业主项目部及监理单位监督执行。

8.2 组织机构

滨医烟台附院项目安全管理机构由安全管理委员会、施工安全管理委员会及安全管理人员组成，对安全生产形成"三级管理"。组织机构如附图 8.1 所示。

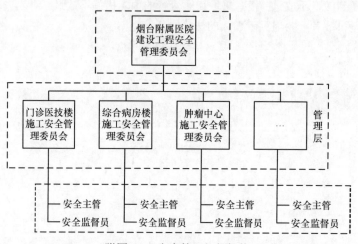

附图 8.1 安全管理组织机构

8.2.1 安全管理委员会

业主项目部和监理单位组织建立施工现场安全管理委员会，定期召开会议，讨论评价施工现场的安全状况和施工单位的安全表现，研究需要采取或改进的安全措施，对违反安全生产规范的人员和单位进行处罚。

8.2.2　施工安全管理委员会

施工单位负责设立具体的施工现场安全生产管理委员会,在施工现场配备专职安全生产管理人员。施工现场的安全生产管理委员会在组织层次上应当延伸到分包单位和作业班组。

8.2.3　安全管理人员

各施工单位必须设置安全主管和安全监督员。施工单位的安全主管及安全监督员应在牟平区安监站备案。施工单位应当对上报备案人员的资历真实情况以及现场表现负责。安全主管和安全监督员必须定期向安全委员会报告工地安全状况。

8.3　安全教育培训

各施工单位必须认真宣传贯彻执行国家、烟台市及牟平区有关安全生产的方针、政策、规范和标准,落实业主项目部和本单位的安全管理规章制度,提高全员安全意识。

各施工单位对所有施工人员必须组织安全技术培训和安全知识教育,增强自我防范能力,同时要加强组织教育,杜绝违法乱纪和违章作业行为。

技术骨干、特殊工种必须组织专业技术培训,经考核合格后持证上岗。

8.3.1　施工前的员工安全教育

(1)学习国家和地方、行业有关安全生产方针,政策法规标准规范、规程以提高员工法制意识。

(2)《中华人民共和国安全生产法》(2002)第七十号,2002年11月1日起发行。

(3)《中华人民共和国劳动法》,第52、54、55、56、92、93条(2009)。

(4)《山东省建筑市场管理条例》,第5章。

(5)《山东省建筑安全生产管理规定》。

8.3.2　施工现场规章制度和遵章守纪教育

(1)本项目工程施工特点及施工安全基本知识。

(2)本项目工程(包括施工现场)安全生产制度,规定及安全注意事项。

(3)特殊工种的安全技术操作规程。

(4)设备、电器安全基本设施。

(5)防火、防毒、防尘防暴及紧急情况安全防范自救。

(6)防护用具使用基本知识。

8.3.3　各独立工种的岗位安全操作及班组安全制度的制定与纪律教育

(1)各班组制定本班组作业特点及安全操作规程。

(2)各班组制定本班组安全活动制度及纪律。

(3)如何正确使用安全防护装置(设施)及个人劳动保护用品。

(4)各作业工种班组,讨论制定本作业区工作环境使用机械设备、工具的安全因素及其防范对策。

8.4　安全保证计划

各承包单位应根据各标段可能会出现的安全问题,分别编制安全保证计划,且必须在项目开工前向监理单位提交其安全保证计划。施工单位应与设计单位充分协调，在最大程度上保证工程在实施过程中的安全性。

监理单位应编制项目整体的安全保证计划并提交安全管理委员会，其内容包括：
 ✧ 安全管理体系。
 ✧ 安全管理措施。
 ✧ 安全技术交底计划。
 ✧ 现场检查计划。
 ✧ 紧急事件处理计划。

8.5 安全监控措施

8.5.1 安全检查

（1）安全检查责任：施工单位应当安排其专职安全管理人员做好施工现场安全状况日检工作。施工单位安全管理委员会每周按照相应规范进行全面安全检查。

对施工现场的安全监督管理工作将以随机抽查和巡查为主，重点监督检查：
 ✧ 施工单位安全生产条件的落实和实施状况。
 ✧ 安全生产法律法规、标准规范的落实和执行情况。
 ✧ 参建各方对施工安全生产程序的执行情况。

监理单位应当保证现场安全生产按照国家安全法律、法规、规范以及牟平区安全管理手册的规定和程序进行，对违反这些规定和程序的行为，必须及时予以纠正或提出书面整改意见。

（2）安全检查处罚：安全管理委员会在检查中发现施工现场存在以下问题的，将视为监理单位和施工单位未履行安全管理职责和义务，将按照安全检查处罚细则相应地对其进行惩罚：
 ✧ 未按规定安全生产程序和标准规范组织施工的情况。
 ✧ 未履行安全管理和检查程序的情况。
 ✧ 作业人员危险操作的情况。
 ✧ 存在明显安全隐患的情况。
 ✧ 现场无安全警示标志和公示标牌的情况。
 ✧ 未及时填报安全资料或安全资料不全的情况。
 ✧ 安全资料不真实或与现场实际情况严重不符的情况。
 ✧ 安全管理人员不到位的情况。
 ✧ 其他可能导致安全事故的情况

8.5.2 安全会议

各工地每周召开监理例会，在会上汇总有关安全施工的情况，监理单位对其安全工作做出评估，汇总施工单位安全报告，及时上报业主项目部。

业主项目部会同监理单位召集施工单位每月召开一次安全会议，对各施工单位的安全报告进行评估，审查其整改措施，对各施工单位的安全状况做出月评估报告（安全月报），并下发有关部门和施工单位执行。

8.5.3 安全报告

（1）月报：监理单位应将每月安全检查的结果形成安全报告，并根据安全会议的会议记录和当月施工单位提交的安全周报编制安全月报，每月安全会议之后安全月报提交安全管理委员会。

（2）事故报告：各施工单位凡发生人员伤亡事故（含合同工、临时工）必须在 2 小时内向安全管理委员会报告，任何单位不准瞒报、迟报，安全管理委员会应立即将安全事故上报业主项目部。

8.6 安全生产责任

各施工单位结合本项目实际提出安全措施和要求，认真落实安全生产责任，组织贯彻执行。

各施工单位要严格按照项目管理规划大纲的规定，逐条认真贯彻执行，并应严格按照 ISO9000 系列贯标原则"说到的要写到，写到的要做到，做到的要记到"，保证现场安全工作深入、系统地全面展开。杜绝违章指挥，违章作业，提高施工现场的安全可靠程度。

专职安检人员要认真执行各项安全检查工作制度，严格检查控制，尽职尽责，肩负起安全检查工作任务。各组织系统和业务部门都要按照各自的职责分工，本着责任同负，工作同步的原则，切实做好各方面的安全生产工作。

各单位项目经理在本工程施工安全工作中，是安全生产第一负责人。

9. 项目风险管理

9.1 风险管理概述

9.1.1 项目风险管理的定义

风险在本项目中可被定义为"任何可能影响烟台附属医院工程项目在预算范围内，在规定的工期内，保证质量如期完成的因素"。

风险管理就是通过风险识别和评价，运用多种管理方法和技术手段对滨医烟台附院项目过程中涉及的风险采取有效的应对和控制措施，从而确保项目成功实现目标所需的一系列过程，这是滨医烟台附院项目管理的一项核心内容。

9.1.2 项目风险管理的目标

1）滨医烟台附院项目风险管理目标原则

滨医烟台附院项目风险管理的目标遵循 SMART 原则，即：

✦ Specific——风险定义应具有清晰性，风险管理目标与项目目标应一致。

✦ Measurable ——风险应能够进行可量化的衡量。

✦ Achievable ——风险管理目标具有挑战性但具有可实现性。

✦ Relevant –项目风险不确定相关因素多，应从总体目标出发，依据目标重要程度，区分风险管理目标的主次。

✦ Time framed –项目风险管理强调时效性，即在风险发生之前制定好应对措施，或者在风险发生时及时采取应对措施，将损失降到最小。

2）项目风险管理目标的确定

依据上述原则，再基于本工程项目的特殊性，确定本工程项目风险管理的总目标为：

✦ 对项目的各种目标都能清晰地识别，并合理评估，明确划分风险等级。

✦ 根据风险等级不同分别制定应对措施。

✦ 运用风险转移、分离等手段，合理规避各项风险。

✦ 在风险发生时能够及时应对，将损失降低到最小。

9.2 风险管理程序

本工程项目风险管理流程如附图 9.1 所示。

9.3 项目风险识别

9.3.1 项目风险识别的原则

在进行本项目风险识别过程中主要遵循以下原则：

✦ 由粗及细再由细及粗。由粗及细是指通过多种途径对项目进行分解以获得对项目风险的广泛认识，得到项目风险清单。由细及粗是指根据同类工程项目的经验以及风险调查，确定那些对项目目标实现有较大影响的项目风险，抓主要矛盾。

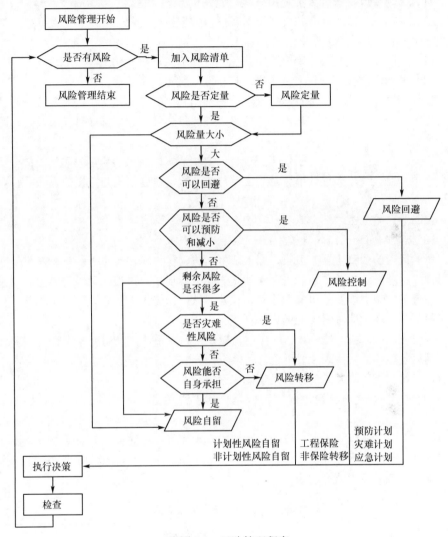

附图 9.1　风险管理程序

　◇　先怀疑，后排除。对于所遇到的问题都要考虑其是否存在不确定性，再通过分析，进行确认或排除。

　◇　排除与确认并重。

9.3.2　项目风险识别的方法

对本工程项目进行风险识别主要依据的方法为：

故障树法：利用图解的形式将大的风险分解成各种小的风险，或对各种引起风险的原因进行分解，利用树状图将项目风险由粗到细，由大到小，分层排列，找出所有的风险因素，关系明确。

专家调查法：主要依靠专家的直观能力对风险进行识别，通过调查意见逐步集中，直至在某种程度上达到一致。其基本步骤为：

（1）由项目风险管理人员提出风险问题调查方案，制定专家调查表。

（2）请若干专家阅读有关背景资料和项目方案设计资料，并回答有关问题，填写调查表。

（3）风险管理人员收集整理专家意见，并把汇总结果反馈给各位专家。

（4）请专家进行下一轮咨询填表，直至专家意见趋于集中。

流程图法：主要是将项目从立项、招投标、合同签订、施工、竣工验收全过程，以流程图的形式绘制出来，从而确定项目管理的重要环节，识别项目风险，进而进行风险分析，提出补救措施。

历史分析法：根据以往类似工程项目的实施情况以及风险实际发生情况的分析，结合本项目监理单位、设计单位及施工单位的经验，通过定量与定性的方法，预测本项目所面对的风险。

9.3.3 风险分类

1）按影响因素的风险分类

影响风险的因素主要有五类，即人、机、法、料、环。人，即参与本工程项目的人员，工程项目各参建单位的人员素质是影响工程质量、进度、风险等的主要因素；机，即施工安装中涉及的机械、设备、仪器；法，即施工组织管理和施工工艺；料，即工程材料；环，即项目实施的内外环境。

按照人、机、料、法、环之间作用与被作用的关系，可以列出风险影响因素两两影响的风险矩阵，如附表9.1所示。在风险分析中应用此表格，可在识别各类风险的同时，将每一类风险发生的根源及影响因素之间的关系揭示出来。

根据以往工程项目管理的实践，结合本工程项目的特殊性，以下几类风险值得注意：

（1）人——环风险：由项目的自然和实施环境所产生的风险，如洪水、地震、火灾、台风、雷电等不可抗自然力，不明的水文气象条件，复杂的工程地质条件，恶劣的气候，施工对环境的影响等。

附表 9.1　人机料法环风险矩阵表

		被作用因素				
		人	机	料	法	环
	人					
	机					
	料					
	法					
	环					

（2）人——人风险：项目中各利益相关者之间因项目目标和工作所产生的风险。如因工程款不到位而延误工期，因设计失误引发的索赔，由于图纸设计变更、认识不一致或理解不一致导致工程质量、进度等出现问题。

（3）人——机风险：项目建设中人对设备机器使用、操作等所产生的风险。如因设备误操作带来的人身伤害风险等。

（4）机——机风险：机器设备因匹配性等所产生的风险。如设备间的技术接口不匹配、系统之间的衔接不到位、不同系统的可靠性和使用寿命不一致等风险。

2）按照时间、目标、因素的三维分类

还可按照时间维、目标维和因素维去搜寻项目风险。

时间维：本项目可按照实际情况大致划分为立项期、设计期、施工期、验收期、使用期几个阶段。项目生命周期各个阶段会有不同的风险出现。

因素维：项目风险又可按照产生因素划分为政策风险、经济风险、不可抗力风险、环境风险、技术风险、人员风险、管理风险等类别。

目标维：根据风险项目目标的影响，分为投资风险、进度风险、质量风险、安全风险等类别。

以上三维两两之间建立风险矩阵，从而得出风险清单。如附图 9.2 所示。

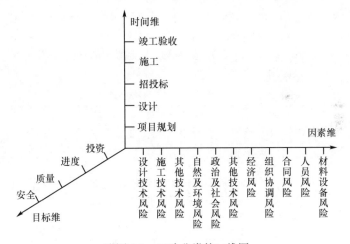

附图 9.2　风险分类的三维图

9.4　风险的分析与评价

在识别风险后，必须对项目风险进行衡量，以便确定它们的相对重要性，并为风险管理决策提供依据。

对于每一种风险，风险衡量两个纬度分别为：项目风险出现的概率或损失的概率；若项目风险发生而导致的潜在损失量或损失的严重性。

风险事件的发生可分为六个等级，见附表 9.2。

附表 9.2　风险事件等级表

级别	说明
A 经常	有可能经常发生，风险始终存在
B 可能	可能多次出现，可以做好其经常发生的准备
C 偶发	有可能多次出现，可以做好其多次出现的准备
D 罕见	有可能在某一个时刻发生，可以适当地做好其发生的准备
E 几乎不可能	不太可能出现，但可以认为其有可能会意外出现
F 难以置信	极端不可能，可以认为其不会出现

对人身和环境造成的后果可以根据风险的严重程度来划分，见附表 9.3。

附表 9.3　风险严重程度表

严重程度	对人身和环境的后果	对项目的影响	工期/成本
灾难性	多名人员伤和/或亡，并且/或者对环境造成了重大损失	严重影响项目的实施	>10%
严重	一名人员重伤或死亡，并且/或者对环境造成了严重损失	较严重影响项目的实施	<10% >5%
次要	人员轻伤，并且/或者对环境构成了显著威胁	一定程度影响项目实施	<5% >1%
轻微	人员轻微受伤	基本不影响项目	<1%

风险的分类需要结合危险事件的频率（发生概率）和严重性这两个因素：安全风险表的运用可以单独地对每项风险加以评估和划分，见附表 9.4。

附表 9.4　风险评估表

风险事件的频率		严重程度			
		轻微	次要	严重	灾难性
频率	A 经常	R3	R4	R4	R4
	B 可能	R2	R3	R4	R4
	C 偶发	R2	R3	R3	R4
	D 罕见	R1	R2	R3	R3
	E 几乎不可能	R1	R1	R2	R2
	F 难以置信	R1	R1	R1	R1
		风险产生后果的严重程度			

风险评价可以有以下结果：

R1=可忽略（无条件接受）

R2=可接受（通过采取适当的控制，并且争得业主项目部的同意）

R3=不希望发生（只有无法降低风险，并且业主项目部同意的条件下才可接受）

R4=不允许发生（必须消除）

9.5　风险的控制

在项目全过程中需采取各种措施和方法，消灭或减少风险事件发生的各种可能性，或者减少风险事件发生时造成的损失。根据不同的风险类型，可以采用以下措施和方法进行项目风险控制。

9.5.1　进行项目风险控制的方法

◇　风险回避

当项目风险发生的可能性太大，或一旦风险事件发生造成的损失太大时，主动放弃该项目或改变项目目标。

◇　风险降低

风险降低（减轻）有两方面的含义：一是降低风险发生的概率；二是一旦风险事件发生尽量降低其损失。

◇　风险分离

将各个风险分离间隔，目的是将风险局限在一定的范围内，即使风险发生其损失也不会波及此范围之外，以达到减少风险损失的目的。

◇　风险分散

通过增加承受风险的单位以减轻总体风险的压力，使多个单位共同承受风险，从而使项目管理者减少风险损失。

◇　风险转移

借用合同或协议，在风险事件发生时将损失的一部分或全部转移到项目以外的第三方身上。主要有两种方式：保险风险转移和非保险风险转移。

◇　风险自留

当应对风险的成本大于承担风险所付出的代价时，可将风险留给自己承担。

9.5.2　项目风险控制的实施

◇　在项目实施的全过程中，都要加强项目风险的识别、评价、应对与控制工作，直至本项目竣工验收交付。

◇　项目参建各方均应加强各自项目工作的风险管理工作，参照上述风险管理方法，列出相应参建方标段所对应的风险清单，制定本项目工作的风险应对计划，重点强调项目风险的预防工作与措施。

◇　实行风险管理汇报制。在每周的监理例会上，各参建方应主动汇报本标段风险管理情况、对工程风险隐患的分析、对其他标段可能的风险问题的提醒及建议等。

◇ 不定期召开风险例会，由业主项目部、监理单位和各施工单位参加，各单位汇报情况，调整风险管理计划。

◇ 因项目风险的联系性，当某一项目工作出现风险时，应及时与业主项目部、业主项目部和有关单位进行通报和沟通，将项目风险降到最低。

◇ 在项目实施过程中，要加强项目风险的资料收集、整理工作，做好项目风险管理的文档管理工作。

10. 项目现场管理

10.1　现场管理目的

滨州医学院烟台附属医院建设工程项目位于牟平区市区，且为社会广泛关注，省、市、区各级领导经常参观工地现场。因此维护城市市容环境的美观整洁，进行文明有序的现场施工是一项非常重要的管理内容。

本项目的现场管理，目的是提高工程质量、搞好文明施工、树立工程良好形象、降低物质消耗、降低工程成本，创建省级文明工地和文明施工先进单位，为实现试验线、示范线的目标创造条件。

10.2　现场管理原则

根据本项目的具体情况，现场管理强调"5S"原则，即整理（settle）、整顿（straighten）、清扫（scavenge）、清洁（sanitary）、素养（schooling）。

✧　整理

对施工现场的机、物、料进行调查分析，区分需要和不需要、合理和不合理，把现场不需要和不合理的机、物、料及时处理。

✧　整顿

在整理后，把施工现场所需要的机、物、料等按照施工现场平面布置图放到规定的位置，并根据有关标准和项目规定，科学合理地安排布置和堆码，从而达到科学施工，文明安全生产，培养人才，提高效率和质量的目的。

✧　清扫

对施工现场的设备、场地、物品定期维护打扫，保持现场环境卫生，干净整齐，无垃圾、无污物，设备运转正常。通过清扫活动，创造明快舒畅的项目施工环境，以保证安全、高质量、高效率的工作。

✧　清洁

保持整理、整顿、清扫的效果，是前三项计划的继续和深入，目的是保持项目所有人员的个人清洁，预防疾病和食物中毒，消除发生安全事故的根源，使施工现场保持良好的秩序，并始终处于最佳状态。

✧　素养

素养就是努力提高项目全体人员的素质，养成遵章守纪和文明施工的习惯，这是5S 的核心和精髓。通过项目文化建设、组织制度建设等，充分调动全体人员的积极性，从而达到自觉管理，自觉实施，自我控制的水平，由全体人员动手，创造一个整齐、清洁、方便、安全和标准化的施工环境。

10.3 现场管理职责

10.3.1 业主项目部

（1）业主项目部负责督促施工单位认真搞好施工现场管理，做到文明施工、安全有序、整洁卫生、不扰民、不损害公众利益。

（2）根据合同和有关规定，业主项目部负责督促相关总包单位在现场入口的醒目位置设立关于项目的公示牌，主要有：

工程概况牌，安全纪律牌，防火须知牌，安全无重大事故计时牌，安全生产、文明施工牌，施工总平面图，项目部组织架构及主要管理人员名单图，环保措施牌。

（3）业主项目部负责制订文明施工管理制度，并随时对各施工单位的文明施工情况进行检查，并有按照文明施工管理制度对其进行奖惩的权力。

10.3.2 监理单位

监理单位应将现场文明施工管理纳入监理日常工作中，监督施工单位落实文明施工各项措施，加强工地管理。监理单位对现场文明施工管理承担监理责任。

10.3.3 施工单位

（1）各施工单位是现场文明施工的具体执行者，文明施工措施费作为专项费用，不得挪作他用。

（2）在进入现场施工前，各施工单位需按照《建设工程文明施工实施标准》对施工现场临时设施进行设计，并报送牟平区建管站进行审批。

（3）各施工单位在施工过程中，需随时接受业主项目部以及监理单位的文明施工检察，对于查出的问题及时进行整改。

（4）各施工单位应采取技术、经济、组织、合同措施保证进入现场的物资按照有关规定进行妥善保管，对施工机械及时进行维护。

（5）各施工单位应对进入现场的人员加强思想教育工作，防范各种人身意外事故的发生。同时搞好现场生活设施的建设和用具的配置，为现场人员提供良好的生活和工作条件。

10.4 措施

10.4.1 文明施工的组织措施

（1）业主项目部指派专人负责文明施工的督导检查，对现场文明施工进行监督、检查、纠正，对违反文明施工的行为，及时下达书面通知令其整改。

（2）各施工单位成立以项目经理为组长的现场文明施工小组，负责各区域内的现场文明施工管理工作，并结合实际情况制定文明施工管理细则。

（3）各施工单位要安排专人进行文明施工管理，负责日常的文明施工管理和检查。

（4）各施工单位要建立健全文明施工的各种规章制度，并上报文明施工管理委员会备案，确保现场文明施工管理有章可循。

  ✧　建立文明施工月检查、季评定制度。

✧ 建立文明施工汇报制度。
✧ 建立文明施工奖罚制度。
✧ 建立文明施工宣传教育制度。
✧ 建立文明施工群访接待制度。

10.4.2 文明施工的内容

✧ 施工现场平面布置图。包括临时设施、现场交通、现场作业区、施工设备机具的布置以及成品、半成品、原材料的堆放位置等。
✧ 现场围挡设计。
✧ 现场工程标牌的设计。
✧ 临时建筑物、构筑物、硬化地、道路等设计。
✧ 现场污水处理及排放设计。
✧ 粉尘控制措施。
✧ 施工地域内现有市政管网和周围建筑物、构筑物的保护。
✧ 现场卫生及安全保卫措施。
✧ 现场消防措施。
✧ 保健急救措施。
✧ 集体食物中毒、发生传染性疾病等事件应急处理预案。

10.5 文明施工管理制度

10.5.1 文明施工月检查、季评定制度

✧ 文明施工管理委员会每月定期对各工地进行文明施工检查;对各工地文明施工的检查结果做好记录。
✧ 对各工地月检查出现的问题做好记录并限期整改,在下一月的检查中重点检查出现问题的地方。
✧ 根据对各工地文明施工的月检查结果,每季度进行一次评优。

10.5.2 文明施工汇报制度

各施工单位负责人每月定期向文明施工管理委员会汇报当月文明施工生产实施情况。

10.5.3 文明施工宣传教育制度

✧ 工程开工前及每月初由文明施工管理委员会组织对各工地施工人员进行岗前文明施工宣传教育。
✧ 施工现场设置展示牌、警示牌、标语牌等各项宣传标语。

10.5.4 文明施工群访接待制度

✧ 文明施工管理委员会设立群访接待室,由专人负责接待群众的来访。
✧ 建立群访登记制度,并对来访者提出的相关意见及时向有关部门反映,并把处理结果及时反馈给来访者。

11. 项目沟通与信息管理

11.1 沟通管理的目的

本项目参与的单位和专业较多，为了使各单位、各专业之间能够高效配合，完成最终的目标，需要建立一套系统科学的沟通体系。业主项目部在监理、设计、施工等各参与方形成的沟通体系中担负着上通下达、监督协调的关键角色。

沟通和协调工作贯穿于工程项目的全过程，通过协调，解决矛盾，达到相互配合，制造良好工作氛围，使工程在任何时候都能顺利地进行，切实履行合同义务。

业主项目部进行沟通管理的目的，是在项目范围内调动项目参建各方的积极性和主动性，协调各方关系，以尽可能高的效率落实各方在工程建设中的责、权，实现业主项目部确定的工程建设投资、进度、质量目标。

11.2 沟通对象

本项目的参与单位有政府主管部门、学校、医院、业主管理方、设计方、监理方、施工方、设备供货方、医院使用方等，也是本项目利益相关方的核心层。

在日常事务中，业主项目部、监理单位、设计单位和各施工方扮演着沟通的重要角色，并形成如附图 11.1 所示关系。

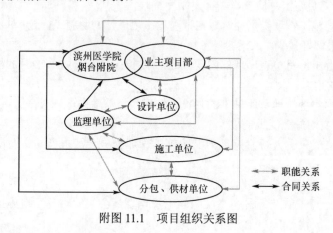

附图 11.1　项目组织关系图

11.3 沟通管理的范围和内容

11.3.1　沟通管理范围

合同内协调。根据合同规定，项目参与各方应进一步明确各自的权、责、义，避免造成不必要的沟通障碍，以形成高效的沟通机制。

合同外协调。主要根据政府部门规定和业主项目部的要求进行协调，形成良好的外部沟通环境。

11.3.2 沟通管理内容

滨医烟台附院项目沟通协调工作的内容主要是围绕解决工程开工、施工进度、工程质量、安全文明、合同索赔、竣工验收等一系列目标与环节上的工作落实和协同配合问题。

沟通管理的主要工作就是对相关各方的组织协调。这些组织协调工作包括：

（1）项目的工程施工活动与外部环境间的协调

✧　与烟台市、牟平区政府及各有关部门的协调。

✧　与项目其他各干系人的协调。

（2）项目工程施工活动中的有关要素间的协调

✧　工程施工生产要素间的协调，如材料、设备、资金等的供应。

✧　参与工程施工各单位在时间、空间上的配合协调。

11.3.3 沟通计划

滨州医学院烟台附属医院建设项目干系人沟通计划如附表 11.1 所示。

附表 11.1　滨州医学院烟台附属医院建设项目干系人沟通计划表

干系人名称	项目管理中的地位	关系	类型	重要程度	干系人需求	沟通方式
滨州医学院	管理、监督、支持	直接	外部	非常重要	项目顺利完成	及时汇报、请示，获取支持
烟台市政府	监督、支持	间接	外部	重要	项目顺利完成	及时汇报、请示，获取支持
牟平区政府	监督、支持	直接	外部	非常重要	项目顺利完成	及时汇报、请示，获取支持
区卫生局	行业管理	直接	外部	重要	项目顺利完成	及时沟通，获取支持
区发改局	重点项目管理	间接	外部	一般	项目资金、进度符合要求	及时沟通，获取支持
区建设局、环保建筑业管理局等		直接	外部	重要	项目过程符合行业规范	尽量遵守管理规定，有需照顾提前沟通
勘察单位	施工勘察	直接	内部	重要	完成勘察任务	严格要求，确保勘察质量
设计单位	建筑设计	直接	内部	重要	完成设计任务	及时沟通，确保设计质量，重视变更管理
总包单位	建筑产品制造	直接	内部	重要	实现合同约定的承包目标	严格质量、进度要求，及时拨付工程款
分包、供材单位	建筑产品制造	直接	内部	重要	实现合同约定目标	严格质量、进度要求，及时拨付工程款
监理单位	质量进度管理	直接	内部	重要	四控、两管、一协调	严格要求，及时拨付进度款
招标代理	招标管理	直接	内部	一般	公开公平公正招标	严格程序
造价审计单位	投资管理	直接	内部	重要	投资控制	严格要求，重视过程审计
周边居民	受施工影响	间接	外部	一般	不受噪音等施工影响，项目尽快投入使用	及时办理手续，及时沟通，获取理解
金融机构	资金筹措运作	直接	外部	重要	提供贷款	制定准确的资金需求计划

11.4 沟通方式

11.4.1 会议
- ◇ 管理单位、监理单位和业主项目部的工作例会。
- ◇ 设计与施工单位的协调会议。
- ◇ 管理单位与施工单位的协调会议。
- ◇ ......

根据项目实际情况，制定会议管理制度，各单位严格执行制度规范。

11.4.2 文件
- ◇ 周报
- ◇ 月报
- ◇ 图纸
- ◇ 会议记录
- ◇ 来往信件
- ◇ ......

根据项目实际情况，制定项目文件的管理办法，做好文件的收发和登记工作，各单位要指派专项负责人。

11.4.3 电子通信设备
- ◇ 电话
- ◇ Email
- ◇ 视频

利用电子通信设备传递的信息，要及时记录沟通情况，并要做好事后确认工作。

11.5 沟通管理的主要工作

11.5.1 沟通措施

（1）建立健全有关会议制度。做好会议的计划、组织和召开等工作，跟踪会议决议的落实情况。

（2）处理好同业主项目部、监理单位、设计单位、承包单位的关系。发生问题时，既要坚持工作原则，也要从大局出发，积极主动，协商解决，确有困难时再向上级有关部门请示报告。

（3）建立有关制度以保障工作有章可循，加强宣传，落实制度的执行。

11.5.2 沟通协调方法

各参建单位要明确专人负责协调沟通工作，要能代表各方的立场和观点。

协调方法要讲究原则性和灵活性相结合，要根据合同讲究原则性，根据实际情况和统一的共同目标讲究灵活性，达到互利互谅。

协调要保持连续性，下一次协调要在上一次协调的基础上进一步协调，而不是推翻上一次，重新协调。

协调的方式主要是会议，同时应保持会外有关联系渠道畅通，会议必须形成各方签认的纪要，并追踪落实形成的会议决议。

协调与政府有关单位和部门的关系。在工程实施过程中或实施前，积极主动与牟平区有关政府部门或洞庭路沿线企业单位联系，争取他们对工程的支持。当现场施工涉及当地的有关部门或单位的利益时，尽早联系，共同协商解决出现的问题。

组织协调沟通工作要充分掌握情况，抓住主要矛盾，从实际出发，用事实和数据说话，坚持原则，按合同和法规办事，以说服为主，耐心细致地处理矛盾，对合同争议的处理客观公正，力促通过协商解决，注意组织协调的及时性和协调决定的可行性，注意建立宽松的人际关系，营造良好的工程施工氛围。

11.6　信息管理

11.6.1　信息管理的目的

通过对项目运行过程中各类信息的运动（传递、储存）和利用（分析、加工）等组织管理工作，使项目管理工作高效有序地进行。

11.6.2　信息管理主要工作

信息管理主要工作包括编制项目信息管理计划、项目信息管理计划执行与控制。见附表11.2。

附表 11.2　信息管理工作表

工作类别	工作	控制要点及具体要求
编制项目信息管理计划	编制项目信息管理计划	业主项目部负责信息管理计划的编制工作。此制度主要内容有各承包商信息管理的责任、各种资料的管理方法、滨医烟台附院项目各单位的协调、通信方式等
项目信息管理计划执行与控制	办公事务信息管理	分发管理信息包括发布各种会议纪要、传达上级命令、传达项目各部门、分包商之间的协作信息
	工程档案管理	业主项目部负责汇总项目相关的所有正式文档资料，对其进行整理归档

11.6.3　信息管理工作流程

信息管理工作流程如附图11.2所示。

11.7　烟台附院建设项目信息平台

工程项目管理的成功高度依赖于信息的沟通。烟台附属医院作为一项投资大、项目周期长、建设难度大的大型复杂项目，更需要提高信息沟通的效率和准确性。为此，烟台附属医院业主项目部经过精心论证，综合考虑建设成本和实际需求，建设了基于Web的网站形式作为信息平台的载体，以利于项目各参建方便捷沟通，充分提高工作效率。

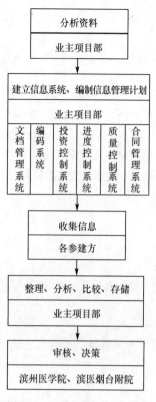

附图 11.2　信息管理工作流程

　　烟台附属医院建设项目信息平台有如下几个特点：一是体现项目集成管理的特征，实现业主、施工单位、监理单位、设计单位、造价咨询单位、分包单位等参建方的网上协同办公，保障信息流转的及时性和有效性，使项目不同参建主体在管理职能上实现动态整合；二是体现精细化管理和可视化管理的特征。在项目部内部账号中根据工作分工设置不同权限，动态反映工作进展，动态传递工作信息，动态部署工作安排，使得项目的精细化管理和可视化管理落到实处；三是实现了多项功能的整合，如分包项目、材料、设备的招标公告发布，工地现场的即时视频监控，项目新闻以及最新工程进展等；四是在通过严格设置访问权限来确保信息的安全性和保密性。

12. 项目档案与验收管理

12.1　档案管理

12.1.1　档案管理的目的

项目档案资料管理工作是工程建设过程的一部分，要与项目建设进程同步。通过规范、有效的档案管理，形成完整的档案管理系统，以保证档案的准确性和时效性。

12.1.2　档案管理的主要工作

档案管理主要工作如附表 12.1 所示。

附表 12.1　档案管理工作表

工作类别	工作	控制要点及具体要求
制定项目档案管理制度	制定项目档案管理制度	业主项目部综合部负责档案管理制度的编制工作。此制度规定了档案管理组织责任、工作内容、工作程序及各种档案的管理方法
项目档案管理计划执行与控制	办公事务档案管理	业主项目部综合部对各种会议纪要、上级文件、来往信函、电子邮件、用以沟通的文本资料、与滨医烟台附院项目有关的事务性文本进行存档管理
	工程档案管理	业主项目部综合部负责汇总项目相关的所有正式文档资料，对其进行整理归档
	档案验收和移交	业主项目部在竣工验收时负责组织设计、施工、监理及城建档案馆进行档案验收和移交

为了保证档案资料的可追溯性、完整性和时效性，项目申请立项时，即应开始进行文件资料的积累、整理、审查工作；项目竣工时，完成文件资料的归档、验收和移交工作。

项目档案管理要遵循"以终为始"的原则，也就是说在项目一开始档案的管理工作就要按照竣工资料的要求进行编制整理。工程档案的管理按照国家《建设工程文件档案整理规范》（GB/T　50328—2001）《烟台市城市建设档案管理规定》等有关规定，并结合医院建设的具体要求，建立规范、完整的同时与电子档案管理系统对应的书面档案管理系统。

12.1.3　档案的阶段性归档

一般的项目建设阶段划分为立项阶段、设计阶段、招投标阶段、施工阶段和收尾阶段。项目的档案整理针对各阶段的特点进行有计划地按照竣工资料的要求归档，以便做到档案和项目实际相对应。

立项阶段和招投标阶段在项目建设中为相对独立的时段，这一阶段的档案多为决策性文件，在项目进行过程中基本不会发生变动，因此，这两阶段的档案资料可在相应的工作结束后进行整理归档。其他阶段的档案可在实施过程中注意收集，在竣工结束时进行整理归档。.

12.2　竣工验收管理

12.2.1　竣工验收管理概述

1）工程竣工验收的目的

通过竣工验收全面考察工程的施工质量。

通过竣工验收明确合同责任，使合同主体单位终止各自的义务与责任，办理竣工结算手续。

竣工验收是提高项目质量水平的最后关口。

通过竣工验收，全面考核项目建设成果，使其转入使用环节。

2）工程竣工验收的依据

上级主管部门对滨医烟台附院项目批准的各种文件，包括可行性研究报告、初步设计，以及与滨医烟台附院项目有关的各种文件。

工程设计文件，包括施工图纸及说明、设备技术说明书、设计变更等。

国家颁布的各种标准和规范，包括现行的《工程施工及验收规范》《工程质量检验评定标准》等。

合同文件，应包括合同本身及所有有关的附件和清单等、经过批准的合同变更、由承包商提出的技术文件、进度报告、单据和付款记录等财务文件以及所有与合同有关的检查结果。

3）工程竣工验收的内容

检查、核实竣工项目所有准备移交的技术资料完整性、准确性。

按照设计文件和合同检查已完成项目是否有漏项。

检查工程质量、隐蔽工程验收资料、关键部位的施工记录等，考察工程质量是否达到合同要求。

在验收中发现需要返工、修补的工程，明确规定完成期限。

12.2.2　竣工验收管理办法

1）竣工验收的组织

业主项目部负责组织相关单位，根据合同，进行项目的竣工验收。

2）竣工验收程序

滨医烟台附院项目工程竣工验收按照以下程序（附图 12.1）进行：

◇　工程竣工后，勘察、设计单位出具自查质量合格证明书；施工单位自查后出具《建设工程质量施工单位（竣工）报告》；监理单位通过核查出具工程竣工验收监理评估报告，报送业主项目部。

◇　符合竣工验收条件的工程，业主项目部应组织勘察、设计、施工、监理等单位和其他有关方面的专家组成验收组，制定验收方案。并在工程竣工验收七个工作日前，将验收的时间、地点及验收组名单，以书面形式通知负责监督该工程的工程质量监督机构。

◇　工程竣工验收完毕后，建设单位应出具《工程竣工验收报告》，作为工程竣工验收备案资料。

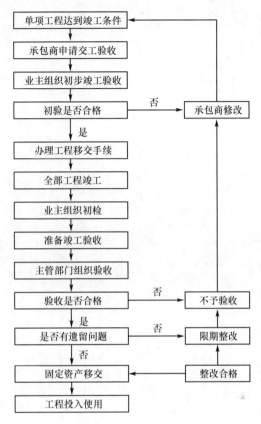

附图 12.1　竣工验收程序

12.2.3　竣工验收的要求

1）管理要求

为使竣工验收更加严格、规范，保障滨医烟台附院质量，滨医烟台附院项目竣工验收在执行国家、地方、行业有关规定的基础上，明确或增加以下管理要求：

滨医烟台附院要求工程合格率达到 100%，并达到国家最新颁布规范规定的合格标准，确保"泰山杯"，争创"鲁班奖"。

各施工单位应按照国家规范的有关规定及合同，积极开展工程的竣工验收工作，如因施工单位原因导致工程延误等，由其承担由此引发的一切损失。

滨医烟台附院项目工程的验收，在严格工程质量验收的同时，重点加强工程文档资料的验收，为本项目的管理提升以及新院开诊服务奠定坚实基础。

2）竣工验收资料要求

工程竣工验收资料记录和反映施工项目全过程技术与管理档案资料的总称。包括：工程施工技术资料、工程质量保证资料、工程检验评定资料、竣工图、规定的其他应交资料。在竣工验收后由承包商反移交业主项目部，归档备案。

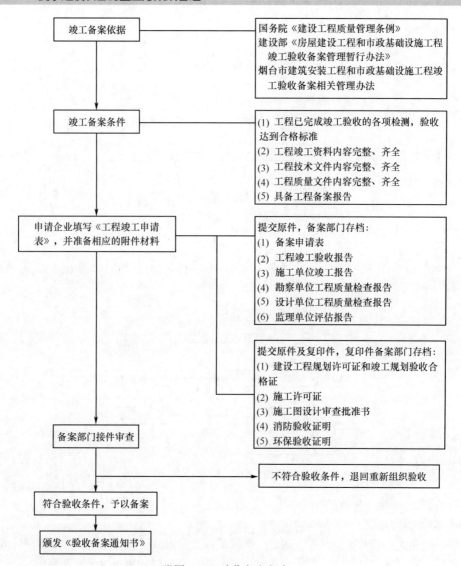

附图 12.2 验收备案程序

（1）工程施工技术资料

✧ 设计文件

✧ 施工文件

✧ 地基处理记录

✧ 工程图纸变更记录

✧ 施工日志

✧ 工程质量事故处理记录

✧ 设备、产品检查安装记录

（2）工程、设备质量保证、检验资料

✧ 工程使用原材料、构配件、设备等质量证明、试验报告等

✧ 各单位工程、分部工程、分项工程的工程验收评定记录

（3）其他应交资料

✧ 业主项目部与施工单位合同、来往信函等

✧ 施工图预算、竣工结算

✧ 竣工验收记录

✧ 工程质量保修书

以上竣工验收资料要求必须完整、系统，并做到图面整洁，装订整齐、签字手续完备。竣工图应反映实际情况，做好施工记录、检测记录、交接验收记录。施工单位应把竣工资料的收集整理贯穿到施工全过程直至通过竣工验收结束，应移交的资料不齐全，不得进行验收。

12.2.4 竣工验收备案

工程竣工验收备案由业主项目部办理，各单位予以配合。备案流程如附图 12.2 所示。

13. 项目增值管理

滨医烟台附院项目，要以全生命周期、全要素的业主方集成管理为核心，通过工程项目管理的实施，达到业主项目部及其他各合同主体单位之间的高效能有机运作、协调配合，使项目成为一个工程优良的样板工程，打造"高起点、高标准、高质量、高水平"的医院建设理念，通过规范项目管理模式的实施，实现项目管理的增值。

13.1　全周期全要素的项目集成管理

滨医烟台附院项目建设周期短，投资额大，专业技术要求高，项目特征明显，不确定性因素贯穿于项目的全过程和各个环节，要求具有一套以全面系统管理为导向的集成管理模式，使得工程项目的各个阶段和各个要素高度集成和有机融合，以实现滨医烟台附院项目的系统目标。

集成管理模式主要沿三个维度进行：

其一是按照时间维的项目全生命周期集成管理，根据滨医烟台附院项目的各个阶段，从立项审批、调研勘测、设计造价、招标合同、建设施工、设备采购到系统联调、竣工验收乃至投入使用等各个环节，不同的参与主体管理的重心和难点不断发生着变化，需要在关键节点顺利完成各自的项目工作，在每个阶段做好计划的执行和控制工作，充分保证其紧后项目的正常开始。

其二是要素维集成管理，涉及进度、投资、质量、安全、风险、组织、现场、安健环、信息及文档的管理，这些要素在各个阶段体现出的明显特征就是遵循管理工作的传统职能，即计划、组织、执行和控制，对于每个管理要素应采用集成的观点，均衡协调相互关系，制定符合项目整体利益的计划、执行和控制方案。

其三是主体维集成管理，要充分发挥业主方的主导作用，通过组织集成，将项目各参建方的目标进行协调整合使之趋同，强调共赢思想，发挥整体最大合力。

13.2　精细化管理融入医院建设中

为了更好地发挥管理的优势，首先应对滨医烟台附院项目的管理范围界定清楚，运用交付物分解结构和工作分解结构依据承担的责任主体对项目进行合同包的分类，在工程开工前要确定分解后的分项工程任务描述，包括工程内容、工程规范、工程成果、工程需用资源、工程验收标准以及审核责任等，这样使得本项目的管理任务可以细化到分项工程步骤，对于控制进度和投资做到精细化管理。

13.3　网络评审技术应用于项目进度风险管理

滨医烟台附院项目的一个显著特点是工期短、任务重，为了做到在规定的时间内完成项目，对于项目进度计划进行网络评审，对于完成时间的可能性离散系数越大的工作给予重点关注，结合各条工作线路上的风险概率，对项目网络计划进行分析，确定在结合完成时间进度和风险率之后的关键工作线路，重点跟踪关键工作并给予资源上的优先支持，确保项目进度计划的完成。

13.4 建设一支集中技术和管理优势的高效团队

滨医烟台附院自身基建力量较为薄弱，具备相关专业知识和经验的人才少且不全。应结合项目建设的过程，培养和引进相结合，利用项目的矩阵式组织结构，建设一支集中技术和管理双重优势的高效团队，使团队在医院建设过程中发挥业主方的主导作用，同时培养医院投入使用后各相关专业的技术和管理人才，使得医院建设不但高起点、高标准、高质量建设，而且高水平管理，高效能发挥作用。

13.5 项目后评价

为了更好地总结正反两方面的经验教训，使滨医烟台附院项目提高决策、管理和建设水平，需要对该项目目标、执行过程、效益、作用和影响进行调查研究和全面系统回顾，与项目决策时确定的目标以及技术、经济、环境、社会指标进行对比，找出差别和变化，分析原因，总结经验，汲取教训，得到启示，提出对策建议，通过信息反馈，改善投资管理和决策，达到提高投资效益的目的。即进行项目后评价。

项目后评价内容包括项目全过程的回顾、项目绩效和影响评价、项目目标实现程度和持续能力评价、项目管理评价以及经验教训和对策建议等。

项目全过程的回顾针对滨医烟台附院项目的实施过程进行全面总结与评价，包括项目立项决策阶段、设计及招标阶段、实施阶段、竣工使用阶段的回顾。

项目绩效和影响评价主要包括项目技术评价、财务评价和经济评价、项目环境和社会影响评价等内容。

项目目标实现程度和持续能力评价主要是考察滨医烟台附院项目设施和设备的质量和运行是否达到设计能力和技术指标，质量是否达到要求标准，以及滨医烟台附院项目投入使用后的财务和经济的预期目标、经济、环境、社会效益目标等是否实现。

项目管理后评价以上述内容为基础，结合各参建单位相关资料对滨医烟台附院项目整个生命周期中各阶段的管理工作进行评价，对项目管理过程、管理涉及的各要素及管理者进行后评价，以形成现代大型综合医院建设项目管理基本范式。

经验教训和对策建议部分主要是根据调查的真实情况认真总结，并在此基础上进行分析，得出业主方集成管理的启示和对策建议。使建议在大型综合医院建设方面具有借鉴和指导意义，并具有可操作性。

后 记

参加工作十几年，一直从事基本建设项目的业主方管理工作，在多年的工作中深深体会到业主方项目管理者这一角色的酸甜苦辣。在工作中考察、了解过许多建设项目，接触过诸多的同行，大家的共同感受是业主方的工作跨度大、难度大、不确定性大，随着项目复杂程度的提高，普遍感觉在管理过程中的工作往往千头万绪、顾此失彼，对项目的采购、投资、进度等往往处于失控的被动应付状态。而业主管理者的角色对建设项目的成败却有决定性的影响，从项目全生命周期和项目整体性的角度，其作用很难被项目管理公司完全替代。对于业主方项目管理，自己在多年的实践中不断产生新的困惑，不断通过学习、通过团队的力量解决面临的问题。对于业主方的管理行为，一旦认真回顾往往会让人吃惊：一个正确的决策，可能使得项目投资节省几十万乃至数百万；但一个错误的决策也可能使得项目浪费更多不必要的资金和工期。这是一个双刃剑式的工作，自己深深感受到业主方的水平在建设项目管理中的重要性，因此多年来无论是工作还是学习丝毫不敢懈怠，吾生也有涯，而知也无涯，越来越觉得自己在理论上欠缺的太多，需要提高的太多。

本书是在我的博士论文《业主方主导下的复杂建设项目集成管理研究》的基础上修改完善而成的，本书的研究也同时得到了山东省社会科学规划研究项目和山东省自然科学基金面上项目的资助。回首成书过程，首先向我的导师鲁耀斌教授表示最衷心的感谢，选题和写作过程中得到了鲁耀斌教授的悉心指导，导师严谨的治学态度、渊博的知识、丰硕的科研成果都使我深深敬仰。当然还要感谢我本科和硕士阶段的恩师，天津大学王雪青教授和刘尔烈教授多年的悉心指导和鼓励。华中科技大学管理学院院长王宗军教授百忙之中对书稿审阅并提出中肯意见，天津道特公司韩连胜博士、西南交通大学周国华教授、西北工业大学欧立雄教授、《中国医院建筑与装备》杂志社李宝山主编、《项目管理技术》杂志社张星明主编在写作过程中给予了无私的支持与帮助，在此一并感谢。

感谢在工作中委以我重任，并放手让我大胆开展工作的学校和医院的各位领导，没有你们给我的信任，本书研究成果的项目实践就无从谈起。尤其要感谢滨州医学院袁俊平教授、刘树琪教授、王滨教授、吕长俊教授、石寿森教授、岳保贵教授、孙书勤教授，以及中国作协办公厅主任李一鸣教授，感谢你们一直以来的无私关怀与支持。

感谢滨州医学院烟台附属医院业主项目部的全体同事，四年多的朝夕相处，我们亲手缔造了一座全新的大型综合医院。建筑凝固的不只是艺术，还是我们这个团队每一个人的汗水。业主方集成管理的创新，没有你们的有效实践也只能是纸上谈兵，感谢你们对我工作的无私支持。同时也感谢烟台附院建设项目的近百家参建单位的每一个朋友，特别是威海建设集团的林宁经理，你们的支持与配合同样是本书研究不可或缺的基础。

　　还要感谢我的师弟，爱因斯坦的校友郭奕博士，感谢那些日子里你与我相隔千里共同熬夜的陪伴与支持。祝你的公司发展壮大、蒸蒸日上。还有我的大学室友，班长兼兄长石力，感谢你多年来一直在精神和行动上鼓励、支持着我前进。

　　更要感谢的是我的家人。是他们的支持与奉献，给了我完成本书的信心和动力。

　　本书的写作过程中参考了大量前人的研究成果，引用了许多文献资料，对他们表示深深的谢意。还要感谢本书的每一位读者，书中难免有些疏漏或不妥之处，由于时间及个人水平原因，本书部分内容还不完善或较单薄，或许有些观点还需进一步商榷，感谢你们提出的每一点批评和建议，你们的宝贵意见将是我今后努力方向的重要指引！

庞玉成

2016 年 2 月 26 日